Mario M. Lovo

La inmigración y usted

El doctor Mario M. Lovo actualmente representa a más de 2.300 clientes en todos los aspectos de las leyes inmigratorias estadounidenses, desde visas de negocios hasta casos de deportación. Está autorizado para practicar Derecho por la Corte Suprema de Estados Unidos y está licenciado para practicar leyes inmigratorias en los cincuenta estados de la nación. El doctor Lovo ha sido profesor de inmigración en varios seminarios del Colegio de Abogados de Florida, con más de treinta artículos publicados sobre leyes federales relacionados con los derechos de los inmigrantes en Estados Unidos. Además ha sido uno de los expertos oficiales, durante más de nueve años, en temas de inmigración para la cadena internacional de televisión Univision, con múltiples comparecencias en diferentes programas como *Despierta América, Última Hora, Noticiero Univision, Sábado Gigante* y otros. El doctor Lovo es autor de más de doscientos artículos publicados en diarios como *El Nuevo Herald, The Miami Herald, El Tiempo* (en Colombia), *The New York Times, The Washington Post* y *Los Angeles Times*. En el año 2000 fue galardonado con el Premio de Amnistía Internacional como la persona que más contribuyó a la defensa de los derechos civiles de los inmigrantes en Florida.

En 1990 el doctor Lovo se graduó con honores en la Escuela de Derecho de la Universidad de Miami y en 2001 obtuvo un máster en Administración de Empresas de ese mismo centro universitario. Actualmente reside en Miami.

La inmigración y usted

La inmigración y usted

CÓMO NAVEGAR POR EL LABERINTO LEGAL Y TRIUNFAR

Mario M. Lovo

VINTAGE ESPAÑOL

Una división de Random House, Inc.

Nueva York

Biblioteca del Congreso de Estados Unidos
Información de catalogación de publicaciones
Lovo, Mario M.
La inmigración y usted : cómo navegar por el laberinto legal y triunfar / by Mario M. Lovo.—1. ed.
p. cm.
ISBN 978-0-307-27486-1
1. Emigration and immigration law—United States—Popular works.
2. Visas—United States—Popular works. 3. Aliens—United States—Popular works. 4. Hispanic Americans—Legal status, laws, etc.—United States—Popular works. I. Title.
KF4819.6.L68 2007
342.7308'2—dc22 2007018909

Diseño del libro de Debbie Glasserman

www.grupodelectura.com

A Nelly, a quien quiero, respeto y es la madre de mis hijas. A ella le prometí lo que hoy soy y me creyó cuando nadie más lo hizo;

A mi hija mayor, Marcella, la noble, quien seguirá mis pasos en esta bella profesión y estaba en el vientre de su madre cuando yo pasé mi examen de abogado;

A Valeria, mi segunda hija, mi incógnita, mi estampa, la más fuerte por dentro y frágil por fuera y la que siempre sabe qué contestar;

A mi tercera y última hija, Marianna, la fuerte por fuera, dulce por dentro y la que nos cuida a todos sin que nos demos cuenta;

A mi madre, Dolores, por criarme con mano dura y mostrarme desde los siete años que había que estar del lado de los más necesitados sin importar las críticas, y así supe que desde ese momento esa sería mi misión en la vida;

A mi padre, Mario, el primer abogado que conocí y el mejor de todos y con quien puedo hablar durante horas, sabiendo que los temas jamás se agotan sino que bailan alrededor de círculos que nunca se cierran;

Y a todos los que dejan su patria por venir a esta tierra a luchar, sabiendo que nunca más serán los mismos ni aquí, ni allá.

Índice básico

TERCERA PARTE: Información sobre la Corte de Inmigración y los consulados

Índice detallado

SEGUNDA PARTE: La residencia permanente y la ciudadanía

TERCERA PARTE: Información sobre la Corte de Inmigración y los consulados

La inmigración y usted

Una nota personal del autor

No cabe duda de que las leyes de inmigración de Estados Unidos (EE.UU.) son muy complicadas, aun para los abogados. Por lo tanto, y porque yo también fui indocumentado un día, decidí escribir una guía que propusiera respuestas a las incógnitas de navegar el laberinto inmigratorio que presentan las leyes americanas. Este libro brindará esperanza a todos aquellos que quieren resolver su estadía en este país, y le concederá explicaciones a aquellos que quisieran venir pero que temen cometer errores. Todo es posible en esta gran nación si uno le pone corazón a lo que quiere.

Cuando vine de Nicaragua a los veinte años, en 1980, nadie daba un peso por mí. Pasé penurias, como muchos de ustedes, pero también aprendí a querer esta tierra. Aprendí a trabajar y a estudiar al mismo tiempo, aprendí a escuchar y a saber que sólo el conocimiento hace que uno crezca como persona. Lo demás es historia. Paso a paso llegué a terminar mis estudios como abogado en 1990 y me gradué con honores de la Escuela de Derecho de la Universidad de Miami.

Desde el primer día, me dediqué a la práctica de inmigración. Esto es lo mío. No hay nada más lindo que la sonrisa de un niño cuando ve que a su padre no lo van a deportar después de haber ganado un caso en corte. Igualmente, no hay nada más triste que ver las lágrimas que se derraman cuando se pierde y las familias deben separarse. Pero así es.

Una de cal y otra de arena. Luego de un tiempo me dieron la oportunidad de aparecer en la televisión nacional e internacional, y ahora millones de personas me honran con su amistad y cariño. Después pude, con una demanda federal (*Tefel vs. Reno*) iniciada con la ayuda de Ira Kurzban, mi ex profesor en la Universidad de Miami, ayudar a que más de 100.000 nicaragüenses y cubanos que vinieron antes del 1 de diciembre de 1995 pudieran obtener su residencia en EE.UU. En este esfuerzo también contamos con la ayuda de varios congresistas y de miles de personas que nos apoyaron. Esa ley se llamó NACARA 202. De manera similar, ese mismo caso ha ayudado a que miles de salvadoreños y guatemaltecos todavía puedan solicitar su residencia bajo la ley NACARA 203.

Escribí este libro no porque crea que no existan otros libros iguales o mejores que éste, sino porque deseo contar mis experiencias y compartir mi conocimiento en esta materia. Lo veo como una manera de contribuir con la causa de nuestros hermanos latinoamericanos que cruzan, vuelan, se mojan, son explotados y que, al final, lo que quieren es quedarse aquí buscando el ansiado "sueño americano".

En ningún momento quiero insinuar que este libro es un talismán o que en sus páginas encontrará todas las respuestas a todas las preguntas. Lejos de eso. Lo que sí tengo claro es la buena voluntad de ayudar. En mis más de diecisiete años de experiencia como abogado, he tenido la oportunidad de ayudar a mucha gente. También he visto mucho abuso de parte de las autoridades de inmigración y de muchos que se hacen llamar profesionales, que sólo logran causarles dolor a las víctimas de sus acciones. Con este libro sólo trato de esclarecer las cuestiones principales del laberinto inmigratorio. Es importante, siempre que se pueda, buscar ayuda profesional para resolver sus problemas inmigratorios. Al final, la decisión de legalizar su estadía en este país debe ser siempre guiada no por un libro, sino por referencias de personas que han acudido a los servicios de profesionales honestos, y de instituciones reconocidas y autorizadas que ayudan a los inmigrantes. Y claro, en ciertos casos habrá quien quiera hacer sus trámites sin ninguna ayuda, pues ese es su derecho y en este país cada quien hace lo que considere necesario para salir adelante.

Este libro es de ustedes. Está dedicado al que sueña con vivir en este país y no encuentra la manera. También es una obra para los que están aquí y quieren quedarse. Ya sea que usted está huyendo de la situación económica, social o política de su país; que anhele trabajar como profesional; un trabajador especial o artista; o que simplemente esté buscando unirse a sus seres queridos. Espero que este libro le sirva de ayuda en su camino hacia una nueva y mejor vida en Estados Unidos.

Introducción

Antes de describir las diferentes clases de visas, peticiones y leyes del sistema inmigratorio, quisiera comenzar por presentarle algunos datos básicos que le ayudarán a entender la estructura y el contenido de este libro. En esta introducción también desmentiré algunos de los mitos más comunes acerca de la inmigración en EE.UU.

Cómo está organizado este libro

Este libro contiene información para todo aquel que busca una orientación básica acerca de algunos aspectos de las leyes inmigratorias de esta nación. Está dividido en tres partes principales:

Primera Parte: Peticiones. Aquí explico cómo obtener una visa a través de un familiar, el trabajo, por asilo y en algunos casos especiales, como la Ley de Ajuste Cubano y la lotería de visas. Hay un capítulo dedicado a cada uno de los remedios más importantes de nuestras leyes de inmigración y están organizados de la siguiente manera:

• Introducción general
• Requisitos básicos
• Preguntas frecuentes

- Cómo preparar su solicitud, con una tabla de todos los formularios requeridos y opcionales
- Cada paso en el proceso y cuánto tiempo demora
- Cómo preparar los formularios, y una traducción del formulario principal de cada petición y la explicación de cómo contestar las preguntas más difíciles (y cómo identificar las trampas)
- Cómo armar el paquete
- Dónde entregar el paquete
- Conclusión

Segunda Parte: La residencia permanente y la ciudadanía. Incluyo los siguientes pasos después de las peticiones, que son la obtención de la residencia permanente (la *green card*) y la naturalización después. Aquí también traducimos los formularios principales de las solicitudes.

Tercera Parte: Información sobre la corte y los consulados. También incluyo capítulos por si usted necesita comparecer ante la Corte de Inmigración o si usted está solicitando una petición en el extranjero a través de un proceso consular.

A continuación les doy un resumen de los capítulos y contenidos en este libro y a qué personas pueden ayudar:

Capítulo uno: Peticiones familiares. Para aquellos que quieren, como residentes o ciudadanos, pedir a sus familiares que están en este país o viven en el exterior.

Capítulo dos: Peticiones laborales. Para aquellos, que como profesionales, técnicos o trabajadores temporales, buscan una visa de trabajo o quieren solicitar una Certificación Laboral.

Capítulo tres: Asilo. Para aquellos que se fueron de sus países por ser perseguidos por sus ideas políticas, creencias religiosas, orientación sexual, maltratos domésticos, condición racial o por haber pertenecido a un grupo social en particular.

Capítulo cuatro: Otras peticiones. Para aquellos que quieren participar en la lotería de visas; los cubanos elegibles para solicitar residencia bajo la Ley de Ajuste Cubano; y aquellas personas víctimas del maltrato doméstico.

Capítulo cinco: Residencia permanente. Para aquellos con una visa de inmigrante que son elegibles para solicitar la anhelada tarjeta verde (*green card*).

Capítulo seis: Naturalización. Para aquellos residentes permanentes que quieren ser ciudadanos de EE.UU.

Capítulo siete: Usted y la Corte de Inmigración. Para aquellos que de alguna manera se encuentran ahora frente a la Corte de Inmigración y temen ser removidos* del país.

Capítulo ocho: Procesos consulares. Para aquellos fuera del país que necesitan obtener una visa de inmigrante o de no-inmigrante.

Mitos

Existen muchos mitos en torno al proceso de obtener o resolver su situación inmigratoria en EE.UU. He aquí algunos de los mitos más comunes:

Mito 1: Se puede pagar en efectivo cuando se envían las solicitudes al Department of Homeland Security o Departamento de Seguridad Nacional (DHS). No es cierto. El DHS sólo acepta giros postales o cheques personales.

Mito 2: Los notarios en este país también son abogados. No es cierto. Ser notario en este país es muy fácil. No hay necesidad de haber

---

*Los términos "remoción" y "deportación" se refieren a lo mismo: la salida obligada del país. "Deportación" es el término viejo; desde hace más de 5 años se usa "remoción", y por lo tanto yo también usaré "remoción".

estudiado derecho para obtener una licencia como notario. Como en Latinoamérica todos los notarios son abogados, mucha gente que necesita ayuda en sus trámites inmigratorios acude a notarios para que le tramiten sus solicitudes. Muchos terminan siendo timados o mal aconsejados. Véase el recuadro en la página 11 y el Ápendice B para más información acerca de los notarios.

Mito 3: Siempre se requiere un abogado para tramitar asuntos relacionados con temas inmigratorios. No es cierto. Mi recomendación es que busque siempre ayuda profesional, pero si no puede obtenerla por falta de recursos, puede representarse usted mismo. Hay varias excepciones a esto; una de ellas es cuando se comparece ante la Corte de Inmigración. Nunca acuda a la Corte sin un abogado pues lo más probable es que pierda su caso. Es muy importante tratar de hacer las cosas bien desde el principio, por lo tanto se debe buscar ayuda profesional o buscar ayuda con instituciones acreditadas que orientan a los inmigrantes. En el recuadro en la página 11 encontrará las opciones que tiene para recibir ayuda profesional.

Mito 4: Se puede enviar documentos al DHS sin que estén traducidos. No es cierto. Todos los documentos que acompañan las diferentes solicitudes deben ser traducidos al inglés. La persona que los traduce no tiene que ser un profesional, basta con que afirme al final de la traducción que él o ella habla y entiende español e inglés y que la traducción es fiel versión del documento en español. La persona firma con su nombre y eso es todo.

Mito 5: Se deben mandar las partidas originales. No es cierto. Nunca envíe documentos originales al DHS de sus partidas de matrimonio, de nacimiento, pasaporte u otros documentos personales importantes pues es posible que se pierdan. Envíe fotocopias.

Mito 6: Se puede mandar la solicitud en un simple sobre. No lo recomiendo. Siempre que se comunique por escrito con el DHS hágalo vía correo certificado para tener siempre una prueba oficial de que realmente hubo comunicación con dicha agencia.

CÓMO BUSCAR AYUDA PROFESIONAL

Agencias acreditadas: Hay agencias voluntarias que ayudan con las peticiones inmigratorias. Usted puede averiguar si hay una en su ciudad llamando al 1-800-870-FORM (3676) y marcando el número 2 para recibir información en español. También puede visitar http://www.usdoj.gov/eoir/probono/states.htm para ver una lista de agencias por estado, o véase el Apéndice A. Observe que en este libro no recomiendo a nadie en particular ni soy tampoco responsable por cualquier acto ilegal que cometan estas agencias.

Iglesias: Hay varias iglesias que ofrecen servicios de ayuda inmigratoria gratis o a bajo costo. Recuerde que si usted está postulado para el asilo defensivo, quizás la iglesia no va a estar acreditada para defender su caso ante una Corte de Inmigración.

Notarios: En EE.UU. no ocurre como en otras partes del mundo donde un notario público es un abogado. Aquí un notario es una persona cualquiera que no ha recibido educación legal formal y puede terminar arruinando las posibilidades de un solicitante. La contratación de un notario, "gestor", "experto", "agente" o parecido depende del cliente, quien debe saber que no será representado ni acompañado en sus gestiones por este proveedor de "servicios" que generalmente se limita a llenar formularios. Por mi experiencia, le sugiero olvidarse de los notarios. Para una advertencia de la Asociación Americana de Abogados acerca de los notarios, véase el Apéndice B.

Mito 7: *Cualquier oficina que tramita asuntos inmigratorios le puede ayudar.* No es cierto. Cualquiera puede abrir una oficina en este país y obtener una licencia ocupacional para proveer servicios y aparentar ser un abogado, pero no significa que pueda hacer trámites inmigratorios. Fíjese bien y pregunte primero antes de confiar su futuro y el de su familia a personas que pueden ser inescrupulosas. El recuadro en la página 15 describe algunas de estas oficinas fraudulentas.

Mito 8: *Si a usted le ha llegado un recibo oficial del DHS, su trá-mite inmigratorio va por buen camino.* No es cierto. El DHS siempre envía un comprobante cuando recibe cualquier solicitud. Nunca se verifica el mérito de la solicitud antes de emitir el recibo. Por lo tanto, como se pueden obtener beneficios con el mero recibo del DHS (licencias, tarjetas de identidad, etc.) la pobre gente piensa que todo va bien y no es así. Hay miles de casos en los cuales los incautos pagan miles de dólares y se conforman con un simple acuse de recibo del DHS. En realidad, si el trámite no fue bien hecho jamás pasará a ser nada más que un pedazo de papel emitido por el DHS en que sólo reconoce que se hizo un pago.

La estructura general del sistema inmigratorio

El DHS es lo que antes era el INS (*Immigration and Naturalization Services* o Servicios de Inmigración y Naturalización). Esto cambió como resultado de los ataques terroristas del 11 de septiembre (que yo llamaré en este libro "9/11") y como consecuencia, el gobierno de EE.UU. decidió crear un departamento nuevo cuya función ha sido definida en términos de luchar contra el terrorismo y cuidar nuestras fronteras.

En la actualidad el DHS aglutina veintidós agencias, no todas encargadas de lidiar con asuntos de inmigración. Su creación se basa en la idea de compartir información de inteligencia de una manera más eficiente con todas las organizaciones encargadas de velar por la seguridad de los ciudadanos, incluyendo las agencias de policías locales. Su estructura es compleja y, en general, tiene sucursales en las ciudades más importantes de la nación.

Las sucursales locales del DHS se dedican a dos tipos de actividades. La primera es la de lidiar con el público en persona, llevando a cabo entrevistas de ajuste de estatus, dando orientaciones a personas que van a las sucursales locales, proveyendo formularios, etc. Esta es la función de servicio y la ejecuta el BCIS (*Bureau of Citizenship and Immigration Services* u Oficina de Ciudadanía y Servicios de Inmigración). La segunda actividad es la de efectuar las deportaciones o remociones. Esta es una función mucho más agresiva y está a cargo de oficiales especiales que hacen efectivas órdenes de remoción o deportación, investigan fraudes,

YA NADA ES IGUAL DESPUÉS DEL 9/11

Después del 9/11 este país no es el mismo. Pero ese penoso incidente no puede ni debe usarse como una excusa que convierta a toda persona en un enemigo de esta nación o en un sospechoso a priori. Lo contrario, tratar a todo el mundo como un enemigo en potencia de este gran país, sólo exacerba cualquier noción de resentimiento que puedan albergar aquellos que realmente quieren su destrucción. El DHS más bien debiera de poner en práctica soluciones que no alienen a los que queremos que esta tierra siga adelante. Después de todo esta gran nación es nuestra también, porque todos los días la regamos con nuestro sudor, lágrimas y anhelos —aunque a veces se nos trate mal. Sabemos que su fundación está basada en justicia y nobleza, y no en aires xenófobos que obedecen a posiciones a ratos electoreras divorciadas de la realidad.

La *Patriot Act* (la Ley Patriótica) reformó algunas leyes de inmigración. Por ejemplo, la nueva ley recortó los derechos de apelación de muchos solicitantes de asilo y de otros remedios que ahora se ven casi obligados a ganar la primera vez que aparecen frente a un juez de inmigración pues sus oportunidades de apelación son muy pocas. Además de eso permite que los jueces de inmigración tengan absoluta discreción de negar una solicitud si sospechan, sin siquiera llegar a comprobarlo, que una persona haya incurrido en alguna contradicción en su testimonio.

Uno de los cambios drásticos después del 9/11 es la habilidad concedida al ICE (*Immigration and Customs Enforcement* o Servicio de Inmigración y Aduanas) de, una vez que capture a alguien en la frontera o puerto de entrada, determinar a través de un juicio rápido si se puede quedar en este país o no. Antes había más derechos procesales a favor de las personas que eran capturadas tratando de entrar a este país.

A partir de la creación de la Ley Patriótica, también surgió un sistema bastante estricto para rastrear a todos los estudiantes extranjeros en este país. La nueva agencia se llama SEVIS (*Student & Exchange Visitor Program*, Programa para estudiantes y visitantes de intercambio) y su función es saber dónde se encuentra cada estudiante en cada momento y si éste está cumpliendo con sus obligaciones de estar matriculado y acudiendo a clases.

Finalmente, esta ley generó nuevas causas capaces de crear procesos de remoción. Por ejemplo, ahora son removibles todas aquellas personas que de alguna manera apoyen a algún grupo terrorista. Esto es clave para aquellas personas que apoyan económicamente causas u obras sociales sin saber si estas agrupaciones están clasificadas como terroristas por EE.UU. Además cualquier persona que no sea ciudadano puede ser detenido sin derecho a fianza hasta que su decisión de remoción haya sido ejecutada.

llevan a cabo redadas, y la ejecuta el ICE. Véase el recuadro en la página anterior para más información.

Las visas y el estatus legal

En general, primero se solicita una visa para ingresar y permanecer en EE.UU. legalmente. La visa puede ser de inmigrante o de no-inmigrante. La visa de inmigrante es para aquellos que desean permanecer en EE.UU., y la visa de no-inmigrante es para aquellos que estarán en EE.UU. temporalmente. En cada capítulo detallaré todos los requisitos que se necesitan cumplir para solicitar una visa exitosamente. Ojo: Aun si usted cumple con todos los requisitos de una visa, existen algunas "causas de inadmisibilidad" que podrían descalificarlo automáticamente. Por favor refiérase al Apéndice E en la página 393 para ver cuáles son estas causas de inadmisibilidad.

Si usted tiene una visa de no-inmigrante y quiere cambiarla por otra visa de no-inmigrante o aun por una visa de inmigrante, es posible hacerlo mediante un "cambio de estatus". Esto se hace por conveniencia o por necesidad. Por ejemplo, si usted es turista y quiere ser estudiante, puede solicitar cambiar su estatus de B-2 a F-1. También hay algo que se llama "ajuste de estatus". Esto es cuando una persona ajusta su estatus para pasar de una visa a la residencia permanente. Para cambiar o ajustar su estatus la persona necesita estar en EE.UU. legalmente, salvo algunas excepciones.

Si usted entra a EE.UU. con visa, se encuentra con estatus legal o "en

LOS FRAUDES INMIGRATORIOS MÁS
COMUNES CONTRA LOS HISPANOS

Los fraudes más comunes que afectan a nuestros hermanos inmigrantes son perpetrados de la siguiente manera. Alguien tiene una oficina que ofrece trámites inmigratorios y "vende" la idea de que él o ella tiene "contactos" dentro del DHS. La persona a cargo de la oficina presenta varios casos "resueltos" de personas que muestran sus tarjetas de residente y juran haber obtenido los servicios del responsable de la oficina. Los métodos de cómo obtener la residencia varían de las siguientes maneras:

Matrimonios fraudulentos. A veces la agencia se dedica a tramitar matrimonios fraudulentos en los cuales el mismo ciudadano se casa varias veces con diferentes personas. El responsable de la agencia dice que sus "contactos" en el DHS aceleran el proceso y que todo el mundo será aprobado durante la entrevista de ajuste. Las personas obtienen sus permisos de trabajo mientras el proceso continúa y el hecho de haber obtenido dichos permisos atrae a más incautos. Al final, el DHS se da cuenta (alguien los denuncia o durante la entrevista de ajuste una de la partes confiesa) y cae preso todo el mundo.

Usan recursos inmigratorios para obtener licencias de conducir. La agencia se aprovecha de la gente que está desesperada por obtener algún documento oficial del DHS para poder tener una licencia de conducir. La agencia prepara miles de solicitudes de permiso de trabajo falsas con el único propósito de obtener un recibo oficial del DHS. Con ese recibo, los "beneficiarios" van a las oficinas de licencia y obtienen sus permisos de conducir. El DHS se dará cuenta cuando la oficina local de licencia note el incremento de recibos del DHS y entonces todo el mundo irá preso.

Trámites con notarios. Un notario empieza a llenar formularios del DHS y cuando descubren que no es abogado, empieza a "referir" casos a abogados verdaderos que a veces se prestan para seguir con el juego sin importarles las consecuencias que sus acciones pueden causarles a las víctimas.

estatus" mientras que la visa esté vigente. Si su visa se vence, se puede encontrar fuera de estatus o "ilegal". También es posible haber entrado sin visa, por ejemplo cruzando la frontera sin inspección. Esto también se considera ilegal y en términos técnicos de inmigración se llama EWI, por sus siglas en inglés (*Entry Without Inspection,* o entrada sin inspección).

He aquí las tres variantes generales de estatus:

1. *Legal o "en estatus"*: si usted está en EE.UU. con una visa y una estadía timbrada en su formulario I-94 que no se han vencido, se encuentra en estatus legal.
2. *Ilegal o "fuera de estatus/sin estatus"*: si usted entró con una visa pero ahora ya se venció, está ilegal o sin estatus.
3. *Ilegal y entró sin inspección* (EWI): si usted cruzó la frontera o entró sin haber sido inspeccionado por un oficial de inmigración, entró ilegalmente y por ende, se encuentra ilegal o sin estatus.

Es importante saber cuál es su estatus porque hay algunas peticiones que no aceptan a las personas que se encuentran aquí ilegalmente; y hay algunas que sí incluyen a quienes se encuentran fuera de estatus, pero no a los que entraron sin inspección. En cada capítulo abarco los requerimientos de estatus según la petición.

Ahora hablemos en más detalle de acumular ilegalidad. Si a usted se le vence el permiso de estadía (lo que indica la tarjeta I-94) y permanece en EE.UU., comenzará a acumular ilegalidad (es decir, estará viviendo en EE.UU. bajo estatus ilegal). Sin embargo, el gobierno de EE.UU. ha establecido un período de gracia de 180 días más allá del vencimiento de su permiso de estadía para darle una oportunidad de salir del país sin mayor castigo. Este período de gracia no se debe entender como una extensión de la legalidad de la persona en EE.UU. Al contrario: usted puede ser removido durante esos 180 días y en todo momento será considerado fuera de estatus (ilegal). Si usted permanece en EE.UU. más allá de esos 180 días y después sale del país, el castigo que le impondrá el DHS será de no dejarlo regresar a EE.UU. por tres años. Y si usted permanece por un año más allá del período de gracia y después sale, no podrá volver a EE.UU. por diez años. El propósito del período de gracia es darle unos meses adicionales para salir del país sin recibir estos dos castigos. Pero cuanto antes pueda salir, mejor; sepa usted que acumular ilegalidad le puede prevenir la obtención de un remedio inmigratorio, a menos que la 245(i) vuelva a estar en vigencia u otro tipo de amnistía sea aprobado por el gobierno.

He aquí un ejemplo: Digamos que María vino a visitar a su familia con una visa de turista y esta visa se venció el 1 de enero de 2007. Si regresa a su país:

• El 1 de mayo de 2007 (120 días después de que se venció el permiso de estadía): Está protegida por el período de gracia, pero si ella está solicitando una petición inmigratoria, el oficial del DHS podrá emplear su discreción y denegar la petición.

LA 245(i): UNA EXCEPCIÓN AL REQUISITO DE ESTAR EN ESTATUS

Una excepción al requisito de estar en EE.UU. legalmente para cambiar su estatus es la sección 245(i) de la Ley de Inmigración. Esta sección básicamente dice que si usted solicitó algún remedio inmigratorio antes del 30 de abril de 2001, puede convertir su estatus de EWI a una residencia permanente. La multa que tiene que pagar es de $1.000 y también tiene que cumplir con todas las otras regulaciones aplicables. No se enrede; si la petición no fue hecha antes de esa fecha, no está cubierto.

Si usted está cubierto por la 245(i) puede pedir un ajuste de estatus con el formulario I-485. Mientras que usted espera el ajuste de estatus para hacerse residente, no está protegido si algo le pasa —o sea, usted no tiene estatus legal hasta que pueda hacer el ajuste. Usted podrá encontrar más información sobre la sección 245(i) en el capítulo que corresponde a su petición específica.

- El 1 de noviembre de 2007 (300 días después de que se venció el permiso de estadía —180 días de período de gracia más 120 días de ilegalidad): Si María sale de EE.UU. y desea regresar, el DHS no le dejará ingresar durante tres años desde el día en que salió de EE.UU.
- El 1 de marzo de 2008 (425 días desde que se venció el permiso de estadía): El castigo ahora es de diez años porque ya ha estado ilegal más de 365 días.

Información básica antes de presentar su solicitud

A continuación le doy información básica acerca de su solicitud:

Formularios: En este libro incluyo los formularios principales, pero también están disponibles en el sitio de Internet del USCIS (*United States Citizenship and Immigration Services,* o Servicio de Ciudadanía e Inmigración de los Estados Unidos), en www.uscis.gov. También se puede llamar al 1-800-870-3676 (hay información en español también) para pedir que le manden los formularios necesarios.

Idioma: Como expliqué anteriormente, los formularios tienen que ser llenados en inglés.

Documentación: Como ya le aconsejé, siempre mande fotocopias.

Cómo pagar: Los gastos de administración de cada formulario se deben pagar por separado. Esto no es un requisito del DHS, sino una recomendación que le hago por experiencia. Veamos: si usted combina todos los gastos de todos los formularios en un solo cheque o giro postal y algo pasa —se pierde el cheque, alguien lo roba en algún punto del proceso— va a ser mucho más difícil resolver el asunto. Pagando individualmente por cada formulario tendrá un resguardo individual para cada gasto en particular, y si algún cheque se pierde o es robado, será por menos dinero. Se puede pagar con cheque personal, *cashier's check* o con giros postales. Yo siempre recomiendo a mis clientes que si van a pagar con giros postales, que los compren en la oficina de correos, el U.S. Postal

Service, porque le ofrece la garantía de investigar su robo o pérdida dentro de veinticuatro horas. Por lo que yo sé, los otros giros postales no ofrecen este servicio.

Dirección: Cada capítulo contiene la dirección a donde se debe mandar la solicitud, ya que varía según la solicitud y el lugar en donde se encuentra el solicitante.

Primera Parte

PETICIONES

Capítulo 1

Peticiones familiares

Hay muchas personas que, cuando reciben su residencia permanente o ciudadanía americana, desean extender la residencia permanente a sus familiares. Esto se hace a través de un trámite inmigratorio llamado petición familiar, y no importa si el familiar está dentro o fuera de EE.UU. Los familiares que califican para este recurso son los padres y madres, cónyuges, hijos y hermanos de un ciudadano; o el cónyuge e hijos de un residente permanente.

Es importante notar que las peticiones familiares representan la vía más segura para solicitar u obtener la residencia permanente en EE.UU., porque realmente no dependen de audiencias de corte o solicitudes donde uno tiene que comprobar cuestiones de carácter como, por ejemplo, con las solicitudes de asilo.

Las peticiones familiares representan la vía más segura para solicitar u obtener la residencia permanente en EE.UU.

Cuando hablo de las peticiones familiares, uso el término "peticionario" para referirme al ciudadano o residente permanente que solicita el cambio de estatus y tiene la capacidad para extender los beneficios inmigratorios a otros miembros de su familia. El "beneficiario" es el familiar que va a recibir la residencia gracias al peticionario.

Como explicaré más adelante, algunas categorías de estas solicitudes están sujetas a cuotas. Es decir, que hay un número máximo de solicitudes que se aceptan al año para tal o cual tipo de solicitud, lo cual resulta en una cola de espera de varios años para poder obtener residencia. Otras categorías no tienen límites de cuotas pero siempre hay que esperar unos meses para procesar la solicitud. En general no existe la respuesta inmediata, incluso para los trámites más simples suele haber algún tiempo de espera.

Requisitos básicos

Los requisitos para que el peticionario pueda hacer la petición son los siguientes:

- Debe ser un ciudadano o residente permanente, y debe poder comprobarlo con documentación. También debe poder comprobar que la relación entre el peticionario y el beneficiario es auténtica.
- Debe poder comprobar que puede mantener económicamente al beneficiario al 125 por ciento por encima de la línea de pobreza (calculada cada año por el gobierno). Esto se comprueba con el formulario I-864 *Affidavit of Support* (Declaración de Apoyo Económico) y se hace para asegurar que el beneficiario no va a ser una carga financiera para el gobierno de este país.

He aquí un gráfico que explica qué familiares pueden recibir la residencia según la relación con el peticionario:

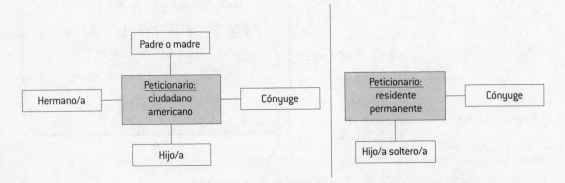

Las diversas categorías de peticiones familiares

Las peticiones familiares, dentro de las leyes de inmigración, son variadas en cuanto al tiempo que tardan en producir la ansiada tarjeta verde, y se dividen en dos grupos.

Los "familiares inmediatos" constituyen el primer grupo, en el cual no hay cuotas. El hecho de que no hay cupo, o cuota, significa que el beneficiario puede recibir la residencia dentro de un período relativamente corto, algo así como un año, desde la entrega de su solicitud.

Después está el grupo de "preferencias familiares". Estas solicitudes sí están sujetas a cuotas o cupos anuales, con cuatro categorías de preferencia. Con el sistema de cuotas, los peticionarios tienen que esperar varios años para recibir la residencia.

Dentro de las preferencias familiares, el Departamento de Estado ha creado distintos niveles de preferencias para ordenadamente "repartir" las visas de inmigrante según ciertas prioridades. Por ejemplo, el Departamento de Estado adjudica más visas para los hijos de ciudadanos (Preferencia 1) que para hermanos de ciudadanos (Preferencia 4). En general, da lo mismo si el beneficiario está viviendo en EE.UU. o fuera, excepto si el beneficiario tiene estatus ilegal en EE.UU. —en ese caso es mejor estar fuera de EE.UU., para no acumular ilegalidad y correr el riesgo de ser removido del país por tres o diez años.

Es importante observar que en el caso de los familiares inmediatos, el beneficiario puede ser ilegal si entró a este país legalmente, pero en el momento de hacer la solicitud se encuentra ilegal porque se le venció la visa. No obstante, si la petición es bajo una preferencia familiar, el beneficiario tiene que estar en EE.UU. legalmente o estar fuera del país. Si el beneficiario entró ilegalmente sin inspección de la aduana de EE.UU. (EWI, por sus siglas en inglés), no hay remedio alguno, a menos que el gobierno le perdone en caso de que la ley 245(i) se ponga en vigencia de nuevo.

> *Hay dos categorías principales de peticiones familiares: los "familiares inmediatos" sin cola de espera y los que tienen por base la "relación familiar", con cola de espera.*

El recuadro siguiente explica los requerimientos de estatus para cada situación.

Elegibilidad del beneficiario en EE.UU. según su estatus legal y categoría de petición:			
	Estatus legal	**Entró legalmente pero ahora está ilegal**	**Entró ilegalmente**
Familiar inmediato (sin cuota)	Sí, puede obtener residencia	Sí, puede obtener residencia	No es posible a menos que esté cubierto por la 245(i)
Preferencia familiar (con cuota)	Sí, puede obtener residencia	No es posible a menos que esté cubierto por la 245(i)	No es posible a menos que esté cubierto por la 245(i)

Si el beneficiario no se encuentra dentro de EE.UU. y la petición se está haciendo a través de un consulado en otro país, no hay requisito de estatus alguno a menos que la persona haya estado en EE.UU. ilegalmente y el DHS se entere.

Grupo 1: Familiares inmediatos (sin cuotas/ cola de espera)

Según el Departamento de Estado, los familiares inmediatos de un ciudadano americano son:

• Cónyuges
• Viudas o viudos
• Hijos menores de 21 años, solteros
• Padres, si el hijo es mayor de 21 años
• Hijos adoptivos, si éstos fueron adoptados antes de los 16 años
• Hijastros o padrastros, si la relación existía antes de que el hijastro tuviera 18 años de edad

LA SECCIÓN 245(i) DE LA LEY DE INMIGRACIÓN

Estar "cubierto por la 245(i)" significa que esta sección de la Ley de Inmigración le permite obtener la residencia si usted está aquí ilegalmente y es el beneficiario de una petición familiar[1] presentada antes del 30 de abril de 2001. La multa que tiene que pagar es de $1.000 y también tiene que cumplir con todas las otras regulaciones aplicables. No se enrede; si la petición no fue hecha antes de esa fecha, usted no está cubierto. Punto y aparte.

La manera en la cual se hace esto es pidiendo un ajuste de estatus con el formulario I-485 en el momento de llegar su turno en la cola. "Ajustarse" es cuando se hace el cambio del estatus de la persona que está legal (por ejemplo con una visa de empleo a la residencia permanente) o ilegal pero cubierta por alguna excepción, como la 245(i) (por ejemplo de estatus ilegal a recibir residencia).

Observe por favor que el hecho de que usted esté cubierto por la sección 245(i) no quiere decir que no lo puedan expulsar del país. Estar "protegido" significa que podrá usted pagar $1.000 por estar sin estatus más de 180 días y recibir su residencia en este país. Los derechos de quienes están protegidos por la sección 245(i) comienzan cuando llega su turno en la cola de espera y pueden radicar su solicitud de ajuste. En ese momento se adquiere, por ejemplo, el derecho a un permiso de trabajo (con el cual se puede pedir un número de Seguro Social), y la ansiada entrevista[2] ante un oficial de inmigración que decidirá si la persona merece el remedio de ajuste de estatus para obtener su residencia.

Es importante entender que la sección 245(i) sólo ampara a aquellos que están dentro del país, para que no se les prohíba la entrada al país durante tres o diez años una vez salgan. Es decir, la sección cura la ilegalidad adquirida por haber violado el estatus de permanencia aquí, pero si la persona sale del país, aún cubierto por la sección 245(i), será penalizada por tres o diez años sin poder regresar a menos que obtenga un perdón muy difícil de ser otorgado por el cónsul americano en el exterior o por el oficial de inmigración, si es que llega a entrar de nuevo a EE.UU.

[1] La sección también cubre peticiones laborales las cuales serán discutidas en capítulos posteriores.

[2] El tiempo de espera para la entrevista varía según la ciudad donde estaba viviendo el beneficiario cuando hizo la solicitud de ajuste. En Miami es alrededor de doce meses; no así en Los Ángeles, donde tarda casi veinticuatro meses.

Es importante notar que *nuestra* definición de un familiar inmediato no necesariamente es la misma del DHS. Por ejemplo, el DHS no califica a los hermanos como familiares inmediatos; por lo tanto, ellos caen bajo la categoría de preferencia familiar. No asuma que porque usted considere a alguien un familiar inmediato, el DHS estará de acuerdo con usted. Siempre consulte el recuadro en la página 30 para ver cuáles familiares caen bajo la categoría de familiares inmediatos y qué caen bajo la de preferencia familiar.

Para los familiares inmediatos no hay cuota, cupo, o límite del número de solicitudes que el gobierno americano aprueba cada año. Sencillamente, el gobierno americano otorga esta visa a cada persona que lo solicita y que satisface los requisitos. Es decir, no hay un período de tiempo más allá de lo que normalmente se espera para el proceso de tramitar la solicitud, que por lo general es de siete a doce meses, y varía según el estado donde se haga. En Nueva York, por ejemplo, suele tardar unos doce meses, comparado con los siete meses que suelen esperar los que solicitan desde Kansas. Esto ocurre simplemente porque en ciertos estados hay más volumen de solicitudes. Si usted se encuentra fuera del país, la espera suele ser de entre diez y doce meses.

Grupo 2: Preferencia con base a la relación familiar (con cuotas/cola de espera)

Algunos familiares que no caen bajo la categoría de familiares inmediatos sí califican para la categoría de preferencia familiar. A continuación le especifico esos familiares. El proceso se tarda más en este caso que bajo los familiares inmediatos porque el peticionario tiene que mandar la solicitud para una visa de inmigrante y esperar a recibir un número de visa. Lo que toma mucho tiempo es recibir este famoso número —puede tardar varios años porque el Departamento de Estado ha designado un cierto número de visas por categorías al año. Cuando se recibe este número de visa, se puede seguir con la solicitud para peticiones familiares. Por eso se tiene que hacer lo antes posible, independientemente de si se encuentra dentro o fuera del país.

Aunque hay una cola de espera bajo la preferencia familiar, esta categoría sí tiene una ventaja sobre la de familiares inmediatos: si el beneficiario de una petición de preferencia familiar tiene cónyuge e hijos menores de 21 años, los podrá incluir en su misma petición. El cónyuge y los hijos serán considerados los "derivativos" o "beneficiarios indirectos", y obtendrán la residencia al mismo tiempo que el beneficiario principal. Esta ventaja no es válida para la categoría de familiares inmediatos. Con las peticiones de familiares inmediatos, cada beneficiario necesita su propia petición individual y no se puede extender a otros familiares.

> *Cada petición de familiares inmediatos le otorga la residencia a un solo beneficiario, mientras que las peticiones de preferencia familiar pueden incluir al cónyuge e hijos menores del beneficiario (éstos se llaman los derivativos o beneficiarios indirectos).*

Las visas de inmigrante bajo la preferencia familiar se dividen en cuatro categorías o preferencias. Cada preferencia tiene un determinado número de visas que se pueden otorgar por año, y el resto de los solicitantes deben seguir esperando en la cola de espera. También es importante notar que la preferencia no significa "prioridad". O sea, dependiendo del número de solicitudes para cada visa, la Preferencia 4 puede que tenga una cola más corta que la Preferencia 3. A continuación explico el tipo de relación familiar que caracteriza cada categoría.

Preferencia 1: Las peticiones hechas por ciudadanos americanos para sus hijos mayores de 21 años y solteros. Ésta está clasificada como la Preferencia 1. El tiempo de espera es de tres a cuatro años.

Preferencia 2A: Aquellas peticiones familiares hechas por residentes americanos para sus cónyuges o sus hijos solteros menores de 21 años. Esta es la Preferencia 2A. El tiempo de espera es de cuatro a siete años.

Preferencia 2B: Las peticiones hechas por residentes americanos para sus hijos solteros mayores de 21 años. Esta es la Preferencia 2B, y por ser iniciada por un residente y no un ciudadano, la espera es más larga; puede tardar hasta ocho años.

También le ofrezco un diagrama con la misma información, pero según la condición del beneficiario; es decir, la persona que quiere conseguir la tarjeta verde:

Resumen de preferencias según la relación y el estatus del peticionario			
Beneficiario	**Peticionario**	**Preferencia**	**Tiempo aproximado**
HIJOS			
Hijos menores de 21 años	Ciudadano americano	Inmediata*	7 a 12 meses
	Residente permanente	Preferencia 2A	4–7 años
Hijos solteros mayores de 21 años	Ciudadano americano	Preferencia 1	3–4 años
	Residente permanente	Preferencia 2B	8 años
Hijos casados mayores de 21 años	Ciudadano americano	Preferencia 3	5 años
	Residente permanente	No es posible	No es posible
CÓNYUGES			
Cónyuges	Ciudadano americano	Inmediata*	7–12 meses
	Residente permanente	Preferencia 2A	4–7 años
PADRES			
Padres	Ciudadano americano	Inmediata*	7–12 meses
	Residente permanente	No es posible	No es posible
HERMANOS			
Hermanos	Ciudadano americano	Preferencia 4	10 años
	Residente permanente	No es posible	No es posible

* Con la preferencia "inmediata" no hay cuota. El "tiempo aproximado" de 7 a 12 meses es el tiempo que normalmente se espera para el proceso de tramitar la solicitud.

Preferencia 3: Las peticiones iniciadas por ciudadanos americanos por sus hijos casados. Esta es la Preferencia 3. El tiempo de espera puede ser de hasta cinco años.

Preferencia 4: Finalmente, ésta es la categoría que cubre a los hermanos de ciudadanos americanos, y aquí no importa la edad o el estado civil (es decir, soltero o casado). Ésta es la Preferencia 4 y la solicitud suele tomar más de diez años en tramitarse.

[Nota manuscrita: cambió el estatus del beneficiario sólo porque es casado sujeto a cuota y fla. Lorna]

Preguntas frecuentes

¿Cuál será mi estatus durante el proceso de someter la petición?

El mero hecho de haber postulado no cambia su estatus. Su estatus cambiará cuando reciba la residencia permanente a través de su familiar.

¿Quién determina las colas de espera?

El Departamento de Estado, no DHS, es quien determina el número de visas que pueden otorgar cada año. La cola de espera resulta en la cantidad de postulantes dividido por la cuota anual. Por ejemplo, si hay una cuota de 10.000 visas por año para una categoría, y hay 50.000 personas postulando, la próxima persona que postula tendrá que esperar cinco años. En realidad, esto es aún más complicado porque las cuotas existen por país, y es por eso que las personas de algunos países (como México) suelen esperar más.

¿Es posible acortar el tiempo de espera?

Es vital entender que las colas de espera las impone el Departamento de Estado. Es imposible que alguien pueda adelantar el tiempo de espera si el estatus del peticionario o el beneficiario no cambia durante el período de espera de la solicitud. En cambio, si el estatus de cualquiera de los dos cambia, puede acelerar o atrasar el proceso.

Por ejemplo, el tiempo de espera puede disminuirse si el peticionario inicia la petición familiar como residente, pero después se convierte en ciudadano. En este caso la categoría de su solicitud habrá cambiado a una superior en la lista de prioridades o preferencias, acelerando así el proceso de conseguir la residencia, contando el tiempo ya esperado. Es bastante posible que un familiar que postula para pedir a otro bajo la preferencia familiar se convierta en ciudadano antes de que su beneficiario termine la espera en la cola, porque sólo tarda cinco años en convertirse de residente permanente a ciudadano (o tres años si es por matrimonio), y el tiempo de espera en la mayoría de las colas es superior a los cinco años.

Cuando un peticionario que es residente permanente se convierte en ciudadano, se cambia la categoría de la petición. Este cambio de estatus se informa con una carta al DHS o al Departamento de Estado y si ahora, por convertirse a ciudadano el peticionario, ya no hay cola de espera, se procede inmediatamente a solicitar la residencia. Por ejemplo, si el beneficiario es un hijo soltero menor de 21 años, había estado en la Preferencia 2A con una cola de tres a cuatro años cuando su padre (o madre) peticionó como residente. Ahora que el padre es ciudadano, el beneficiario se convierte de preferencia familiar a un familiar inmediato (sin cola de espera), y simplemente se puede mandar todos los formularios requeridos para un familiar inmediato (salvo el I-130, que ya se mandó). Si se encuentra fuera del país, se le tiene que informar al consulado del nuevo estatus.

> *La demora para que un peticionario residente se convierta en ciudadano es de cinco años (o tres años si es por matrimonio), así que es bastante posible que un beneficiario avance a una cola más corta o se convierta en un familiar inmediato sin cuota.*

También se puede acelerar el tiempo de espera para un beneficiario si se cambia de peticionario. Por ejemplo, si Juan, el peticionario, es un residente permanente y el beneficiario es su hijo Juanito, quien es soltero mayor de 21 años (viviendo en EE.UU. con estatus legal), Juanito va a estar en la Preferencia 2B con ocho años de espera. Si Juanito se casa con Rosa, una ciudadana americana, Juanito no podrá solicitar la petición como beneficiario de su padre, ya que no se puede extender la residencia a los hijos de residentes permanentes que son *casados*. Pero ya que Rosa es ciudadana, ella tendrá que solicitar una petición familiar nueva y ser la peticionaria para Juanito, y la petición será de familiar inmediato sin cola de espera.

¿Hay ciertas situaciones en que el tiempo de espera se prolonga más?

Por supuesto. Esto ocurre más que nada cuando el beneficiario de un ciudadano americano se casa. Tomemos como ejemplo a Marco, un chileno (o ciudadano de cualquier país salvo México) que es beneficiario de una petición bajo la Preferencia 1 (hijo soltero de ciudadano, mayor de 21 años). Si Marco se casa con Gabriela, que no es residente permanente ni ciudadana, él pasará a la Preferencia 3 (hijo de ciudadano americano, casado, mayor de 21 años), prolongando la espera. (Pero si Marco fuese mexicano, sería lo contrario —la espera sería más larga bajo la Preferencia 1, según el recuadro en la página 36.)

OJO: Si el beneficiario es mayor de 21 años e hijo de un *residente permanente* (la Preferencia 2B), no se puede casar hasta obtener la residencia, ya que al hacerlo se anula la posibilidad de conseguir la residencia a través del padre.

**Las peticiones de preferencia familiar pueden incluir
a los cónyuges e hijos menores del beneficiario:**

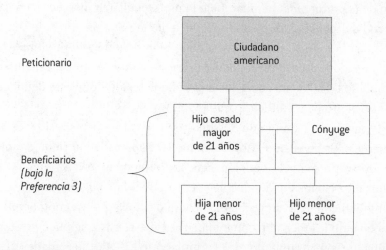

¿Es posible que la nuera o los nietos de un ciudadano obtengan la residencia a través de una petición familiar?

Sí es posible, estrictamente bajo la categoría de preferencia familiar (con cola de espera). Retomemos el ejemplo de Marco en la pregunta anterior, que es beneficiario de un ciudadano americano y está casado con Gabriela. Marco no tiene que esperar hasta que él se haga residente para transferirle la residencia a Gabriela —Gabriela sencillamente puede ser agregada a la petición de Marco porque la petición está bajo la categoría de preferencia familiar. Como expliqué en la página 29, esta es una ventaja de las peticiones de preferencia familiar. Los hijos de Marco y Gabriela (si nacen fuera de EE.UU.) también pueden ser incluidos en la petición, asumiendo que serán menores de 21 años cuando les llegue el turno en la cola.

¿Qué pasa si mis hijos cumplen 21 años cuando la petición todavía se está procesando?

Esto depende de si los padres son ciudadanos o residentes. Para los hijos de ciudadanos menores de 21 años, el CSPA (*Child Status Protection Act,* la Ley de Protección del Estatus del Menor) congela la edad del beneficiario desde el momento en que se presenta la solicitud —o sea, cualquier familiar inmediato que tiene menos de 21 años cuando se presenta la petición podrá obtener una visa de inmigrante. No es así en el caso de la preferencia familiar. Bajo la preferencia familiar, no se congela la edad del beneficiario cuando se presenta la petición sino que se congela cuando le toca el turno en la cola. Si el beneficiario ya cumplió 21 años cuando le toca el turno, podrá restar el tiempo de procesamiento del formulario I-130 de su edad, y a veces puede resultar que esta deducción sea suficiente para calificar para la visa.

Pongamos un ejemplo de dos hijos de un padre que es residente permanente. Digamos que Mónica tiene 17 años y Felipe tiene 19 años cuando se presenta la petición bajo la Preferencia 2A. Si ellos tienen menos de 21 años cuando les llega el turno en la cola, entonces podrán recibir la residencia sin problema. Ahora digamos que ya cumplieron 21 años cuando les toca el turno en la cola. En este caso, se puede restar el tiempo de procesamiento del formulario I-130 de sus edades. Este

La protección bajo la CSPA para la preferencia familiar (con cuota) para Mónica y Felipe:

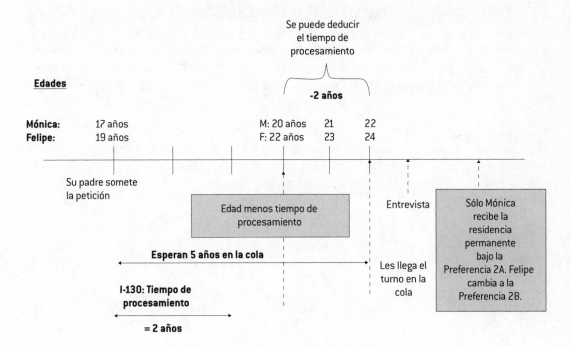

tiempo de procesamiento corre desde el momento en que se presentó la petición hasta que el formulario I-130 fue aprobado.

Digamos que la cola es de cinco años, y dentro de esos mismos cinco años el tiempo de procesamiento del formulario I-130 fue de dos años. Mónica tiene 22 años cuando le toca el turno en la cola. Ella sí podrá obtener la residencia porque 22 años menos 2 años de procesamiento del I-130 equivale a una edad de 20 años (lo cual es menos de 21 años). Felipe lamentablemente tiene 24 años cuando le toca el turno (22 años cuando se restan los 2 años de procesamiento), así que ya no califica para esta petición. La petición de Felipe ahora se convierte en una de la Preferencia 2B, con una espera más larga (hijos solteros de residentes permanentes mayores de 21 años). Felipe debe asegurarse de no casarse hasta que obtenga la residencia, ya que no es posible obtener la residencia si el beneficiario es hijo de un residente permanente, mayor de 21 años *y casado*.

Boletín de Visa, febrero 2007 *(Tiempo de espera para un número de visa, según la fecha de prioridad)*							
Preferencia	China	India	México	Filipinas	Todos los otros países	Espera para mexicanos (en 2007)	Espera para el resto de los hispanos
1: Hijos solteros de ciudadanos americanos mayores de 21 años	mayo 2001	enero 2001	enero 1994	enero 1992	mayo 2001	13 años	6 años
2A: Hijos solteros de residentes permanentes menores de 21 años	marzo 2002	octubre 2000	mayo 2000	marzo 2002	marzo 2002	7 años	5 años
2B: Hijos solteros de residentes permanentes mayores de 21 años	mayo 1997	mayo 1997	marzo 1992	octubre 1996	mayo 1997	15 años	10 años
3: Hijos casados de ciudadanos americanos mayores de 21 años	febrero 1999	febrero 1999	enero 1995	febrero 1991	febrero 1999	12 años	8 años
4: Hermanos de ciudadanos americanos	julio 1995	octubre 1995	marzo 1994	agosto 1984	febrero 1996	13 años	11 años

Nota: Este boletín se actualiza mensualmente y se puede encontrar en el sitio web del Departamento de Estado: http://travel.state.gov/visa. Oprime *"Frequently Requested Visa Information"* y después oprime *"Visa Bulletin"*.

Si la petición cambia de preferencia pero todavía hay cola de espera, ¿se puede retener o aplicar el tiempo ya esperado a la nueva preferencia?

Sí, se aplica como crédito a la otra cola. El DHS le dará a usted su fecha de prioridad (*Priority Date*), que es la fecha de cuando usted sometió el formulario. Es decir, si postuló hace tres años, esa misma fecha se conservará en la nueva cola. Por ejemplo, si la fecha de prioridad de María es enero de 2005 y ahora estamos en 2008, significa que ya ha esperado tres años para la categoría 2A. Si María se casa con José, que es hijo de un ciudadano (bajo la Preferencia 1), se pone en la otra cola con esa misma fecha de prioridad y puede aplicar esos tres años de espera hacia su nueva petición.

> **Si la petición cambia de categoría pero todavía hay cola de espera, se puede aprovechar el tiempo ya esperado a la nueva categoría.**

Me han dicho que los mexicanos tienen que esperar más tiempo que la gente de otros países. ¿Es cierto esto?

En general, el período de espera no tiene nada que ver con el país de origen, con notables excepciones como es el caso de nuestros hermanos mexicanos que siempre esperan más. Es verdad; las colas de preferencia varían en cuanto a México. No es discriminación, sino que hay muchas peticiones por parte de los mexicanos, y hay tantas visas para tanta gente. Por lo tanto las colas se hacen muy largas. El recuadro en la página 36 demuestra un ejemplo real de esta situación. Por ejemplo, esta tabla de febrero de 2007 demuestra que para la Preferencia 1, están otorgando números de inmigrante a aquellos mexicanos que postularon en enero de 1994 (cuando reciba el acuse de la petición, el DHS le otorgará una fecha de prioridad —esta fecha es la que determina su lugar en la cola). Para los latinos de cualquier otro país, el Departamento de Estado está dando números de inmigrante a aquellos que postularon en mayo de 2001. Entonces, hay siete años de diferencia entre el tiempo de espera para un mexicano comparado con un latino de otro país.

Este recuadro se actualiza cada mes y se puede encontrar en el sitio web del Departamento de Estado: http://travel.state.gov/visa/frvi/bulletin/bulletin_1770.html.

Es importante observar que a veces la cola no se mueve de un mes al otro, y otras veces sí avanza.

¿Cómo puedo estimar el tiempo que voy a tener que esperar para recibir mi número de visa?

Si su petición está sujeta a una cola de espera, usando el mismo ejemplo de la pregunta anterior, usted puede calcular más o menos cuánto tiempo va a tardar en recibir un número de visa según la tabla. Si el beneficiario está mirando la tabla de febrero de 2007 y no es mexicano con la Preferencia 1, verá que ahora se están procesando las peticiones hechas hace seis años, en mayo de 2001. Entonces, el beneficiario puede suponer que va a recibir su número en seis años más. Pero es importante observar que el tiempo de espera para cada preferencia puede variar cada año. Por ejemplo, los mexicanos que postularon bajo la Preferencia 2A en marzo de 2002 tuvieron que esperar siete años para recibir su número de visa, pero eso no significa que si usted es mexicano y postula hoy bajo la Preferencia 2A, tendrá que esperar exactamente siete años. Esto es porque el tiempo de espera hoy en día depende de cuánta gente está en la cola delante de usted (el número de solicitudes puede haber subido o bajado).

¿Cómo puedo saber si me toca mi turno en la cola de espera?

Si usted está en EE.UU., tiene que acudir al Boletín de Visa (véase el ejemplo en la página 36). Nadie le va a llamar para notificarle que ahora es su turno en EE.UU. Fuera de EE.UU., el consulado le notificará que le toca su turno en la cola.

¿Qué hago cuando me toque el turno en la cola?

Cuando le toque su turno, usted puede postular para la residencia con el formulario que le da el ajuste de estatus, el I-485, con el I-864, la Declaración de Apoyo Económico (*Affidavit of Support*) y con cualquier otro formulario opcional según su situación. Más adelante explicaré cada formulario con más detalle.

¿Dónde debe estar el beneficiario para empezar la solicitud, en EE.UU. o fuera?

En realidad, hay dos maneras de conseguir la residencia: dentro del país a través de un ajuste de estatus, o fuera del país a través del consulado estadounidense en el país de origen. El ajuste puede ser, por ejemplo, que el beneficiario tiene visa de estudiante o visa de turista y va a ajustar su estatus para convertirse en residente permanente gracias a la petición familiar. Recuerde que, un ajuste de estatus es cuando se entrega una solicitud para cambiar el estatus de la persona viviendo dentro de EE.UU. (Nunca se entrega una solicitud de ajuste de estatus para alguien fuera del país porque, lógicamente, alguien que no está en EE.UU. no tiene ningún estatus en EE.UU.).

¿Pero qué pasa si el beneficiario está o estaba en EE.UU. ilegalmente?

Generalmente sólo se puede hacer un ajuste de estatus cuando la persona no ha violado su estadía legal en este país, pero hay dos excepciones a esta regla:

Excepción #1: **La protección bajo la 245(i).** La primera excepción es cuando el beneficiario está cubierto por la 245(i). Si el beneficiario hizo una petición antes del 30 de abril de 2001, entonces estará protegido por la 245(i) y legalmente puede solicitar un ajuste de estatus a pesar de haber estado en el país ilegalmente.

Excepción #2: **Familiares inmediatos.** La segunda excepción es cuando el beneficiario es un familiar inmediato. Si el beneficiario entró legalmente y la petición es de familiar inmediato (véase la definición al principio del capítulo), aunque se encuentre ilegal por haberse vencido la visa puede solicitar un ajuste de estatus gracias a que la ley le da prioridad a los familiares inmediatos. Por ejemplo, si el beneficiario es el padre, cónyuge o hijo menor de 21 años de un ciudadano estadounidense, el peticionario puede solicitarle una petición con tal de que el beneficiario haya entrado al país de forma legal, aun si ahora se encuentra fuera de estatus.

Si la persona está en EE.UU. ilegalmente y no cae bajo estas dos categorías, tiene que esperar (y rezar) que vuelva a estar en vigencia la 245(i) de nuevo para poder ajustar su estatus. Si nunca se reabre la 245(i), entonces la persona contempla el dilema de quedarse aquí ilegalmente o irse del país y pedir su visa en el exterior. Pero ojo: si se va del país después de haber estado aquí ilegalmente por más de 180 ó 360 días, el gobierno americano le podría prohibir la entrada por un período de tres o diez años (tres años si estuvo fuera más de 180 días, diez años si estuvo fuera más de 360 días).

Si estoy en EE.UU. ilegalmente y no estoy protegido por las razones estipuladas en la respuesta anterior, ¿debo irme del país?

Si usted sabe que su estatus legal va a vencerse, es mejor salir del país mientras que esté legal, o antes de que se agoten los 180 días de gracia (como le expliqué en la Introducción). De esta forma, cuando por fin le den su número de visa, usted no se arriesga a que el DHS le niegue su petición por su anterior presencia ilegal. Lamentablemente, muchas personas deciden quedarse en EE.UU. ilegalmente por miedo a nunca poder regresar.

Recuerde también que aun durante los 180 días de gracia usted ya es considerado ilegal y está en peligro de ser rechazado. Es incorrecto pensar que porque usted se fue de EE.UU. después de que su permiso inicial se venciera pero antes de la conclusión de los 180 días de gracia, usted no vaya a tener problemas; el cónsul le puede negar la entrada a su discreción, aduciendo que usted sí violó la ley al abusar del período inicial de entrada.

Pongamos un ejemplo usando el gráfico que se encuentra a continuación. Isabel es una mujer que viaja a EE.UU. con una visa de turista de entradas múltiples que se vence en diez años. Pero sólo porque su visa se vence en diez años no significa que ella se puede quedar en EE.UU. durante diez años seguidos. Con cada visita a EE.UU. que Isabel haga, el consulado americano determinará su período (permiso) de estadía para esa visita individual. Por ende, si Isabel llega a EE.UU. el 1 de enero de 2006 y el oficial de inmigración le sella en el I-94 que su permiso de estadía es de tres meses, entonces ella va a estar fuera de estatus a partir del 1 de abril de ese mismo año.

Opciones y consecuencias para Isabel, beneficiaria bajo una preferencia familiar:	
Opción	**Consecuencia**
Puede quedarse en EE.UU. ilegalmente hasta que le den el número de inmigrante.	Cuando llegue el número, Isabel no podrá solicitar la visa porque tiene estatus ilegal y la pueden deportar. Pero, si cualquiera de las siguientes cosas han ocurrido, ella sí puede peticionar: 1. La 245(i) ha entrado en vigencia 2. Su categoría ha cambiado a la de familiar inmediato 3. Ha obtenido otra visa en el entretanto que la mantiene aquí legalmente (visa de trabajo o de estudiante, por ejemplo)
Puede quedarse ilegalmente por un tiempo, pero irse de EE.UU. antes de que se cumplen los 180 días de período de gracia (antes del 1 de octubre).	No estará en violación de estatus y podrá seguir los trámites para obtener residencia fuera del país, aunque va a tardar varios años.
Puede quedarse ilegalmente más allá de los 180 días (el 1 de octubre, en este caso) y regresar a su país.	Si sale y estuvo ilegal en EE.UU. durante más de 180 días, el castigo es muy grande —no podrá regresar por tres o diez años.

Nota: Isabel entró a EE.UU. con visa pero se le venció su permiso de estadía.

Si el padre de Isabel, Carlos, es residente permanente y empieza la petición familiar para que Isabel se haga residente, ella tiene varias opciones y consecuencias:

¿Puede un peticionario vivir fuera de EE.UU. durante el proceso?

Un peticionario no puede pedir a nadie si vive fuera, pues su domicilio no está en EE.UU Sin embargo, el beneficiario sí puede residir fuera de EE.UU.

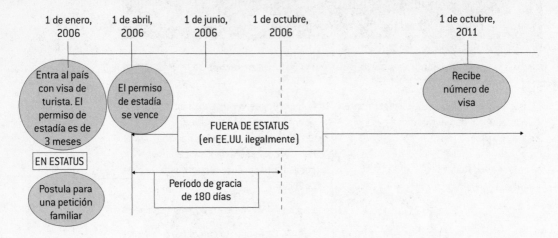

Durante el período de gracia, el solicitante está fuera de estatus

Si estoy aquí ilegalmente y peticiono bajo la preferencia familiar, ¿puede el DHS rechazar la petición y sacarme de la cola cuando se procese el I-130 y noten que estoy aquí ilegalmente?

El DHS no lo puede sacar de la cola puesto que esa agencia no controla la cola. Quien controla la cola es el Departamento de Estado. Como expliqué anteriormente, mucha gente postula bajo la preferencia familiar aunque estén ilegales por si acaso la ley 245(i) vuelve a entrar en vigencia.

Si me rechazan la solicitud y estoy en EE.UU. ilegalmente, ¿me pueden deportar?

Sí. La nueva versión de deportación se llama remoción. Sí lo pueden remover del país y usted quedaría sujeto a las penalizaciones que eso conlleva (de tres o diez años de castigo) sin poder reingresar a EE.UU.

Si soy beneficiario de una petición familiar, ¿podré trabajar legalmente en el país durante el tiempo de espera?

Sí, se puede siempre y cuando se aplique para un ajuste de estatus. O sea, si usted es un familiar inmediato puede someter el formulario de

ajuste de estatus (el I-485) junto con el que solicita el permiso de trabajo (el I-765). Si usted está peticionando bajo la preferencia familiar,
el simple hecho de radicar una petición familiar no es suficiente para
producir un permiso de trabajo —en este caso usted tiene que esperar
su turno en la cola y después someter los dos formularios que mencioné
anteriormente.

El I-765 cuesta $340 y se envían dos fotos de frente más una fotoco-
pia del formulario I-485.

Si soy beneficiario de una petición familiar y estoy dentro de EE.UU.,
¿podré viajar fuera del país durante el tiempo de espera?

Sí, si está en EE.UU. legalmente. Se utiliza el formulario I-131. Si
no está aquí legalmente, usted corre el riesgo de que, con la acumulación de estadía ilegal, no pudiera regresar a EE.UU. si es que usted
decide salir del país.

Si ha acumulado presencia ilegal (*unlawful presence*) no debe viajar
porque el castigo del DHS es no dejarlo regresar durante tres años si
estuvo ilegal en EE.UU. durante más de 180 días y de diez años si estuvo
ilegal en EE.UU. durante más de 360 días.

Si soy beneficiario de una petición familiar, ¿tendré que hacer una entrevista?

En la gran mayoría de los casos, sí. La entrevista dura unos treinta
minutos. Un abogado puede estar presente y el DHS hace una entrevista.
Si el DHS tiene dudas acerca de la autenticidad del matrimonio o de
cualquier relación, pueden citarlo a otra entrevista para determinar si
había fraude o no. Las preguntas varían de acuerdo al tipo de petición.
Hablaré de las preguntas típicas para un matrimonio en la sección de los
cónyuges en la página 47.

¿Y qué hago si no hablo inglés?

Si usted no habla inglés debe traer consigo un intérprete (el gobierno
no paga por este servicio).

¿Puedo solicitar varios familiares a la vez? En este caso, ¿cómo se debe com-probar que puedo mantenerlos económicamente con la Declaración de Apoyo Económico (Affidavit of Support)?

Sí, se pueden hacer varias peticiones a la vez. Hablaré más en detalle del formulario I-864, el *Affidavit of Support,* en la sección de los formu-larios. Si mira la tabla del límite de pobreza, es necesario ver cuántos familiares está peticionando y cuánto debe ganar (según la ley) para poder mantenerlos. (Véase el recuadro en la página 66.)

> **En la mayoría de los casos, habrá una entrevista.**

Si no estoy en EE.UU. legalmente pero doy a luz a un bebé aquí, ¿puede el bebé obtener residencia legal? ¿Y puedo yo obtener residencia a través del bebé?

El bebé será ciudadano americano. Pero el padre o madre que vive aquí ilegalmente no puede obtener residencia sólo porque su hijo nació aquí. O sea, ese bebé no puede servir de peticionario sino hasta que cumpla los 21 años. En ese momento se podrá someter una petición familiar.

¿Qué hago si los documentos requeridos no están disponibles? Si no puedo comprobar la relación ¿me pueden someter a prueba de ADN?

Si los documentos requeridos no están disponibles, usted puede man-dar evidencias secundarias, como las que explico en el recuadro en la página siguiente.

En cuanto a una prueba de ADN, el gobierno se reserva el derecho de hacer dicha prueba para comprobar una relación padre-hijo, por ejemplo. Se hace con una prueba de sangre que usted costea y que se manda a un laboratorio.

EJEMPLOS DE EVIDENCIAS SECUNDARIAS:

Si los documentos requeridos no están disponibles, puede presentar evidencia secundaria.

Documentos de la iglesia: Una copia de un documento con el sello de la iglesia que demuestra el bautizo u otro rito parecido que ocurrió dentro de los primeros dos meses del nacimiento, en donde aparecen registrados la fecha, ciudad de nacimiento del bebé y los nombres de sus padres.

Documento escolar: Una carta de la escuela del niño con la fecha de admisión a la escuela, su fecha de nacimiento (o edad), ciudad de nacimiento y los nombres de sus padres.

Documento del censo: Documento de un censo estatal o federal que demuestre el nombre, ciudad de nacimiento, fecha de nacimiento o edad de la persona.

Affidavits **(Declaraciones juradas):** Una declaración de dos personas que estuvieron vivos en aquella época y tuvieron conocimiento personal del evento o del hecho que usted desea comprobar (por ejemplo, un nacimiento o una boda). Las personas que hacen la declaración no tienen que ser ciudadanos americanos. La persona que escribe esta declaración no tiene que ser estadounidense. Cada *affidavit* debe contener lo siguiente acerca de la persona que lo está sometiendo: su nombre, dirección, fecha y ciudad/país de nacimiento y su relación con usted. También debe incluir toda la información pertinente al evento o hecho y detalles completos acerca de cómo esta persona se enteró del evento o el hecho. *Por favor note que un* **affidavit** *común y corriente no es lo mismo que el formulario I-864, el* Affidavit of Support.

Información específica por tipo
de relación familiar

Padres

Si usted es un ciudadano americano de 21 años o más, puede solicitar traer a sus padres a vivir y trabajar en EE.UU. Si usted es un residente permanente, no puede hacer este recurso; tendrá que esperar hasta que obtenga su ciudadanía.

El peticionario también puede traer a su padrastro o madrastra siempre y cuando se haya casado con su padre/madre cuando el peticionario era menor de 18 años.

Cuando la petición está aprobada, y el beneficiario está fuera del país, el consulado americano le pedirá que se presente en la oficina para hacer los trámites necesarios. Si está dentro de EE.UU., tendrá que completar el formulario I-485.

Documentos necesarios:
- ❑ Si el beneficiario es la madre: una copia del certificado de nacimiento del peticionario que debe tener el nombre del peticionario (el hijo) y el beneficiario (la madre).
- ❑ Si el beneficiario es el padre: una copia del certificado de nacimiento del peticionario con el nombre del peticionario y de la madre. También debe dar el certificado de matrimonio que establece que el beneficiario se casó con la madre antes de que naciera el peticionario.

Hijos

La Ley de Inmigración de EE.UU. define un hijo como una persona que es:

- Un hijo nacido de padres casados.
- Un hijastro si el matrimonio que creó la relación de padrastro-hijastro tuvo lugar antes de que el hijo cumpliera 18 años.
- Un hijo nacido fuera de matrimonio; o sea, en que los padres no estaban casados cuando el hijo nació. Nota: si el padre es el peticionario,

habrá que incluir en la solicitud pruebas fehacientes de la relación entre padre e hijo.

- Un hijo adoptivo, sólo si el hijo fue adoptado antes de cumplir 16 años, y ha vivido con los padres adoptivos legalmente por un mínimo de dos años.

- Un huérfano menor de 16 años cuando el padre adoptivo (o futuro padre adoptivo) solicita una visa por el hijo, que ha sido adoptado fuera de EE.UU. por un ciudadano estadounidense, o que viene a EE.UU. para ser adoptado por un ciudadano de EE.UU.

- Un hijo adoptivo menor de 18 años, y el hermano natural de un huérfano o hijo adoptivo menor de 16 años, si fue adoptado con o después del hermano. El hijo tiene que adherirse también a la definición de un hijo huérfano o adoptivo.

Documentos necesarios:

❑ Si el peticionario es la madre, una copia del certificado de nacimiento del hijo (y la traducción al inglés si está en español). Este certificado debe tener el nombre del peticionario y del beneficiario.

❑ Si el peticionario es el padre, una copia del certificado de nacimiento del hijo (y la traducción al inglés si está en español). Este certificado debe tener el nombre del peticionario, de la madre y del beneficiario. También debe entregar el certificado de matrimonio.

Cónyuges

Documentos necesarios:

❑ Su certificado de matrimonio (y la traducción al inglés si está en español)

❑ Si cualquiera de los dos estuvo casado anteriormente, debe demostrar que todos los casamientos anteriores fueron terminados legalmente

❑ Una fotografía de pasaporte de frente en color de usted y otra de su cónyuge, con el nombre y número de residente del peticionario detrás de cada foto

¿Cual es la probabilidad de que nos pidan una entrevista?

Como dije anteriormente, casi siempre hay entrevistas para peticiones de matrimonio. Últimamente, el DHS está aprobando sin entrevistas las

EL FRAUDE MATRIMONIAL

Hay una alta incidencia de fraude matrimonial. Nada me molesta más que esto. Uno, porque creo que el sistema funciona, mal pero funciona, y peticiones de esa clase sólo prostituyen aún más este medio ya plagado de problemas. Dos, porque los abusos que ocurren son terribles, y tres porque el fraude matrimonial no tiene remedio. No hay recurso de apelación posible. Si se comprueba, de por vida la persona no podrá nunca optar por ningún beneficio inmigratorio. Así como lo oye. Muchas personas, mujeres sobre todo, desesperadas por solucionar su problema inmigratorio, se casan por los papeles pagando sumas exorbitantes de dinero y confiando en falsos profetas. Después vienen las extorsiones, los chantajes, las faltas de respeto y, al final, la denegación de la petición por fraude.

peticiones hechas por familiares inmediatos, por ejemplo hijos americanos pidiendo a sus padres. Sólo el DHS decide si conduce una entrevista de fraude o no. Se basan, entre otras cosas, en evidencia sometida, diferencia de edades, cuántas veces se han casado anteriormente, etc.

¿Qué tipo de preguntas son de esperarse en la entrevista?

Una petición matrimonial, de buena fe, debe constar de evidencia de la relación y un conocimiento total de las funciones básicas de la pareja. Por ejemplo:

• ¿Cuántos abanicos de techo hay en su apartamento?
• ¿Cómo llegaron (en qué vehículo) a la ceremonia de bodas?
• ¿Dónde compró el novio los anillos de boda y cuánto les costaron?
• ¿Cuál es la comida preferida del cónyuge?
• ¿Adónde fueron de luna de miel?
• ¿Cómo se llaman los vecinos?

Son cosas triviales pero que contestadas de manera contradictoria son fatales pues le demuestran al oficial de DHS que hay algo grave en la relación. Les pido que se abstengan de contraer matrimonio falso. La tarjeta verde no justifica una vida de chantajes y abusos. Como decía mi abuela Isabel, "no hay peor cosa que un mal matrimonio".

En esta primera entrevista la pareja puede traer documentos que avalan la autenticidad del matrimonio: entre otras cosas, documentos que demuestran cuentas bancarias, propiedades o declaraciones de renta en común. También se pueden llevar todo tipo de pruebas como fotos juntos, facturas (electricidad, teléfono, tarjetas de crédito) con la misma dirección, correspondencia, estados de cuentas bancarias en común, documentos de seguros médicos y de automóviles.

Si en la primera entrevista de matrimonio el DHS no está convencido de la autenticidad del matrimonio, generalmente se les da una segunda oportunidad, a menos que una de las partes acepte que se casó por los papeles. En este caso la petición se elimina y el beneficiario será acusado de fraude matrimonial.

¿Qué significa la residencia condicional con respecto a las peticiones de cónyuges?

Si postula antes de estar casado por dos años (y también cuando acuda a la entrevista no han pasado dos años), la solicitud será considerada "condicional". Cuando llegue su tarjeta de residencia permanente, en realidad es una tarjeta provisional que se vencerá en dos años. Noventa días antes de que terminen estos dos años de residencia con la tarjeta condicional, la pareja debe solicitar la residencia permanente con el formulario I-751, que es una petición para cambiar la condición provisional de la tarjeta de residencia. Así se obtiene la residencia permanente. Observe que el tiempo bajo la residencia condicional sí cuenta para obtener ciudadanía, así que si se mantiene casado y esperó dos años condicionalmente, sólo esperará un año más ya que tarda tres años en poder solicitar la ciudadanía a través de un matrimonio. Para más información véase la página 271.

El formulario I-751 cuesta $545 y le cobran $80 más por cada dependiente que incluya en la solicitud. Es importantísimo notar que si usted recibe la residencia condicional y no postula con el formulario I-751 en esos noventa días antes de que se venza, usted perderá su estatus como residente y podrá ser removido del país.

¿Cuánto tiempo después de la boda puedo solicitar el ajuste de estatus por matrimonio con un ciudadano americano?

Al día siguiente, pero recuérdese lo que dije en la pregunta anterior, que si se solicita y se llega a la entrevista antes de estar casado por dos años, la solicitud será condicional.

¿Qué pasa si el beneficiario es ilegal?

Generalmente, si la persona entró legalmente, se puede casar y ser pedida por un ciudadano aunque esté ilegal sin necesidad de la existencia de la sección 245(i). Si no entró legalmente (o sea EWI), no hay remedio alguno a menos que esté cubierto por la 245(i).

Si estoy separado/a de mi cónyuge ciudadano, ¿puedo solicitar la residencia igual?

Sí. La ley permite la residencia aunque estén separados o hasta divorciados si cuando se inició la petición la misma fue de buena fe. Si dentro de los dos años como residente condicional la pareja se separa o se divorcia, el beneficiario puede llenar el formulario I-751 por su parte (es decir, sin su ex esposo/a) y pedirle al DHS un perdón por solicitar la condicionalidad sin la firma del peticionario original. Son casos difíciles, pero si se puede probar con amplia documentación que cuando se casaron el matrimonio era de buena fe, es muy probable que el DHS apruebe el perdón.

¿Hay otras situaciones donde puedo obtener la residencia aunque no siga casado?

Sí. Usted también puede obtener el perdón (o *waiver*) en los siguientes casos:

- Si se casó de buena fe, pero su cónyuge falleció.
- Si se casó de buena fe, pero usted fue sujeto a violencia doméstica por el cónyuge que fue su peticionario (para más información acerca de este tema, véase el capítulo 4 acerca de de VAWA).

- Si la terminación de su estatus resultara en privaciones extremas (*extreme hardship*).
- Si como dije anteriormente, se casó de buena fe, pero su relación terminó en divorcio o anulación.

¿Qué pasa en el caso de un divorcio si hay hijos del beneficiario?

No hay problema. Ellos también entran en la petición. Aunque no se haya divorciado la pareja de todas maneras debe llenar el formulario I-751 tres meses antes del vencimiento. Cuando se divorcian lo único que hace el solicitante es pedir en el mismo formulario un perdón por estar divorciado.

¿En qué caso podría ser útil solicitar la visa de prometido (fiancé)?

La visa de *fiancé* (K) es factible cuando la pareja hace por lo menos doce meses que se conoce y el peticionario —un ciudadano americano— quiere traer a su futuro cónyuge al país. Note que cuando el beneficiario entre al país tendrá que casarse dentro de los siguientes noventa días o perderá todo. Véase el recuadro en la página siguiente para más información.

¿Puedo comenzar mi solicitud fuera del país y acabarla dentro de EE.UU.?

Si el beneficiario es el *cónyuge* de un ciudadano americano y está fuera del país y ya el I-130 fue presentada, se puede entonces enviar el formulario I-129F para que la persona pueda entrar a terminar su ajuste aquí por medio de la visa K-3. La documentación es la misma que el I-130 además de la demostración de la capacidad económica y un examen médico.

Si el beneficiario es el *prometido* del peticionario y se puede demostrar que dentro de los últimos veinticuatro meses ha habido una relación, se puede presentar el formulario I-129F para traer a la persona por medio de la visa K-1. De nuevo hay que demostrar capacidad económica y también es muy importante que la pareja se case dentro de los noventa días después de entrar al país o se pierde todo. La persona que entra como K-1 sólo puede ajustar su estatus con el peticionario original, de lo contrario no hay manera que se pueda quedar en el país legalmente. Véase el recuadro siguiente para más información.

LAS VISAS K Y V: PARA PROMETIDOS/ CÓNYUGES DE CIUDADANOS AMERICANOS Y RESIDENTES

La visa K

La visa K es para traer al prometido/a o cónyuge de un ciudadano americano a EE.UU. con el propósito de casarse (o ya habiéndose casado) y vivir en EE.UU. Los hijos del prometido/a también pueden entrar en EE.UU. con esta visa.

Esta visa tiene tres categorías. Las visas K-1 para prometidos y K-2 para los hijos del prometido son visas de carácter híbrido, entre no-inmigrante e inmigrante. Esto es así porque se utilizan para entrar en EE.UU. con la intención de contraer matrimonio con el peticionario y luego quedarse en el país permanentemente. Sin embargo, son de carácter de no-inmigrante porque la persona no viene a EE.UU. con una visa de residente permanente, sino con una visa de carácter temporal que requiere de un paso más, el casamiento dentro de noventa días, para que se pueda convertir en una residencia permanente (mediante el envío del ajuste de estatus). La visa K-3 requiere que el beneficiario y el peticionario ya estén casados, y se usa para que el cónyuge pueda viajar a EE.UU. para estar con su esposo/a mientras espera el procesamiento de su petición familiar. Sin la visa K-3, el cónyuge tendría que pasar ese año de espera en su país, separado de su esposo/a.

> *La visa K es para traer un prometido a EE.UU. o para traer un cónyuge a EE.UU. mientras se procesa la petición familiar. El peticionario debe ser ciudadano americano.*

El peticionario de la visa K debe ser ciudadano americano y todo el proceso se inicia desde EE.UU. Nótese que el peticionario debe incluir su certificado de penales si es que tiene. Para las visas K-1 y K-2, si el matrimonio no se lleva a cabo durante los noventa días después de la entrada, el beneficiario debe regresar a su país y puede solicitar otra visa para reingresar a EE.UU. Además, el prometido puede entrar varias veces con una visa K pero no se puede quedar más de los noventa días a menos que se case con el peticionario.

Las visas K-1 y K-2: Prometido/a fuera del país y sus hijos

La K-1 es para prometidos, donde el ciudadano americano le pide a su prometido/a que viaje a EE.UU. para casarse y estar juntos. Para poder aplicar se necesita probar que los prometidos se conocen desde hace dos años en persona. El formulario que se llena es el I-129F (valor $455) y el mismo se presenta al centro regional en el cual el peticionario vive. Una vez aprobada, la visa la da el cónsul en el país del prometido/a. Si hay menores de edad involucrados, ellos recibirán la visa K-2. La visa se expide únicamente para que los prometidos se casen dentro de noventa días después de que se junten en EE.UU. Si no se casan, la visa se pierde. Además, el beneficiario de la K-1 no puede entrar en el país, no casarse y luego tratar de obtener otro tipo de estatus. Si no se casa con quien pidió la visa K-1, no hay, ni puede haber, nada más.

Esta visa debe ir acompañada con mucha documentación que demuestre la relación de la pareja. La misma puede ser: pasajes de avión, tarjetas de llamadas telefónicas, fotos juntos, cartas y otra evidencia que demuestre que la pareja realmente se conoce y se han tratado en los últimos veinticuatro meses. El trámite de esta visa tarda alrededor de nueve meses. Una vez que DHS la aprueba, el cónsul procesa la otra parte de la visa en el país del beneficiario. Es importante adjuntar prueba de la capacidad del peticionario para mantener económicamente al beneficiario por medio del formulario I-864. Para eso hay que enviar con la petición copias de las últimas tres declaraciones de impuestos del peticionario y una carta de trabajo confirmando su empleo.

> *Para las visas K-1 y K-2, si el matrimonio no se lleva a cabo durante los noventa días después de la entrada del beneficiario en EE.UU., la visa se pierde y el beneficiario debe regresar a su país.*

La visa K-3: Cónyuges de ciudadanos americanos

La visa K-3 es para cónyuges de ciudadanos americanos que viven fuera de EE.UU. y que quieren esperar el procesamiento de la petición de visa de inmigrante junto a sus esposos/as en EE.UU. El formulario que primero se llena es el I-130 (valor $355) y cuando se tiene el recibo oficial del mismo (treinta días después de enviada), se presenta el formulario I-129F (sin costo si está sometido con el I-130). Esta visa fue creada para acelerar la reunión familiar de las parejas casadas. Antes, cuando un ciudadano pedía a su cónyuge se tardaba casi doce meses o más para que el I-130 fuera aprobado y el proceso consular fuese culminado. Ahora con la K-3, los cónyuges e hijos menores (asumiendo que el casamiento con el ciudadano ocurrió antes de que los menores cumplieran 18 años) pueden venir a EE.UU. a continuar con el proceso de obtención de la residencia permanente.

> *Con la visa K-3, los cónyuges de ciudadanos americanos que viven fuera de EE.UU. pueden esperar el procesamiento de su petición de visa de inmigrante junto a sus esposos/as en EE.UU.*

Todo el proceso de la K-3 tarda alrededor de seis meses y considero que es una visa eficiente.

La visa V: para cónyuges e hijos de residentes permanentes

La visa V es para cónyuges e hijos de residentes siempre y cuando el residente haya hecho la solicitud para la petición familiar antes del 21 de diciembre de 2000 y cuya petición haya estado pendiente por más de tres años o, si la petición ha sido aprobada, que hayan pasado más de tres años y todavía no exista un número de visa por la cola de espera. El procedimiento es el mismo de la visa K si la persona está afuera. Se le muestra al cónsul que la petición fue radicada y que está pendiente o ya aprobada pero no hay número de visa. El cónsul entonces emite una visa para que el beneficiario entre en el país y pueda proseguir su proceso en EE.UU. La persona entra y espera su turno —lo que le falta para llegar a la cola— y cuando ya está en turno presenta el ajuste de estatus con el DHS.

Fíjense bien que la petición haya sido hecha antes del 21 de diciembre de 2000. En otras palabras, estas visas terminarán desapareciendo pues el universo de personas que son elegibles se irá haciendo más pequeño con el paso del tiempo.

Hermanos

Un hermano es un hermano, hermana, hermanastro, hermanastra o hermano adoptivo. Para que esta relación se considere verídica, las personas en cuestión tienen que tener por lo menos el mismo padre o la misma madre. Los hermanos no tienen que compartir los mismos padres biológicos con tal de que se hayan convertido en hijos de los mismos en el momento apropiado (antes de cumplir 16 años en el caso de hijos adoptivos, y antes de los 18 años en el caso de hijastros).

Documentos necesarios:
- ❏ El certificado de nacimiento de ambos para demostrar que tienen por lo menos la madre o el padre en común.
- ❏ Si tienen el mismo padre pero madres diferentes, deben mostrar copias de certificados de matrimonio del padre con las dos mujeres (la madre del peticionario y la madre del beneficiario) y documentación que comprueba que los matrimonios anteriores fueron terminados legalmente.

Cómo preparar su solicitud de petición familiar

En la siguiente página encontrará un recuadro con todos los formularios necesarios (y sus gastos asociados) para completar la solicitud de la petición familiar, junto con una explicación del porqué de cada formulario.

Como mencioné anteriormente, también se necesitan los documentos biográficos que explican la relación entre el peticionario y el beneficiario. Como por ejemplo:

- La partida de nacimiento de todos los beneficiarios y el peticionario
- La partida de matrimonio si corresponde
- Evidencia de cualquier divorcio
- La prueba de cómo entró en el país (copia del pasaporte y el I-94) suponiendo que el beneficiario entró legalmente
- Fotos del beneficiario y del peticionario en el caso de una petición entre cónyuges, y documentación que avale la relación

Formulario	Concepto	¿Requerido?	Costo
I-485	Solicitud para pedir la residencia permanente o ajustar estatus	Sí, si el beneficiario está dentro de EE.UU.	$1.010 y un costo de $80 para biométricos si son mayores de 14 años
I-130	Petición para familiar	Sí	$355
G-325A	Información biográfica	Sí, si se tiene entre 14 y 79 años	$0
I-864	Declaración de Apoyo Económico	Sí, uno para cada familiar en la petición	$0
I-693	Examen médico	Sí	$0
I-765	Autorización de empleo	Sólo si se quiere trabajar mientras se procesa la petición (si le ha tocado el turno en la cola para la preferencia familiar)	$340
I-485A	Ajuste de estatus bajo la 245(i)	Si es que vuelve a ser vigente o si usted ya está cubierto	$1.000 (multa)
I-129F	Petición de *fiancé* (prometido)	Si el/la novio/a está fuera del país	$455
I-94	Evidencia de inspección (que entró legalmente a este país)	Se entrega con el ajuste de estatus (I-485)	Si se pierde, el reemplazo I-102 cuesta $320
I-131	Autorización para viajar	Si se quiere viajar mientras se procesa la petición y está en estatus legal	$305

El proceso

He aquí una gráfica del proceso para los peticionarios que viven en EE.UU. La mayor diferencia entre los que viven en EE.UU. y los que postulan afuera es que los de afuera no tienen que llenar el formulario I-485 para un ajuste de estatus.

El proceso para una petición familiar:

Familiar inmediato (sin cuota) — *Los familiares inmediatos no son sujetos a la cola de espera, por lo tanto pueden llenar el I-130, G-325, I-485, etc., simultáneamente* → Llenar todos los formularios pertinentes para la petición (I-130, I-485, I-864, etc.)

Preferencia familiar (con cuota) → Mandar los formularios G-325 y I-130 al DHS → El DHS le mandará un acuse de recibo del formulario I-130 →

- Estará en la cola de espera para un número de visa (dura entre 4 y 15 años) → Le toca su turno en la cola →
- El formulario I-130 se estará procesando (dura entre 1 y 4 años) → Le aprueban el I-130 con un *Notice of Approval* →

→ Llenar todos los formularios pertinentes para la petición (I-485, I-864, etc.) →

→ El DHS hará la investigación del pasado y le mandará un acuse de recibo de los formularios → Tendrá la entrevista con un oficial del DHS → En algunos meses, recibirá la tarjeta de residencia permanente por correo

El proceso según la situación

Familiares inmediatos con estatus legal: Si usted es un familiar inmediato y se encuentra en EE.UU. de forma legal y el peticionario puede mantenerlo según la Declaración de Apoyo Económico, usted puede solicitar el ajuste de su estatus (véase el recuadro en la página 57). Puede llenar todos los formularios pertinentes a la misma vez, ya que no hay cola de espera y no necesita un número de visa.

Preferencia familiar con estatus legal: Si usted es un familiar sujeto a una cuota, necesitará postular primero para un número de visa usando el formulario I-130 junto con el G-325. Dependiendo de su preferencia (1, 2A, 2B, 3 ó 4) puede tener que esperar de tres a diez años para recibir un número de visa. Después de recibir el número, debe de llenar el resto de los formularios pertinentes, incluyendo el I-485, el del ajuste de estatus.

> *Una aprobación del formulario I-130 __no__ significa que le ha tocado su turno en la cola. Usted tiene que esperar su turno según el Boletín de Visa para poder someter el resto de la petición para la residencia.*

Familiar inmediato con estatus ilegal: Como expliqué anteriormente, si usted está aquí de forma ilegal y está solicitando su cambio de estatus como un familiar inmediato, el hecho de ser familiar inmediato lo protege y podrá solicitar su visa (si entró con inspección —si no entró con inspección tendrá que esperar a ver si la 245(i) vuelve a entrar en vigencia).

Preferencia familiar con estatus ilegal: Si usted está peticionando bajo la categoría de preferencia familiar, y no fue cubierto por la 245(i) en el pasado, puede llenar el formulario I-130 y tendrá que esperar que la sección 245(i) vuelva a entrar en vigencia (si es que vuelve en vigencia) y de esa manera tratar de ajustar su estatus, o puede ver si puede cambiar su categoría a ser familiar inmediato (esto ocurre si el beneficiario es hijo, padre o cónyuge y el peticionario se hace ciudadano). Si a pesar de no poder ajustar su estatus usted insiste y envía las solicitudes, se arriezgará a ser removido del país.

Si el beneficiario está fuera del país: Igual que si estuviera dentro del país, el peticionario llena el formulario I-130. Si la petición es una de familiar inmediato, el consulado americano en su país le dará cita para ir al consulado y procesar el resto de la solicitud. En esta situación el bene-

Proceso dependiendo del estatus del beneficiario:

Estatus	Familiar inmediato (sin cuota)	Preferencia familiar (con cuota)
Estatus legal	Puede postular con todos los formularios necesarios a la vez.	Primero postula con el formulario I-130 para obtener el número de inmigrante. Después postula con el resto de los formularios.
Entró legalmente pero ahora está ilegal	Puede postular con todos los formularios necesarios a la vez, porque el estatus ilegal está protegido por ser familiar inmediato.	Si no está protegido por la 245(i), puede ver si la 245(i) vuelve a entrar en vigencia o si su categoría puede cambiarse a la de un familiar inmediato.
Entró ilegalmente	No puede postular a menos que esté cubierto por la 245(i) o si la 245(i) vuelve a entrar en vigencia. Sin embargo, hay gente que postula igual para ir adelantando tiempo con la esperanza de que la 245(i) entre en vigencia de nuevo.	No puede postular a menos que esté cubierto por la 245(i) o si la 245(i) vuelve a estar en vigencia. Sin embargo, hay gente que postula igual para ir adelantando tiempo con la esperanza de que la 245(i) entre en vigencia de nuevo.
Fuera de EE.UU.	Puede postular con todos los formularios necesarios (salvo el I-485).	Primero postula con el formulario I-130 para obtener el número de inmigrante. Después postula con el resto de los formularios, salvo el I-485.

ficiario vendrá a este país en ocho o doce meses. Si la petición no es para un familiar inmediato y hay cola de espera para un número de visa, cuando le asignan el número, debe ir al consulado americano en su país para procesar la petición. Por favor, observe que no es necesario llenar el formulario I-485 (ajuste de estatus) si está fuera del país porque no hay nada para ajustar, ya que el beneficiario está fuera del país.

El proceso consular para las peticiones familiares, es decir, la tramitación fuera del país, es similar en cuanto a la documentación. Lo que cambia es que la entrevista la hace un funcionario del Departamento de Estado y no del DHS. Hay diferentes reglas en cuanto a dispensas, pero básicamente los documentos son parecidos. Observe que si es beneficiario de una Preferencia 2A y la petición se hizo antes de diciembre de 2000, el beneficiario puede entrar en el país a través de la visa V para terminar su proceso de ajuste en EE.UU.

Para más información acerca de los procesos consulares, véase el capítulo 8.

La notificación

Por favor, observe que el Centro Nacional de Visas del Departamento de Estado notificará al beneficiario cuando el DHS apruebe su petición de visa, *pero no lo contactará cuando le asignen un número de visa a menos que esté fuera del país.* O sea, si usted reside en EE.UU. el DHS *no* lo contactará cuando le toque su turno en la cola. Usted debe consultar el Boletín de Visa mensualmente para ver si ya le ha tocado su turno. Si usted reside fuera de EE.UU., el consulado sí lo va a contactar. Usted no necesita contactar el Centro Nacional de Visas a menos que haya cambiado de dirección o si hay un cambio en su situación personal que podría influir su posibilidad de conseguir una visa de inmigrante. Puede contactar el centro a la siguiente dirección: The National Visa Center; 32 Rochester Avenue; Portsmouth, New Hampshire 03801-2909.

> *Es importante observar que si usted reside en EE.UU. el DHS no lo contactará cuando le toque su turno en la cola. Usted debe consultar el Boletín de Visa por Internet (www.travel.state.gov/visa) para ver si ya le ha tocado su turno. Si usted reside fuera de EE.UU., el consulado sí lo va a contactar.*

LA COLA DE ESPERA Y EL TIEMPO DE PROCESAMIENTO NO ES LO MISMO

Cuando usted somete el formulario I-130 bajo la preferencia familiar, es importante notar que hay dos procesos paralelos y separados que ocurren: 1) lo pondrán en la cola de espera y 2) el DHS también tiene que procesar ese formulario para "aceptar" la petición. Mucha gente se confunde con este asunto de la cola y el procesamiento del formulario I-130. Piensan que si reciben una Aviso de Aprobación para el formulario I-130, que también es su turno en la cola y pueden solicitar el ajuste de estatus. Pero no es así — tienen que esperar su turno en la cola porque son dos procesos distintos.

Cuando el DHS reciba su petición con el formulario I-130, le mandará un acuse de recibo (en inglés dirá *Notice of Receipt* y los cubanos lo llaman una "antorcha"). Este recibo es lo que lo pone en la famosa cola de espera, y aparte empieza el procesamiento del formulario I-130. El recibo le dirá si el tiempo de procesamiento será de 300, 400 o hasta 900 días, pero esto no tiene nada que ver con su tiempo de espera en la cola —el mismo I-130 empieza los dos procesos a la vez. Recuerde que si usted es un familiar inmediato, no está sujeto a ninguna cola de espera.

Por ejemplo, imagínese que Juan presenta el formulario I-130 el 1 de julio de 2006 para una petición bajo la Preferencia 2A. Cuando Juan recibe el acuse de recibo, el DHS le notifica que su fecha de prioridad (*priority date*) es del 7 de julio de 2006 y que se tardará 600 días en procesar la solicitud (casi dos años). Esto no significa que dentro de esos 600 días (en 2008) a Juan le tocará su turno en la cola —cuando él reciba su Aviso de Aprobación (*Notice of Approval*) en 2008, esto *sólo* significa que le aprobaron el formulario I-130. En el entretanto necesitará seguir esperando en la cola. Si en el 2008 el Boletín de Visa indica que la fecha de prioridad que están atendiendo para la Preferencia 2A es de marzo de 2004, entonces a Juan le faltan dos años más para que le llegue su turno (ya que su fecha de prioridad es de 2006). O sea, la fecha de prioridad es lo que dicta su espera en la cola y aparte se tiene que esperar el procesamiento del formulario I-130. Juan necesita esperar tanto el tiempo de procesamiento como el tiempo en la cola.

Por otro lado, a veces cuando uno está en la cola de espera y le llega su turno, el DHS puede no haber terminado de procesar su petición. Digamos que a Juan le dicen que el tiempo de procesamiento para el I-130 es de 900 días. Si le llega su turno en la cola antes de haber recibido aprobación, él simplemente debe presentar todos los otros formularios necesarios (como el ajuste de estatus con el formulario I-485) y pagar los aranceles, asumiendo que todo lo demás está en regla. **Lo que manda es su turno en la cola.**

Cómo preparar los formularios

El formulario I-130: Petición para familiar *(Petition for Alien Relative)*

A finales de este capítulo, en la página 73, encontrará el formulario I-130 y la traducción al español.

Hablemos ahora del formulario I-130. Este es el formulario de peticiones familiares más básico para los trámites de inmigración, porque es el formulario en el que el peticionario declara la relación que tiene con el beneficiario que quiere conseguir su ajuste de estatus. Se usa para peticiones de familiares inmediatos, y también para aquellas peticiones de preferencia sujetas a cuotas.

Consta de sólo dos páginas. La primera página está dividida en dos partes. Una de las partes pregunta por los datos del peticionario y la otra los datos del beneficiario:

- La parte del peticionario es sencilla: pregunta datos biográficos, cómo obtuvo su residencia o la ciudadanía, número de matrimonios, lugar de nacimiento, etc.
- La parte del beneficiario también hace preguntas de datos biográficos, pero también pregunta cómo la persona entró en el país, si ha sido sujeto a deportación o remoción, y si ha trabajado o no. Ojo con esto de la deportación, pues el no decirlo puede traer problemas más adelante.

Si la persona ha trabajado es posible que le pregunten, en el momento de la entrevista, si lo hizo con un número de Seguro Social falso. Eso el

DHS lo penaliza muy duro después de los ataques de 9/11. La mayoría de las veces, sin embargo, DHS no pregunta eso. Le interesa más saber si la relación entre el peticionario y el beneficiario es real. Si la persona ha sido sujeta a remoción hay que decirlo para que después, al tiempo del ajuste, pueda tratar de reabrir el caso y así solucionando ese mal. El no decir esto en una petición para su cónyuge es gravísimo, pues obliga al DHS a indagar más acerca de la relación. Esto es así porque las personas que son pedidas estando en proceso de remoción o ya removidas (en papeles, no físicamente), están sujetas a un escrutinio mucho más minucioso que las que no han tenido nada que ver con ese tipo de proceso.

Al comienzo de la siguiente página del formulario, el número 17 pregunta sobre los hijos del beneficiario. No omita mencionarlos a todos, aunque sean adoptivos, porque el DHS se fija mucho en eso a la hora de conferir beneficios a los derivados de las peticiones, utilizando, como base, el formulario I-130 presentado a favor del beneficiario primario. Si el peticionario o el beneficiario no menciona a todos sus hijos, cuando cualquiera de los dos quiera pedir a hijos no mencionados, el DHS verá muy sospechoso el que no los haya mencionado antes.

En esa página, el número 22 pregunta si el beneficiario quiere obtener el ajuste de estatus en EE.UU. o desde el exterior. Si la persona está dentro de EE.UU. es mejor poner la ciudad donde reside, poniendo como alternativa la capital del país donde nació.

¿Qué pasa? Pues muchas personas, sabiendo que la 245(i) no está vigente, y aún residiendo sin documentos aquí, ponen sólo su país de origen como alternativa, tratando así de viajar al exterior cuando la petición esté ya madura. Esto, además de ser incorrecto, pone a la persona en riesgo de que el cónsul americano le niegue la residencia por haber estado viviendo ilegalmente en EE.UU. por más de 180 días.

> *Si ha acumulado "unlawful presence" (presencia ilegal) no debe viajar porque el castigo del DHS es de no dejarlo regresar durante tres años si estuvo ilegal en EE.UU. durante más de 180 días y de diez años si estuvo ilegal en EE.UU. durante más de 360 días.*

Como dijimos anteriormente, la acumulación de ilegalidad aquí es aún peor cuando uno sale de EE.UU., y ya sabemos que las consecuencias son graves pues castigan a la persona de tres o diez años sin poder entrar al país de nuevo.

Por lo tanto, volvemos a lo mismo: lea bien las preguntas y váyase con la verdad, que al final eso paga mejor que la mentira. Yo sé que hay personas que en el formulario hacen como si no estuvieran aquí para evitar descubrir su ilegalidad, pero es que la alternativa es terrible pues conlleva un castigo muy grande, y aunque exista una dispensa, es muy difícil de obtener.

La pregunta número 2 de la parte D de esa página del I-130 también pregunta si el peticionario ha hecho peticiones anteriores. Simplemente conteste la verdad. Después viene la firma del peticionario y del que preparó el formulario si es que se aplica.

El formulario I-485: Solicitud para registrar la residencia permanente o para el ajuste de estatus *(Application To Register Permanent Residence or Adjust Status)*

Por favor véase el capítulo 5 para llenar este formulario. Si usted es un familiar inmediato, debe entregar el I-485 junto con el I-130. Bajo la preferencia familiar, el I-485 se entrega cuando le toca el turno en la cola.

El formulario G-325: Datos biográficos *(Biographic Information)*

Hablemos ahora del G-325, el formulario biográfico utilizado por el DHS para muchas peticiones. Su propósito es proveer datos como el nombre del beneficiario, su nacionalidad, cuántas veces se ha casado y dónde, los nombres de sus padres, los nombres de sus cónyuges anteriores, dirección antes de venir a este país, direcciones en este país y lugares donde ha trabajado, etc.

En las peticiones para los cónyuges, tanto el peticionario como el beneficiario deben llenar un formulario G-325 cada uno y proveer dos fotocopias de cada formulario. El formulario no tiene costo alguno. Es importante poner atención a la parte de las direcciones y los matrimonios así como también los trabajos, de modo

> *El propósito del formulario G-325 es proveer datos biográficos del solicitante; aunque hay algunas preguntas que se repiten, es importante ser coherente con las respuestas.*

que no haya contradicción de información con los otros formularios. Está claro que muchas preguntas son repetitivas, pero hay que contestarlas con uniformidad.

El formulario I-864: Declaración de Apoyo Económico (*Affidavit of Support*)

Ahora hablemos del temido formulario I-864, conocido como *Affidavit of Support* o Declaración de Apoyo Económico. Este formulario es clave para demostrarle al DHS o al Departamento de Estado que el beneficiario no será una carga pública en EE.UU. y aún más importante, que el peticionario tiene los medios económicos para garantizar que el beneficiario no tendrá que utilizar recursos del gobierno, tanto estatal como federal, para vivir.

Este formulario se llena con casi todas las peticiones de ajuste. La clave es conocer si el peticionario está por encima de la "línea de pobreza" (documento publicado por el gobierno que determina cuánto dinero debe ganar una familia para no ser considerada pobre) que le corresponde *después* de agregar al beneficiario.

Asumamos que el peticionario gana $26.000 al año y en su declaración de impuestos (formulario 1040 del IRS) declara, además de su esposa, a dos hijos. La familia consta entonces de 4 personas. Según el recuadro en la página siguiente el 125 por ciento sobre la línea de pobreza asignada por el gobierno federal para una familia de 4 personas es de $25.000. ¿Qué pasa si el peticionario pide a dos familiares (sus padres, por ejemplo)? Él solo, con los ingresos reportados, no podría (según el gobierno) asumir la responsabilidad económica de tanta gente. Esas dos personas que añadió a su solicitud cambiarán el cálculo de la línea de pobreza. Para una familia de seis personas, el 125 por ciento sobre la línea de pobreza es de $33.500, lo cual implica que esta persona que gana $26.000 no tendrá suficientes recursos como para mantener a sus beneficiarios. En este caso, el peticionario tendrá que

> *La Declaración de Apoyo Económico es clave para demostrar que el peticionario tiene los medios económicos para que el beneficiario no vaya a convertirse en una carga pública.*

Requerimientos mínimos de salario para mantener a familiares (2006) Para todos los estados y territorios de EE.UU. excepto Alaska y Hawaii		
Número de familiares en la casa (el número total no sólo incluye los beneficiarios de la petición)	**100 % por encima de la línea de pobreza** (para peticionarios que están en las fuerzas armadas de EE.UU.)	**125 % por encima de la línea de pobreza** (para todos los demás peticionarios)
2	$13.200	$16.500
3	$16.600	$20.750
4	$20.000	$25.000
5	$23.400	$29.250
6	$26.800	$33.500
7	$30.200	$37.750
8	$33.600	$42.000

Nota: Estas cifras varían cada año.

buscar otra persona que pueda servir de coresponsable por la manutención del beneficiario.

Repito que es posible encontrar a alguien que se haga coresponsable económicamente si es un residente permanente o ciudadano americano. Simplemente tiene que demostrar que estará dispuesto a mantener a los beneficiarios y mostrar su formulario W-2 (declaración de ingresos).

Es importante observar que todas las peticiones requieren un fiador salvo las del ajuste cubano y la petición como mujer maltratada bajo VAWA. Para más información acerca de estas peticiones, véase el capítulo 4.

Ante esta eventualidad el beneficiario tendrá que demostrar que el coresponsable tiene suficientes recursos para su manutención. Se utiliza la misma fórmula; al coresponsable se le suma (siguiendo el mismo ejemplo) lo que falta para que la petición

El número de familiares incluye la suma de los familiares viviendo con el peticionario y los beneficiarios en la petición.

completa demuestre ingresos que están 125 por ciento por encima de la línea de pobreza.

Se necesita un formulario I-864 por cada beneficiario. El formulario, aunque extenso, no es muy complicado. Por favor, tenga en cuenta que aunque el peticionario no tenga un peso y viva debajo de un puente, él o ella tiene que firmar un I-864 por cada beneficiario. Se buscarán otros coresponsables para rebasar la línea de pobreza, pero no se puede evitar la firma del peticionario como responsable inicial. Cada coresponsable que firma un I-864 debe ser residente o ciudadano, ser mayor de edad y residir en este país.

El formulario I-864 es gratis. La primera parte se refiere al peticionario y su estatus (residente o ciudadano), su relación con el beneficiario, número de beneficiarios, etc.

Las otras páginas preguntan:

- Cuánto es el salario del peticionario
- Dónde trabaja
- Cuánto declaró en su última declaración de impuestos
- Si trabaja o no por su cuenta
- Cuántos ahorros tiene
- Si declara sus impuestos juntos con su cónyuge, cuánto gana el cónyuge, y cuál es la línea de pobreza sumando las personas que dependen del responsable más el beneficiario (o los beneficiarios)
- Cuánto tiene en seguros de vida, bienes raíces, etc.

Observe que el formulario ya no debe ser notariado (aunque antes sí). En caso de que el peticionario haga su declaración de impuestos conjunta con su cónyuge y se necesite el salario del cónyuge para la demostración de recursos, se debe llenar el formulario I-864A. Se necesitan incluir las últimas tres declaraciones de impuestos con cada I-864. Yo siempre incluyo cartas de empleo, extractos bancarios y los formularios W-2 del Servicio de Rentas Internas (IRS, por sus siglas en inglés) para evitar problemas.

Cómo armar el paquete

Para cerrar lo del ajuste, entonces fíjese bien. Una petición de ajuste consta de los siguientes formularios:

Formularios requeridos:

Recuérdese que si usted está solicitando una petición familiar como un familiar inmediato (sin cola de espera), puede mandar todos estos formularios a la misma vez. Para las solicitudes bajo la preferencia familiar (con cola de espera), primero se entrega los formularios I-130 y G-325 para obtener un número de visa, y cuando le toca el turno en la cola puede mandar el resto de estos formularios.

❑ I-130 (petición familiar) o una copia de su I-797, el Aviso de Acción si es que esta petición ya fue aprobada anteriormente
❑ G-325 (información biográfica del beneficiario). Para todas las peticiones salvo la de los cónyuges, sólo se llena el formulario para el beneficiario. Si la petición es para un cónyuge, tanto el peticionario como el beneficiario deben llenar un formulario G-325 cada uno y proveer dos fotocopias de cada formulario (pero la firma tiene que ser la original).
❑ I-485 (ajuste de estatus) —requerido sólo si está en EE.UU., pero no en el extranjero
❑ I-765 (permiso de trabajo)
❑ I-864 (Declaración de Apoyo Económico)
❑ I-693 (chequeo médico) y un sobre sellado con los resultados del chequeo médico, uno por cada beneficiario. Usted no puede abrir el sobre con los resultados porque lo invalida.

Formularios opcionales o de ciertas circunstancias:
❑ I-485A (ajuste de estatus bajo la 245(i)) —si se aplica para la 245(i), en cuyo caso hay que pagar la multa de $1.000.
❑ G-28, Notificación de Aparición de abogado o representante —si tiene abogado
❑ I-765, Solicitud de permiso de trabajo —si desea trabajar
❑ I-131, Solicitud para documento de viaje —si desea viajar
❑ I-601, Solicitud de exención (si corresponde)

Se envían también estos documentos o materiales:
❑ Una carta en que se detalla todo lo que contiene la solicitud: cheques, formularios, documentación
❑ Dos fotos en color, tamaño pasaporte, sacadas en los últimos treinta días

- ❏ La ficha de la policía local
- ❏ Toda la documentación previamente mencionada para demostrar la relación, identificación, estatus y capacidad económica
- ❏ Una copia de la partida de nacimiento, por cada solicitante
- ❏ Una copia del certificado de matrimonio (si hay un/a esposo/a)
- ❏ Una copia del pasaporte (concretamente la página biográfica, la página donde aparece el formulario I-94 con la visa, y el sello de su última entrada al país)
- ❏ Según la relación, todos los documentos que mencioné en la sección a partir de la página 46 "Información específica por tipo de relación familiar"
- ❏ Documentación secundaria, si no tiene la documentación primaria (véase el recuadro en la página 45)
- ❏ Cheques para los gastos correspondientes de los formularios (véase la tabla de formularios para los costos asociados)

Recuérdese que todos los documentos en español u otro idioma tienen que estar acompañados con una traducción al inglés.

Dónde entregar la solicitud

Si reside en EE.UU., puede entregar los formularios al centro de servicio que tiene jurisdicción sobre su área.

Si usted está presentando el formulario I-485 y todos los demás formularios:

Si usted reside en los siguientes estados:

Alabama, Arizona, Arkansas, Colorado, Connecticut, Delaware, Florida, Georgia, Hawaii, Illinois, Indiana, Kentucky, Louisiana, Maine, Massachusetts, Michigan, Minnesota, Mississippi, Nevada, New Hampshire, New Jersey, New York, North Carolina, North Dakota, Ohio, Pennsylvania, Rhode Island, South Carolina, South Dakota, Tennessee, Utah, Vermont, Virginia, West Virginia, Wisconsin, Wyoming, District of Columbia (Washington, DC), Guam, Puerto Rico o las U.S. Virgin Islands

Envíe su petición a:

U.S. Citizenship and Immigration Services
P.O. Box 805887
Chicago, IL 60680-4120

Si usted no vive en los estados mencionados y necesita mandar el formulario I-485 y todos los demás formularios, debe consultar las siguientes direcciones para el formulario I-130.

Si usted necesita enviar el formulario I-130 pero no el I-485 (o si necesita mandar el I-485 y no se encuentra en los estados mencionados más arriba), debe mandar el paquete a las siguientes oficinas:

Si usted vive en Connecticut, Delaware, District of Columbia, Maine, Maryland, Massachusetts, New Hampshire, New Jersey, New York, Pennsylvania, Puerto Rico, Rhode Island, Vermont, U.S. Virgin Islands, Virginia o West Virginia, envíe su petición a:

USCIS Vermont Service Center
75 Lower Welden Street
St. Albans, VT 05479-0001

Si usted vive en Alaska, Colorado, Idaho, Illinois, Indiana, Iowa, Kansas, Michigan, Minnesota, Missouri, Montana, Nebraska, North Dakota, Ohio, Oregon, South Dakota, Utah, Washington, Wisconsin o Wyoming, envíe su petición a:

USCIS Nebraska Service Center
P.O. Box 87130
Lincoln, NE 68501-7130

Si usted vive en Alabama, Arkansas, Florida, Georgia, Kentucky, Louisiana, Mississippi, New Mexico, North Carolina, Oklahoma, South Carolina, Tennessee o Texas, envíe su petición a:

USCIS Texas Service Center
P.O. Box 850919
Mesquite, TX 75185-0919

Si usted vive en Arizona, California, Guam, Hawaii o Nevada, envíe su petición a:

USCIS California Service Center
P.O. Box 10130
Laguna Niguel, CA 92607-0130

Después de entregar la solicitud

Después de entregar la solicitud, dentro de unos veinte días, recibirá por correo los recibos oficiales para cada formulario entregado. Hay que leer estos recibos detenidamente, porque si hay algún error, tendrá que llamar al DHS para corregirlo.

El recibo para el I-485 vendrá con un aviso pidiendo que llame al DHS para concertar una cita para hacer la "biométrica" (huellas dactilares) en un centro del DHS cerca de donde vive. Últimamente, el DHS está enviando estas citas programadas así que no es necesario llamar.

Estos recibos son muy importantes, primero porque hay que traerlos todos a la cita para la biométrica, y porque son los únicos justificativos que tendrá de su solicitud. Con el número de identificación que lleva cada recibo, usted podrá ir a la página de Internet del DHS, www.uscis.gov, para seguir el curso de su solicitud. Hay que buscar *Case Status and Processing Dates* y de allí podrá meter el número de la solicitud y averiguar en qué punto del proceso está. También se puede averiguar llamando al 1-800-375-5283, pero las esperas suelen ser largas.

> *Veinte días después de haber entregado la solicitud recibirá por correo el acuse oficial por cada formulario entregado. Revise que no haya errores.*

Después de esto, habrá que esperar, a veces meses, por el aviso para la entrevista si es un caso de matrimonio.

Conclusión

Las peticiones familiares son una manera importante de poder conseguir la ansiada tarjeta verde. Si se hacen correctamente, son mejores que cualquier otro mecanismo para resolver el problema de inmigrar a este país.

Department of Homeland Security
U.S. Citizenship and Immigration Services

OMB #1615-0012; Expires 11/30/07

I-130, Petition for Alien Relative

DO NOT WRITE IN THIS BLOCK - FOR USCIS OFFICE ONLY

A#	Action Stamp	Fee Stamp

Section of Law/Visa Category
- [ ] 201(b) Spouse - IR-1/CR-1
- [ ] 201(b) Child - IR-2/CR-2
- [ ] 201(b) Parent - IR-5
- [ ] 203(a)(1) Unm. S or D - F1-1
- [ ] 203(a)(2)(A)Spouse - F2-1
- [ ] 203(a)(2)(A) Child - F2-2
- [ ] 203(a)(2)(B) Unm. S or D - F2-4
- [ ] 203(a)(3) Married S or D - F3-1
- [ ] 203(a)(4) Brother/Sister - F4-1

Petition was filed on: _____ (priority date)
- [ ] Personal Interview
- [ ] Pet. [ ] Ben. " A" File Reviewed
- [ ] Field Investigation
- [ ] 203(a)(2)(A) Resolved
- [ ] Previously Forwarded
- [ ] I-485 Filed Simultaneously
- [ ] 204(g) Resolved
- [ ] 203(g) Resolved

Remarks:

A. Relationship   You are the petitioner. Your relative is the beneficiary.

1. I am filing this petition for my:
[ ] Husband/Wife   [ ] Parent   [ ] Brother/Sister   [ ] Child

2. Are you related by adoption?
[ ] Yes   [ ] No

3. Did you gain permanent residence through adoption?
[ ] Yes   [ ] No

B. Information about you

1. Name (Family name in CAPS)   (First)   (Middle)

2. Address (Number and Street)   (Apt. No.)

(Town or City)   (State/Country)   (Zip/Postal Code)

3. Place of Birth (Town or City)   (State/Country)

4. Date of Birth   **5. Gender**   **6. Marital Status**
[ ] Male   [ ] Married   [ ] Single
[ ] Female   [ ] Widowed   [ ] Divorced

7. Other Names Used (including maiden name)

8. Date and Place of Present Marriage (if married)

9. U.S. Social Security (if any)   **10. Alien Registration Number**

11. Name(s) of Prior Husband(s)/Wive(s)   **12. Date(s) Marriage(s) Ended**

13. If you are a U.S. citizen, complete the following:

My citizenship was acquired through (check one):
- [ ] Birth in the U.S.
- [ ] Naturalization. Give certificate number and date and place of issuance.

- [ ] Parents. Have you obtained a certificate of citizenship in your own name?
- [ ] Yes. Give certificate number, date and place of issuance.   [ ] No

14. If you are a lawful permanent resident alien, complete the following:
Date and place of admission for or adjustment to lawful permanent residence and class of admission.

14b. Did you gain permanent resident status through marriage to a U.S. citizen or lawful permanent resident?
[ ] Yes   [ ] No

C. Information about your relative

1. Name (Family name in CAPS)   (First)   (Middle)

2. Address (Number and Street)   (Apt. No.)

(Town or City)   (State/Country)   (Zip/Postal Code)

3. Place of Birth (Town or City)   (State/Country)

4. Date of Birth   **5. Gender**   **6. Marital Status**
[ ] Male   [ ] Married   [ ] Single
[ ] Female   [ ] Widowed   [ ] Divorced

7. Other Names Used (including maiden name)

8. Date and Place of Present Marriage (if married)

9. U.S. Social Security (if any)   **10. Alien Registration Number**

11. Name(s) of Prior Husband(s)/Wive(s)   **12. Date(s) Marriage(s) Ended**

13. Has your relative ever been in the U.S.?   [ ] Yes   [ ] No

14. If your relative is currently in the U.S., complete the following:
He or she arrived as a:
(visitor, student, stowaway, without inspection, etc.)

Arrival/Departure Record (I-94)   Date arrived

Date authorized stay expired, or will expire, as shown on Form I-94 or I-95

15. Name and address of present employer (if any)

Date this employment began

16. Has your relative ever been under immigration proceedings?
[ ] No   [ ] Yes   Where _____   When _____
[ ] Removal   [ ] Exclusion/Deportation   [ ] Rescission   [ ] Judicial Proceedings

INITIAL RECEIPT	RESUBMITTED	RELOCATED: Rec'd Sent	COMPLETED: Appv'd Denied Ret'd

Form I-130 (Rev. 12/04/06)Y

TRADUCCIÓN DEL FORMULARIO I-130

A. Relación Usted es el peticionario. Su familiar es el beneficiario.

1. Estoy diligenciando esta solicitud para mi:
Esposo/Esposa   Padre   Hermano/Hermana   Hijo

2. ¿Están relacionados por adopción?   ❏ Sí   ❏ No

3. ¿Obtuvo su residencia permanente por adopción?   ❏ Sí   ❏ No

---

B. Información acerca de usted

1. Apellido (Apellido en MAYÚSCULA)   (Primer Nombre)   (Segundo Nombre)

2. Dirección (Número y Calle)   (Número de Apartamento)
(Ciudad)   (Estado/País)   (Código Postal)

3. Lugar de Nacimiento (Ciudad)   (Estado/País)

4. Fecha de Nacimiento (mm/dd/aaaa)   **5. Género**   ❏ Masculino   ❏ Femenino

6. Estado Civil   ❏ Casado(a)   ❏ Soltero(a)   ❏ Viudo(a)   ❏ Divorciado(a)

7. Otros nombres utilizados (incluyendo nombre de soltero/a)

8. Fecha y lugar del matrimonio actual (si aplica)   **9. Número de Seguro Social** (si tiene)

10. Número de extranjero   **11. Nombre(s) de cónyuge(s) anterior(es)**

12. Fecha(s) de terminación de matrimonio(s)

13. Si usted es ciudadano americano, complete lo siguiente:
Mi ciudadanía fue obtenida por (seleccione uno):   ❏ Nacimiento en EE.UU.
❏ Naturalización. Dé el número del certificado, fecha y lugar de juramentación. _____
❏ Padres. ¿Obtuvo usted un certificado de ciudadanía a nombre propio?
              ❏ Sí. Dé el número del certificado, fecha y lugar de juramentación. _____ ❏ No

14. Si es usted residente permanente, complete la siguiente información:
Fecha y lugar de admisión en EE.UU. significa cuándo fue que DHS emitió su tarjeta de residencia.

14b. ¿Obtuvo usted su residencia permanente por medio de matrimonio a un ciudadano americano o residente permanente? ❏ Sí   ❏ No

---

C. Información acerca de su familiar

1. Apellido (Apellido en mayúscula)   (Primer Nombre)   (Segundo Nombre)

2. Dirección (Número y Calle)   (Número de Apartamento)   (Ciudad)   (Estado/País)   (Código Postal)

3. Lugar de Nacimiento (Ciudad)   (Estado/País)

4. Fecha de Nacimiento   **5. Género**   ❏ Masculino   ❏ Femenino

6. Estado Civil   ❏ Casado(a)   ❏ Soltero(a)   ❏ Viudo(a)   ❏ Divorciado(a)

7. Otros nombres utilizados (incluyendo nombre de soltero/a)

8. Fecha y lugar del matrimonio actual (si aplica)

9. Número de Seguro Social (si tiene)

10. Número de extranjero   **11. Nombre(s) de cónyuge(s) anterior(es)**

12. Fecha(s) de terminación de matrimonio(s)   **13. ¿Su familiar ha estado antes en EE.UU.?** ❏ Sí   ❏ No

14. Si su familiar se encuentra en EE.UU., complete lo siguiente:

Él o ella entró como: (visitante, estudiante, sin inspección, etc.)

Registro de Entrada/Salida (Tarjeta I-94) _____–_____   **Fecha de llegada**

Fecha límite de estadía según la Tarjeta I-94 o I-95

15. Nombre y dirección del empleador actual (si aplica)   **Fecha de inicio de este trabajo**

16. ¿Ha estado su familiar bajo procesos de inmigración?   ❏ No   ❏ Sí   Dónde _____   Cuándo _____
       ❏ Remoción   ❏ Exclusión/Deportación   ❏ Recisión   ❏ Procedimiento Judicial

C. Information about your alien relative (continued)

17. List husband/wife and all children of your relative.

(Name)	(Relationship)	(Date of Birth)	(Country of Birth)

18. Address in the United States where your relative intends to live.
(Street Address)   (Town or City)   (State)

19. Your relative's address abroad. (Include street, city, province and country)

Phone Number (if any)

20. If your relative's native alphabet is other than Roman letters, write his or her name and foreign address in the native alphabet.
(Name)   Address (Include street, city, province and country):

21. If filing for your husband/wife, give last address at which you lived together. (Include street, city, province, if any, and country):
From: **To:**

22. Complete the information below if your relative is in the United States and will apply for adjustment of status.

Your relative is in the United States and will apply for adjustment of status to that of a lawful permanent resident at the USCIS office in:

If your relative is not eligible for adjustment of status, he or she will apply for a visa abroad at the American consular post in:

(City)	(State)	(City)	(Country)

NOTE: Designation of an American embassy or consulate outside the country of your relative's last residence does not guarantee acceptance for processing by that post. Acceptance is at the discretion of the designated embassy or consulate.

D. Other information

1. If separate petitions are also being submitted for other relatives, give names of each and relationship.

2. Have you ever before filed a petition for this or any other alien? ☐ Yes   ☐ No

If "Yes," give name, place and date of filing and result.

WARNING: USCIS investigates claimed relationships and verifies the validity of documents. USCIS seeks criminal prosecutions when family relationships are falsified to obtain visas.

PENALTIES: By law, you may be imprisoned for not more than five years or fined $250,000, or both, for entering into a marriage contract for the purpose of evading any provision of the immigration laws. In addition, you may be fined up to $10,000 and imprisoned for up to five years, or both, for knowlingly and willfully falsifying or concealing a material fact or using any false document in submitting this petition.

YOUR CERTIFICATION: I certify, under penalty of perjury under the laws of the United States of America, that the foregoing is true and correct. Furthermore, I authorize the release of any information from my records that the U.S. Citizenship and Immigration Services needs to determine eligiblity for the benefit that I am seeking.

E. Signature of petitioner.

Date   Phone Number(   )

F. Signature of person preparing this form, if other than the petitioner.

I declare that I prepared this document at the request of the person above and that it is based on all information of which I have any knowledge.

Print Name   Signature   Date

Address   G-28 ID or VOLAG Number, if any.

TRADUCCIÓN DEL FORMULARIO I-130

C. Información acerca de su familiar (continuación)

17. Nombre al cónyuge y a todos los hijos de su familiar.
(Nombre)   (Relación)   (Fecha de nacimiento)   (País de nacimiento)

18. Dirección en EE.UU. donde su familiar va a vivir.
(Nombre y calle)   (Ciudad)   (Estado)

19. Dirección de su familiar en el exterior. (Incluya calle, ciudad, provincia y país)
Número de teléfono (si tiene)

20. Si el alfabeto nativo de su familiar es otro al de las letras romanas, escriba el nombre y la dirección en el exterior en el alfabeto nativo.
(Nombre)   Dirección (Incluya calle, ciudad, provincia y país)

21. Si está completando este formulario para su esposo/esposa, ¿cuál es la última dirección en la cual vivieron juntos? (Incluya calle, ciudad, provincia y país)
Desde: Hasta:

22. Complete la información a continuación si su familiar se encuentra en EE.UU. y aplicará para un ajuste de estatus.

Su familiar se encuentra en EE.UU. y aplicará para residencia permanente ante la oficina de USCIS en:
(Ciudad)   (Estado)

Si su familiar no es elegible para ajuste de estatus, él/ella aplicará para una visa en el consulado americano en:
(Ciudad)   (País)

D. Otra información

1. Si está enviando, con esta petición, otras peticiones para otros familiares, dé el nombre y relación de cada uno.

2. ¿Alguna vez ha hecho usted una petición para éste u otro familiar?   ❏ Sí   ❏ No

Si su respuesta es "Sí", dé nombre, lugar y fecha de la petición y resultado.

ADVERTENCIA: El USCIS (por sus siglas en inglés), investigará relaciones filiales y verificará la validación de los documentos. El USCIS entablará acciones criminales en contra de los familiares cuando éstos utilicen documentos falsos para obtener visas.

PENALIZACIONES: De acuerdo a la ley, usted podrá ser encarcelado por no más de cinco años o multado con $250.000, o ambos, cuando contraiga matrimonio con el fin de evadir las leyes de inmigración. Al mismo tiempo, podrá ser multado por no más de $10.000 o encarcelado por no más de cinco años, o ambos, cuando con conocimiento propio o voluntariamente falsifique u oculte hechos materiales o utilice cualquier documento falso al entregar la petición.

CERTIFICACIÓN: Certifico, bajo pena de perjurio y bajo las leyes de Estados Unidos, que lo anterior es verdadero y correcto. Autorizo la liberación de cualquier información de mis registros que los servicios de inmigración y ciudadanía estadounidense necesite para determinar la elegibilidad del beneficio que estoy buscando.

E. Firma del peticionario.

Fecha   Número de teléfono

F. Firma de la persona que llenó este formulario, de no ser el peticionario.

Yo declaro que preparé este formulario a petición de la persona en la casilla anterior y declaro que lo he preparado según mi leal entender y saber.
Nombre (letra molde)   Firma   Fecha
Dirección

Capítulo 2

Peticiones laborales

Las peticiones laborales, si uno cumple con ciertos requisitos, son una buena opción para conseguir permiso para quedarse en el país, por un tiempo corto o de forma más permanente. El sistema de inmigración estadounidense ofrece varios tipos de visa laboral, cada una con sus particularidades, y todas tienen como denominador común el objetivo de juntar al trabajador con el empleador que requiere de sus servicios. Si piensa que quiere solicitar una estadía en el país por razones laborales, primero hay que decidir si quiere quedarse por un tiempo corto o si espera conseguir la residencia permanente. He aquí sus opciones:

• **Para una estadía limitada:** Habrá que solicitar una "visa de no-inmigrante" como la H-1B o un sinnúmero de otras visas laborales dependiendo de su experiencia laboral. Por ejemplo, la H-1B dura tres años y tiene la posibilidad de renovarse una vez, para una estadía máxima de seis años.

• **Para una estadía permanente:** Habrá que solicitar la "visa de inmigrante" como la Certificación Laboral. Por su nombre, tiene como objetivo la residencia permanente.

• **Una combinación de las dos:** En determinados casos, es aconsejable gestionar las dos visas que mencioné, para tener más tiempo para preparar la solicitud de la residencia permanente. Pero lo más común es combinar la visa H-1B con la Certificación Laboral.

Observe por favor que muchas personas solicitan la Certificación Laboral en conjunción con otras visas de trabajo como, por ejemplo, la H-1B. Esto es así porque ahora existe una cola de espera (y la persona necesita otra visa para mantenerse legal mientras que esté esperando en la cola) para personas que solicitan Certificaciones Laborales y quieren, cuando se apruebe dicha certificación, solicitar la residencia permanente. La cola de espera es para profesionales, es decir, personas con más de dos años de experiencia en alguna carrera técnica u ocupación vocacional y otros trabajadores.

Este capítulo está divido en tres partes. Primero me referiré detalladamente a la visa H-1B, que es de no-inmigrante, porque en mi experiencia es la visa laboral más común para los latinos. Después hablaré de la Certificación Laboral, combinándola con la solicitud de residencia permanente. Finalmente, incluyo una sección acerca del resto de las visas laborales.

A continuación le daré una explicación detallada de los diferentes procesos. Detallaré los requisitos profesionales; los formularios necesarios y cómo llenarlos; preguntas frecuentes y sus respuestas; los documentos personales necesarios; los tiempos de espera; y una lista exhaustiva de todo lo que hace falta para completar la solicitud.

Me gustaría empezar con la pregunta más común:

> *Las visas laborales son visas de no-inmigrante, mientras que la Certificación Laboral es una visa de inmigrante que abre el camino a la residencia permanente. A veces se puede solicitar las dos a la vez.*

¿Qué visa me conviene solicitar?

Existe una multitud de visas comprendidas dentro del sistema de inmigración estadounidense: visas de inmigrante y no-inmigrante; para obtener permisos de estadías cortas, y permisos de trabajo y residencia. Algunas son para altos funcionarios gubernamentales; otras para inversionistas, profesionales relacionados con la política internacional, artistas de renombre mundial, empleados de Naciones Unidas, y otras más.

Sin embargo, la razón de ser de este libro es ayudar al grupo más amplio de nuestros hermanos inmigrantes: a esa mayoría —en gran medida una mayoría silenciosa— que necesita salir de la oscuridad inmigratoria en que se encuentra. Estoy hablando de aquellos que no cumplen con los requisitos de las visas más especializadas. Por lo tanto, y sin menospreciar a nadie, hemos decidido enfocarnos en las visas y los recursos que en mi experiencia como abogado más resultados me han dado para mis clientes.

En las páginas 140–144 encontrará una lista de toda la gama de visas laborales que existe, pero primero me dedicaré exclusivamente a dos. La primera que les explicaré es la visa H-1B, una visa de no-inmigrante, y la otra es la Certificación Laboral, que luego puede ser anexada a la solicitud de residencia permanente.

La visa H-1B es una visa que le da una estadía de tres años (renovable una vez, para un total máximo de seis años) a profesionales especializados con título académico o un título técnico amparado por cierto número de años ejerciendo su trabajo. Con esta visa, la persona tiene la opción de solicitar la residencia permanente. Por otro lado, si el solicitante no tiene título avanzado, existe el proceso de Certificación Laboral, que se tramita a través del Departamento de Trabajo (*Department of Labor*), y con ello se puede hacer la solicitud de residencia permanente. Para estas dos opciones hay que tener una oferta de trabajo en mano, y un empleador que esté dispuesto a defender la necesidad de emplearle. La Certificación Laboral es un proceso que puede ser largo y tedioso, así que sólo es para aquellos que están decididos a permanecer en el país. En este sentido la visa H-1B es a veces una solución intermedia muy útil porque los tres (y, si lo renueva, seis) años de la visa le darán un poco de "oxígeno" para empezar el trámite de Certificación Laboral.

La visa H-1B

La visa conocida como la H-1B es una visa de no-inmigrante que se otorga a profesionales que tienen una oferta de empleo en mano. Aunque no da residencia, sí permite una estadía de tres años con estatus legal, y dentro de este período se puede solicitar una extensión por tres años más o pedir la residencia definitiva a través del proceso conocido como la

Certificación Laboral, que se puede iniciar con una visa H-1B vigente o cualquier otra visa que otorgue estatus legal en el país.

Lo que hay que recordar es que estos dos procesos sólo pueden ser iniciados por el empleador, no por el empleado. Es decir, el individuo que desea conseguir esta visa no lo puede hacer por su cuenta. El proceso siempre tiene que ser iniciado por la empresa que emplea al trabajador que necesita la visa. Ejemplos de empleadores son:

- Una empresa
- Una organización sin ánimo de lucro
- Otro profesional, o incluso un particular que pueda justificar el empleo de un profesional

Observe por favor, que no es posible "autopedirse" —pedirse a sí mismo—, formando una empresa propia y siendo, a la vez, el auspiciador y el beneficiario de la petición. Un médico o un contable autoempleado tampoco pueden acceder a esta visa porque necesitan ser auspiciados por una entidad estadounidense. El empleador, por su parte, necesitará presentar con la solicitud una serie de formularios y documentos que comprueben su legitimidad como empresa, y sus recursos para poder contratarlo.

Requisitos básicos

Para la H-1B el empleador tiene que demostrar que:

- La función es profesional y especializada.
- La persona en cuestión está calificada para ese trabajo.
- El empleador existe como entidad fiscal y cumple con su obligación de poder pagar lo establecido.
- El empleador está establecido en EE.UU.
- El empleador tiene la capacidad de poder pagar el salario que el Departamento de Trabajo establece para la posición en cuestión. (Las declaraciones de impuestos de la empresa son la mejor forma de demostrar la capacidad del empleador para absorber un nuevo empleado.)

A diferencia del proceso de Certificación Laboral, el empleador que solicita una visa H-1B a nombre de alguien no tiene que poner ningún anuncio en el periódico, ni debe demostrar que faltan trabajadores capaces o dispuestos a ejercer el puesto que ejercerá el beneficiario de la visa.

La H-1B es una visa para profesionales con título académico de más de cuatro años que vienen a este país a ejercer una posición profesional especializada. Aun así, hay que señalar que la falta de un título académico no necesariamente lo saca del juego, pues cada año de universidad que le falte puede ser compensado por tres años de experiencia. En otras palabras, si tiene, por ejemplo, un título vocacional de técnico en electricidad de dos años pero tiene más de seis años de experiencia en su ocupación a nivel profesional, entonces puede optar por la visa H-1B, pues lo que le falta en experiencia académica lo compensa con experiencia profesional.

> *El proceso de la H-1B siempre tiene que ser iniciado por la empresa empleadora del trabajador que necesita la visa.*

Sin embargo, si lo que hace es reparar alternadores de vez en cuando, no podrá solicitar la H-1B. En este caso la visa no-inmigrante que más le conviene es la H-2B, una visa de no-inmigrante que permite la entrada a extranjeros no-profesionales que tienen una oferta de trabajo para un determinado —a veces más corto— período de tiempo (véase la página 150). Hay que recordar que para la visa H-1B, la persona debe tener experiencia a nivel profesional; en la electricidad, por ejemplo, el profesional tendría que tener experiencia diseñando redes eléctricas, elaborando sistemas de seguridad, cosas así.

La clave para conseguir la visa H-1B es tener una especialización profesional. Los profesionales que suelen conseguir la visa H-1B son ingenieros, arquitectos, economistas y fisioterapistas, entre otros, porque estos profesionales tienen títulos académicos avanzados. Sin embargo, es posible conseguirla con un título técnico si también tiene varios años de experiencia para "amparar". Los profesionales que se les presenta mayor complicación son, entre otros, el administrador de hoteles, el diseñador gráfico, el vendedor o el chef de cocina.

La diferencia estriba en que el DHS considera que ciertas ocupaciones no requieren estudios universitarios de cuatro años o más, y esas ocu-

EJEMPLO DE JOSÉ, UN MECÁNICO

José, el mecánico de autos mejor conocido de Montevideo, decide solicitar una visa H-1B. Si José se encuentra "en estatus" (es decir, está en EE.UU. sin haber violado ninguna regla inmigratoria), su meta es ver si cumple con los requisitos para solicitar una visa H-1B sin tener un título profesional. José conoce toda la parte práctica de la ingeniería automotriz, pero carece del papel que lo identifique como tal, pues nunca fue a la universidad. José puede resolver este problema presentando una evaluación que certifique sus más de 12 años de experiencia en el área de la mecánica automotriz avanzada. Ahora bien, si Pedro, otro mecánico muy bueno, que está interesado en la misma visa no tiene ni el título ni esos años de experiencia, la visa H-1B estará fuera de su alcance.

paciones son más difíciles de defender en una solicitud para la visa H-1B. La clave, entonces, es definir la ocupación como una de carácter especializado y no como una que podría ser ejercida por cualquier persona sin preparación o enseñanza específica, ya que la visa, según el DHS, "requiere la solicitud teórica y práctica de un conjunto de conocimientos, junto con una licenciatura académica (*Bachelor's Degree*) o su equivalente". El DHS denomina a la arquitectura, la ingeniería, las matemáticas, las ciencias sociales, la medicina, la salud, la contabilidad, el derecho, la teología y las artes como campos de "ocupaciones especializadas".

> *La visa H-1B es para profesionales especializados con título académico o un título técnico amparado por cierto número de años en que ha ejercido su trabajo.*

Preguntas frecuentes

Me han dicho que necesito estar en el país legalmente para solicitar la H-1B, ¿es cierto?

Como casi todas las visas, la visa H-1B sólo puede ser otorgada a personas que están "en estatus" (en inglés, *in status*) —es decir, personas que

Carreras profesionales y sus probabilidades de obtener la visa H-1B		
Más fácil	**Difícil, pero no imposible**	**Poco probable**
• académico o profesor	• mecánico automotriz	• instructor de aeróbic
• ingeniero	• técnico de redes eléctricas	• chef de cocina
• médico	• diseñador gráfico	• administrador de hoteles
• experto en alta tecnología	• artista plástico	• vendedor

están en EE.UU. sin haber violado ningún reglamento inmigratorio. Estar "fuera de estatus" (*out of status*) es el término usado para gente que, por ejemplo, ha entrado en el país ilegalmente, o que ha violado el período de estadía establecido por el DHS cuando ingresó al país. Estar "sin estatus" no significa el simple hecho de ser indocumentado o ilegal; significa estar en una situación inmigratoria que no permite ni un cambio de estatus a otra visa ni un ajuste de estatus, con algunas excepciones. Obviamente, entrar al país ilegalmente —sin inspección— supone una violación de estatus. Hay ciertas excepciones a esta regla, pero son pocas. La otra posibilidad para conseguir esta visa es la opción consular —es decir, tramitar la visa en un consulado estadounidense en su país de origen, siempre y cuando tenga oferta de trabajo.

¿Quién hace esta gestión? ¿La puedo iniciar por mi cuenta?

No. Como expliqué antes, la visa H-1B la inicia y gestiona el empleador, no el empleado. En otras palabras, la persona que busca esta visa necesita tener una oferta de empleo en mano, y es el empleador el que auspicia y tramita la visa.

¿Cuántas visas hay disponibles cada año?

Hay que tener en cuenta que hay una cuota límite por año para las visas H-1B. El año pasado había un total de 50.000 disponibles. Una persona

NO SE PUEDE "AUTO-PEDIR" LA VISA H-1B

Hay una práctica que roza con la ilegalidad a la que, desgraciadamente, mucha gente recurre para conseguir este tipo de visa. Según este método, el solicitante de la visa H-1B forma su propia empresa y se pide a sí mismo. Este tipo de gestión, en todos los sentidos, desvirtúa el concepto mismo de la visa H-1B. No sólo perjudica a los hermanos inmigrantes que están tramitando la visa según la más estricta y apropiada interpretación de los reglamentos, sino que perjudica la validez del proceso, generando más críticas al sistema y a la misma gente que participa en éste.

Otra práctica —ésta sí claramente ilegal— es cuando el solicitante se ofrece a pagar los impuestos laborales que le corresponden al empleador. Finalmente, hay que decirlo porque sucede, hay algunos trabajadores que consiguen la visa H-1B y simplemente jamás se presentan a trabajar, o ejercen posiciones distintas a las que pusieron en su solicitud para la visa. Estas dos acciones no son aceptables y deben evitarse.

que desea solicitar una visa H-1B puede hacerlo, pero sólo podrá comenzar a trabajar a partir de octubre del año en que entrega la solicitud, porque es en octubre cuando empieza el año fiscal. Según este ciclo fiscal, la mejor época del año para pedir esta visa es en abril. En otras palabras, uno hace la solicitud en abril para poder empezar a trabajar legalmente en octubre del mismo año. Así tendrá más probabilidades de entrar en el cupo.

¿Qué pasa si ya se llenó la cuota ese año?

Cuando esto ocurre, la persona corre el riesgo de quedarse sin estatus. El DHS le envía de regreso la solicitud al solicitante y le dice que la cuota está llena para ese ciclo. En ese momento hay que analizar cuál es el estatus de la persona. Si está fuera del país, no hay problema. Si está dentro y tenía una visa de turismo, lo mejor —en la mayoría de los casos— es salir del país para evitar la acumulación de presencia ilegal. Otra opción es la de solicitar una visa de estudiante para estar en estatus hasta que el próximo ciclo llegue en el próximo abril.

¿Cuánto tiempo tardan en contestar las solicitudes para el H-1B?

El proceso tarda unos tres meses.

¿Hace falta una entrevista para conseguir la visa H-1B?

No. La visa H-1B se concede según los formularios y documentos entregados al DHS.

¿Qué pasa si quiero cambiar de trabajo?

Mientras se está tramitando la visa, el empleado no puede cambiar de empresa, dado que su visa está asociada con la empresa que la está solicitando. Una vez conseguida la visa H-1B, existe un proceso para cambiar de empleador, pero hay que tener cuidado: el DHS podría sospechar fraude e iniciar una investigación al ver un beneficiario de H-1B que cambia de trabajo justo después de conseguir la visa. Además, el nuevo trabajo debería ser de la misma especialidad laboral que la de la petición inicial para la visa. De lo contrario, sería una violación de estatus.

¿Qué pasa si se me vence la visa mientras estoy esperando la decisión de mi solicitud de la H-1B?

Si el beneficiario no tiene estatus en el país, corre el peligro de que tenga que viajar fuera y obtener la visa de nuevo en el exterior. Lo peor que uno puede hacer en este caso es acumular presencia ilegal en el país, incluso si está esperando un cambio de estatus. Para más información, véase la página 16 de la Introducción.

Mientras estoy esperando la decisión de mi solicitud de la H-1B en EE.UU., ¿puedo trabajar?

No.

¿Cuánto tiempo dura la visa? ¿Cuántas veces la puedo renovar?

La visa H-1B es muy generosa en cuanto a tiempo; en general, se conceden por un período de tres años, prorrogable una vez por tres años más.

La visa H-1B se vence luego de seis años, pero si espera un año más, podrá solicitarla de nuevo al concluirse el séptimo año.

Tengo hijos. ¿Ellos estarán incluidos en mi petición?

El cónyuge e hijos menores solteros del beneficiario de la H-1B pueden solicitar la visa H-4 por el mismo período de tiempo. La H-4 no les permite trabajar pero sí pueden estudiar y permanecer legalmente en este país con todos los privilegios que esto conlleva. Si están en EE.UU. legalmente, pueden cambiar su estatus con el formulario I-589; si están en el consulado, pueden postular directamente para la H-4.

Tengo un título académico de mi país de origen. ¿Será válido en EE.UU.?

Antes de poder solicitar la visa H-1B, tendrá que homologar su título académico si es de otro país. Es decir, debe demostrar que su diploma fue expedido por una universidad legítima en el país donde se consiguió. Hay agencias privadas que se dedican a certificar la autenticidad de los títulos extranjeros y avalar que equivalen a un diploma de cuatro años (o más, si corresponde) de una universidad estadounidense. Con este proceso, el solicitante demuestra que ha cumplido con los mismos requisitos académicos que una persona que reside y que estudió en EE.UU.

¿Qué pasa si estudié un tiempo pero no lo suficiente para sacar mi título?

Si el solicitante no tiene un título académico de cuatro años pero sí tiene un título técnico y varios años de experiencia, las mismas agencias que mencioné en la respuesta anterior pueden certificar que la combinación de experiencia y educación equivale a un título universitario expedido en EE.UU. Observe usted que la homologación no certifica que la persona esté autorizada a ejercer su profesión en EE.UU. La homologación simplemente establece que el solicitante ha obtenido un título de una universidad que tiene el poder de otorgar un diploma equivalente a uno expedido aquí, o que el solicitante tiene el equivalente a un título gracias a sus años de experiencia en su campo profesional. Punto.

CUIDADO, SIEMPRE CUIDADO

Ahora más que nunca el DHS está cuestionando casi todas las solicitudes de la H-1B, debido a la constante presión de los grupos de interés en Washington que se oponen a la llegada de más inmigrantes a este país. En su opinión (muy equivocada, creo yo), la H-1B deja que los extranjeros "roben" puestos de trabajo a ciudadanos estadounidenses. En realidad lo que hace la H-1B es fortalecer a las empresas e inyectar nuevas ideas y nuevas técnicas al país, ayudándolo a ser más competitivo en el mercado global. No en balde empresas como Microsoft y Sun Systems recurren frecuentemente a la visa H-1B para poder contratar a profesionales extranjeros que aportan conocimientos valiosísimos a sus empresas.

Por otro lado, sí es cierto que hay empresas que traen trabajadores vía la H-1B y no les pagan el salario convenido, explotando al trabajador, vulnerando el sistema y sus beneficiarios. Para los detractores de este sistema, estas prácticas sólo sirven para echar leña al fuego de sus críticas. Por esa razón, reitero la importancia de seguir todos estos procesos, por laboriosos que sean, al pie de la letra. Nunca fiarse de nadie que promete soluciones mágicas y respuestas rápidas. Estas cosas tardan, pero con paciencia y teniendo los papeles en orden, no son imposibles.

Si consigo la visa H-1B, ¿tengo el derecho de solicitar la residencia permanente?

Aunque la H-1B es una visa de no-inmigrante, alguien con esta visa puede ser el beneficiario de una solicitud de una visa de inmigrante, solicitar el ajuste de estatus e iniciar el proceso de la residencia permanente sin que se afecte su estatus como beneficiario de la H-1B. Esto se conoce como "intención doble" (en inglés, *dual intent*), y es perfectamente legal. Como dijimos al principio del capítulo, la visa H-1B sólo permite una estadía de un máximo de seis años; no ofrece la posibilidad de residencia permanente en el país. Para los que sólo piensan quedarse aquí unos pocos años, la H-1B es una buena forma de permanecer en el país legalmente. Pero para los que desean emprender el camino hacia la residencia permanente, se puede "combinar" esta visa con el proceso de la Certificación Laboral que explico en la página

Formulario	Concepto	¿Requerido?	Costo
I-129	Solicitud para un trabajador no-inmigrante	Sí	$320
	Para empresas de menos de 25 empleados	Sí	$750
	Para empresas de más de 25 empleados	Sí	$1.500
	Prevención contra y detección del fraude	Sí	$500
I-129 H	Un suplemento que acompaña el formulario I-129 y que sólo se utiliza cuando se solicita la visa H-1B	Sí	$0
I-129W	Un suplemento que requiere se investigue y se certifique el salario que el solicitante de H-1B tendrá durante el período de estadía como H-1B	Sí	$0
I-539	Solicitud para extender/cambiar la condición de no-inmigrante	No: sólo para esposo/a y dependientes que necesitan cambiar de estatus	$300
ETA 9035E	Solicitud de Condición de Trabajo (Dpto. de Trabajo)	Sí	$0
I-907	Solicitud de Servicio de Procesamiento Óptimo	No: sólo para los que quieren expeditar la solicitud	$1.000
G-28	Notificación de Aparición de Abogado o Representante	No: sólo para los que utilizan los servicios de un abogado o representante legal	$0
I-94	Exención de visado	Sí	$0

102. Esta combinación es muy usada por nuestra gente aquí en EE.UU. porque le da al solicitante un buen tiempo de estadía legal en el país. También se puede hacer la Certificación Laboral sin necesidad de pasar por la H-1B u otra visa laboral siempre y cuando la persona en cuestión esté viviendo en el país "en estatus", esté protegida por la sección 245(i) o inicie el proceso desde el exterior.

¿Quién tiene que llenar los formularios?

El empleador es el que firma todos los formularios, menos el I-539, que tiene que ser firmado por el esposo o la esposa del beneficiario, para la extensión de su estatus. Sin embargo, a la hora de preparar los formularios es conveniente hacerlo juntos para asegurarse de que toda la información esté en orden.

Cómo preparar su solicitud para la visa H-1B

En la página 87 encontrará una tabla con todos los formularios necesarios (y sus gastos asociados) para completar la solicitud de la H-1B junto con una explicación del porqué de cada formulario.

Observe por favor que el I-129, el formulario principal para la visa H-1B, tiene un sinnúmero de suplementos. Para las visas de trabajo, se llena el suplemento con la letra que corresponde a la visa que está solicitando. Por ejemplo, el suplemento que usted tiene que llenar para la H-1B es el suplemento H (que corresponde a las visas H como la H-1B). También se tiene que llenar el suplemento W (que significa *wage supplement* o el suplemento para su salario).

El proceso

La H-1B la iniciará y tramitará su empleador, aunque es bueno preparar los formularios juntos para asegurarse de que toda la información esté en orden. Su solicitud será contestada en unos tres meses. Con el procesamiento óptimo, pagando los $1.000 extra, se tarda unos quince días. Una vez que el DHS tome su decisión, enviará una copia de su disposición a la empresa solicitante, y otra al beneficiario.

Cómo preparar los formularios

Formularios requeridos

Para preparar una visa H-1B se necesitan varios formularios, todos descritos en el recuadro de la página 87. Los obligatorios son: I-129, I-129H, I-129W y ETA 9035E; este último se llena vía Internet, con el Departamento de Trabajo, mientras que los otros se tramitan con el DHS.

El formulario I-129: A finales de esta sección, en la página 94, encontrará el formulario I-129 y la traducción al español. El formulario clave de este proceso es el I-129. En su primera página pide el nombre del empleador, persona y/o institución que pide al beneficiario. Observe usted que en esa página se pregunta el *EIN*. Eso es el número de empleador que el IRS le da a toda empresa para identificarse como entidad fiscal, y por supuesto para poder pagar sus impuestos. Después, el formulario pregunta cómo entró la persona al país, cuál es su estatus actual y si está fuera del país en el momento de entrega de la solicitud.

Es clave decir si el individuo está dentro del país y quiere cambiar su estatus o si quiere tramitarlo desde el consulado estadounidense en su país de origen. Es importante también indicar si esta solicitud para la H-1B es una renovación de una visa existente con el mismo empleador, una renovación con otro empleador o una solicitud nueva. Acordémonos aquí que sólo se puede tener una H-1B por seis años seguidos (o sea, dos períodos de tres años). Después hay que salir del país por un tiempo para poder empezar el ciclo de nuevo. La segunda página de la solicitud pide una descripción breve del trabajo del beneficiario. Aquí, no olvidemos que debe ser un trabajo especializado y profesional.

Después hay preguntas sobre el salario del beneficiario; el horario de trabajo (si es de tiempo completo o parcial); la fecha en que se fundó la empresa y el número de empleados que tiene. Es importante tener mucho cuidado con la cuestión del salario, dado que el Departamento de Trabajo establece pautas salariales para distintos tipos de trabajo, según la región del país. Es decir, un profesor de matemáticas en West Virginia no gana lo mismo que un profesor de matemáticas en Los Ángeles, por la diferencia en el costo de vida. El salario que pone en esta solicitud tiene que cuadrar con la pauta para la región donde vive y donde inicia la solicitud. Estas pautas, determinadas por el sistema "O*NET" están disponibles en Internet en http://online.onetcenter.org/.

Otros formularios requeridos

El formulario I-129H: Este formulario también es requerido, y en realidad es un suplemento del I-129 y ahora comprendido dentro del formulario I-129, sin costo adicional, donde hay que poner la descripción del puesto, si la persona o sus dependientes han tenido este tipo de visa anteriormente y, luego, la firma del empleador.

El formulario I-129W: Este formulario también es requerido, ahora comprendido dentro del formulario I-129 y sin costo adicional; pregunta si la persona ha tenido la H-1B anteriormente, si la entidad solicitante es una organización sin ánimo de lucro, cuántos empleados trabajan en la empresa y otras preguntas sencillas. Hay que tener en cuenta que el número de empleados que ya están trabajando para la empresa es importante porque si son más de veinticinco, el gasto asociado con la solicitud es de $1.500; si hay menos de veinticinco empleados será $750. Esto, básicamente, es el propósito de esta parte del formulario.

El formulario ETA 9035E: Ahora llegamos al formulario ETA 9035E que se llena por Internet, en la página web del Departamento de Trabajo (DOL, por sus siglas en inglés), en www.dol.gov, haciendo clic en la sección de formularios (*Forms*). Es sencillo pero delicado pues en éste, el empleador necesita jurar ante una agencia independiente del DHS, que la información proveída —sobre el puesto y sobre el trabajador— es veraz. Si el empleador ha indicado el salario apropiado según las pautas en su región, este formulario será aprobado por el Departamento de Trabajo de inmediato, porque es una respuesta generada automáticamente por el sistema. Una vez recibida la respuesta, el empleador la tiene que imprimir y firmar, y luego estará lista para ser incluida en el paquete que se va a mandar al DHS.

Para llenar el formulario ETA 9035E, que no tiene ningún costo, la entidad solicitante tiene que registrarse con el Departamento de Trabajo, indicando algunos datos de la empresa que hará la solicitud de la visa H-1B y del puesto de trabajo en cuestión. El formulario pide la dirección de la empresa, el lugar exacto donde trabajará el empleado, su salario y su título exacto.

El formulario I-94: Finalmente, hay que incluir en este paquete una copia del formulario I-94 que usted recibió cuando ingresó a EE.UU. y varias páginas del pasaporte del beneficiario y su esposo/a y dependientes, si los hay. El formulario I-94 es el papelito verde que rellenó al entrar al país y que el agente de inmigración pegó a una página del pasaporte. Para esta solicitud también hay que fotocopiar la página biográfica y la página con el sello de entrada (distinto al sello que está en el I-94), pero mucha gente suele fotocopiarlo todo. Esa es una decisión personal.

Formularios opcionales

El formulario I-539 se rellena sólo si hay que pedir un cambio de estatus para dependientes del principal solicitante: esposo, esposa, hijos. Hay que llenar un formulario I-539 por cada beneficiario. El formulario G-28, sin costo alguno, se usa para avisar al DHS que ha contratado los servicios de un abogado o representante legal (puede ser de una organización caritativa o religiosa, o de alguna entidad de servicios sociales). El formulario I-907 es uno muy sencillo, que sólo hay que llenar si quiere pagar los $1.000 para expeditar el procesamiento de su visa.

Cómo armar el paquete

Una vez que tiene los formularios completados y los cheques o giros postales firmados, hay que añadir algunos documentos adicionales (véase la lista a continuación). Después de este último paso, conviene hacer por lo menos una fotocopia de toda la documentación que va a enviar al DHS.

A continuación le ofrezco una lista completa de todos los elementos que hay que incluir en la solicitud además de los formularios y los cheques. Recuerde que si falta algo, su solicitud podría demorarse más tiempo.

❑ Una carta detallando el contenido de la solicitud: cheques, formularios, documentos
❑ Formulario I-129, con los suplementos H y W
❑ Formulario ETA 9035E, llenado sólo por Internet, www.dol.gov
❑ Diploma del empleado (homologado si es necesario)
❑ Formulario I-539, sólo para solicitar un cambio de estatus para esposo/a o hijos

❑ Formulario I-907, si quiere expeditar el procesamiento de su solicitud

❑ Formulario G-28, si tiene un abogado

❑ Todos los cheques: para el I-129, I-539, I-907 (véase el recuadro en la página 87)

❑ Una copia del pasaporte (entero o la página biográfica, la página donde aparece el formulario I-94 con la visa y el sello de su última entrada al país)

También hay que notar aquí que sólo el empleador puede pagar el gasto de $1.000 para el procesamiento óptimo del formulario I-907. Los demás gastos los puede pagar quien sea. En todo caso, siempre hay que fotocopiar todos los cheques o giros postales y guardar los números de resguardo, por si acaso.

Dónde entregar la solicitud

Envíe el paquete a:

DHS
U.S. Citizenship and Immigration Services
Vermont Service Center
75 Lower Welden St.
Saint Albans, VT 05479

Para más consejos generales acerca de cómo llenar los formularios y cómo armar el paquete, véase la página 18 de la Introducción.

Después de entregar la solicitud

El tiempo de espera luego de entregar la solicitud es de tres meses, asumiendo que hubo cupo en la cuota cuando usted solicitó la visa. Si pagó los $1.000 extra para el procesamiento óptimo, entonces se tardará unos quince días. Una vez entregada la solicitud, el DHS le mandará una carta al empleador dentro de unos veinte días, indicando que su solicitud ha sido recibida. La carta llevará un número de identificación que puede usar para hacer el seguimiento por Internet, en www.uscis.gov, o por teléfono, llamando al 1-800-375-5283. Observe que al recibir la visa, la primera vez que salga del país bajo el nuevo estatus H-1B tendrá que acudir al consulado estadounidense en su país de origen antes de volver a EE.UU., para que le pongan otro sello en el pasaporte convalidando la visa que ya ha conseguido. Es un poco molesto, pero no lo tendrá que hacer cada vez que salga; sólo en ese primer viaje que realiza con el H-1B al exterior. Es para que el pasaporte tenga validez para volver a entrar a EE.UU. Para más información, véase el capítulo 8, sobre los procesos consulares.

Una vez que el DHS tome su decisión, enviará una copia de su disposición a la empresa solicitante, y otra al beneficiario. Si no recibe ninguna notificación por correo después de tres meses, conviene hacer un seguimiento con el número de identificación de su solicitud, o por Internet o llamando al 1-800-375-5283.

Si le deniegan la solicitud, en la mayoría de los casos, el empleador (no el beneficiario) puede apelar la decisión. Primero hay que estudiar el formulario I-292 que acompañó la decisión para ver si es posible apelarla; allá mismo encontrará la jurisdicción donde podrá presentar una apelación (si es posible), y el formulario correcto para hacerlo. Hay reglas muy estrictas que rigen este proceso. Primero hay que presentar la apelación dentro de los treinta días desde que recibió la decisión, y el formulario de apelación tendrá un gasto administrativo que tendrá que pagar. Es posible entregar una explicación breve de la razón para apelar, cosa que puede ayudar al caso, sobre todo si fue denegado por un error técnico o administrativo. Finalmente, a menos que la petición original haya sido denegada por fraude, se puede volver a solicitar la visa. La apelación para la visa H-1B tarda casi un año en resolverse; los que emprenden este proceso tienen que recordar que el tiempo que tarda la apelación no le da estatus.

Conclusión

La mayoría de las personas que solicitan la visa H-1B son profesionales que vienen a hacer más grande esta nación con sus conocimientos y su sudor. Ellos se merecen todo nuestro apoyo, pues esas nuevas ideas son las que ayudan a mantener a este país como líder de tecnología en una sociedad cada vez más competitiva. Es necesario que todos pidamos al Congreso más visas H-1B; sólo así podremos asegurarnos de que esas mentes privilegiadas que vienen a EE.UU. tengan un lugar para progresar y, con el tiempo, devolver a sus países de origen algo de la riqueza económica, intelectual y espiritual que se obtiene. Yo, por mi parte, siempre estoy luchando a favor de que se expanda este gran programa.

OMB No. 1615-0009; Expires 05/31/08

Department of Homeland Security
U.S. Citizenship and Immigration Services

I-129, Petition for a
Nonimmigrant Worker

START HERE - Please type or print in black ink.

For USCIS Use Only

Part 1. Information about the employer filing this petition. *If the employer is an individual, complete **Number 1.** Organizations should complete **Number 2.***

1. Family Name *(Last Name)*

Given Name *(First Name)*

Full Middle Name

Telephone No. w/Area Code
(   )

2. Company or Organization Name

Telephone No. w/Area Code
(   )

Mailing Address: *(Street Number and Name)*

Suite #

C/O: *(In Care Of)*

City

State/Province

Country

Zip/Postal Code

E-Mail Address *(If Any)*

Federal Employer Identification #

U.S. Social Security #

Individual Tax #

For USCIS Use Only	
Returned	Receipt
Date	
Date	
Resubmitted	
Date	
Date	
Reloc Sent	
Date	
Date	
Reloc Rec'd	
Date	
Date	
☐ Petitioner Interviewed on _____	
☐ Beneficiary Interviewed on _____	

Part 2. Information about this petition. *(See instructions for fee information.)*

1. **Requested Nonimmigrant Classification.** *(Write classification symbol):*

2. **Basis for Classification** *(Check one):*

  a. ☐ New employment (including new employer filing H-1B extension).

  b. ☐ Continuation of previously approved employment without change with the same employer.

  c. ☐ Change in previously approved employment.

  d. ☐ New concurrent employment.

  e. ☐ Change of employer.

  f. ☐ Amended petition.

3. If you checked **Box 2b, 2c, 2d, 2e,** or **2f,** give the petition receipt number.

4. **Prior Petition.** If the beneficiary is in the U.S. as a nonimmigrant and is applying to change and/or extend his or her status, give the prior petition or application receipt #:

5. **Requested Action.** *(Check one):*

  a. ☐ Notify the office in **Part 4** so the person(s) can obtain a visa or be admitted. (**NOTE:** *a petition is not required for an E-1, E-2 or R visa*).

  b. ☐ Change the person(s)' status and extend their stay since the person(s) are all now in the U.S. in another status *(see instructions for limitations)*. This is available only where you check "New Employment" in **Item 2,** above.

  c. ☐ Extend the stay of the person(s) since they now hold this status.

  d. ☐ Amend the stay of the person(s) since they now hold this status.

  e. ☐ Extend the status of a nonimmigrant classification based on a Free Trade Agreement. *(See Free Trade Supplement for TN and H1B1 to Form I-129).*

  f. ☐ Change status to a nonimmigrant classification based on a Free Trade Agreement. *(See Free Trade Supplement for TN and H1B1 to Form I-129).*

6. **Total number of workers in petition** *(See instructions relating to when more than one worker can be included):*

Class: ____
# of Workers: ____
Priority Number: ____
Validity Dates: ____
From: ____
To: ____

☐ **Classification Approved**
  ☐ Consulate/POE/PFI Notified
    At ____
  ☐ Extension Granted
  ☐ COS/Extension Granted

Partial Approval *(explain)*

Action Block

To Be Completed by
Attorney or Representative, if any.
☐ Fill in box if G-28 is attached to represent the applicant.

ATTY State License #

Form I-129 (Rev. 04/02/07)Y

TRADUCCIÓN DEL FORMULARIO I-129

Parte 1. Información sobre el empleador que tramita esta solicitud. *Si el empleador es un individuo, rellenar la pregunta Número 1. Organizaciones deben rellenar el Número 2.*

1. **Apellido** _____   Primer Nombre _____

Segundo Nombre _____   Teléfono con Código de Área ( )

2. Nombre de la compañía u organización   Teléfono con Código de Área ( )

Dirección de correspondencia (Número, Calle)   Oficina #

Ciudad   Estado

País   Código Postal   Dirección de correo electrónico

No. Federal del Empleador   No. de Seguro Social   No. Impuesto Individual

---

Parte 2. Información sobre esta petición

---

1. Clasificación requerida como no-inmigrante (Escriba el símbolo de clasificación) _____

2. Bases para la clasificación *(seleccione sólo una)*

    a. ❑ Nuevo empleo (incluyendo nuevo empleador requiriendo una extensión de H-1B)

    b. ❑ Continuación de un empleo aprobado previamente continuando con el mismo empleador.

    c. ❑ Cambio con una aprobación anterior.

    d. ❑ Nuevo empleo.

    e. ❑ Cambio de empleador.

    f. ❑ Petición rectificada.

3. Si usted seleccionó **las casillas No. 2b, 2c, 2d, 2e o 2f,** escriba el número de recibo de la petición.

4. Petición previa. Si el beneficiario se encuentra en EE.UU. como no-inmigrante y está solicitando cambiar y/o extender su estatus, escriba el número de recibo de la solicitud o petición anterior.

5. Solicitud requerida *(seleccione sólo una)*

    a. ❑ Notifique a la oficina en **Parte 4** para que la persona(s) pueda obtener una visa o ser admitido. (**Nota:** La petición no es requerida para las visas E-1, E-2 y R.)

    b. ❑ Cambiar y extender el estatus de la persona(s) ya que se encuentra en EE.UU. con otro estatus. Ésta sólo es válida cuando es un nuevo empleo.

    c. ❑ Extender la estadía de la persona(s) ya que posee este estatus.

    d. ❑ Rectificar el estatus de estadía de la persona(s) ya que posee este estatus.

    e. ❑ Extender el estatus de no-inmigrante basado en una clasificación bajo Tratado de Libre Comercio.

    f. ❑ Cambiar el estatus de no-inmigrante basado en una clasificación bajo Tratado de Libre Comercio.

6. Número total de trabajadores en la petición. _____

Part 3. Information about the person(s) you are filing for. *Complete the blocks below. Use the continuation sheet to name each person included in this petition.*

1. If an Entertainment Group, Give the Group Name

Family Name *(Last Name)*   Given Name *(First Name)*   Full Middle Name

All Other Names Used *(include maiden name and names from all previous marriages)*

Date of Birth *(mm/dd/yyyy)*   U.S. Social Security # *(if any)*   A # *(if any)*

Country of Birth   Province of Birth   Country of Citizenship

2. If in the United States, Complete the Following:

Date of Last Arrival *(mm/dd/yyyy)*   I-94 # *(Arrival/Departure Document)*   Current Nonimmigrant Status

Date Status Expires *(mm/dd/yyyy)*   Passport Number   Date Passport Issued *(mm/dd/yyyy)*   Date Passport Expires *(mm/dd/yyyy)*

Current U.S. Address

Part 4. Processing Information.

1. If the person named in **Part 3** is outside the United States or a requested extension of stay or change of status cannot be granted, give the U.S. consulate or inspection facility you want notified if this petition is approved.

Type of Office *(Check one)*:   ☐ Consulate   ☐ Pre-flight inspection   ☐ Port of Entry

Office Address *(City)*   U.S. State or Foreign Country

Person's Foreign Address

2. Does each person in this petition have a valid passport?

   ☐ Not required to have passport   ☐ No - explain on separate paper   ☐ Yes

3. Are you filing any other petitions with this one?   ☐ No   ☐ Yes - How many?

4. Are applications for replacement/initial I-94s being filed with this petition?   ☐ No   ☐ Yes - How many?

5. Are applications by dependents being filed with this petition?   ☐ No   ☐ Yes - How many?

6. Is any person in this petition in removal proceedings?   ☐ No   ☐ Yes - explain on separate paper

TRADUCCIÓN DEL FORMULARIO I-129

Parte 3. Información sobre la persona que usted está pidiendo.

1. Si es una compañía de entretenimiento, escriba el nombre:

Apellido   Primer nombre   Segundo nombre

Otros nombres utilizados:

Fecha de nacimiento (*mm/dd/aaaa*)   No. de Seguro Social   No. de extranjero

País de nacimiento   Ciudad de nacimiento   País de ciudadanía

2. Si está en EE.UU., complete la siguiente información:

Fecha del último ingreso (*mm/dd/aaaa*)   # de I-94 (Tarjeta de Entrada/Salida)   Estatus actual de no-inmigrante

Fecha de vencimiento de estatus (*mm/dd/aaaa*)   Número de pasaporte   Fecha de expedición de pasaporte

(*mm/dd/aaaa*)

Fecha de vencimiento de pasaporte (*mm/dd/aaaa*)

Dirección actual en EE.UU.

Parte 4. Información para el procesamiento.

1. Si la persona mencionada en la **Parte 3** se encuentra fuera de EE.UU. o la solicitud de extensión o cambio de estatus no se puede otorgar, diga el nombre del consulado americano que desea se le notifique si la petición es aprobada.

Tipo de oficina: ❑ Consulado   ❑ Inspección de prevuelo   ❑ Puerto de entrada

Dirección de oficina (*Ciudad*)   Estado o país fuera de EE.UU.

Dirección de la persona en el exterior.

2. ¿Tiene cada una de las personas en esta petición pasaporte válido?

   ❑ No requiere tener pasaporte   ❑ No – explique en otra hoja   ❑ Sí

3. ¿Está incluyendo alguna otra petición con ésta?   ❑ No   ❑ Sí – ¿Cuántas?

4. ¿Está incluyendo solicitud para reemplazo de I-94: ❑ No   ❑ Sí – ¿Cuántas?

5. ¿Está incluyendo solicitudes para dependientes?   ❑ No   ❑ Sí – ¿Cuántas?

6. ¿Alguna de estas personas está en proceso de remoción?   ❑ No   ❑ Sí – Explique

Part 4. Processing Information. *(Continued)*

7. Have you ever filed an immigrant petition for any person in this petition? ☐ No ☐ Yes - explain on separate paper

8. If you indicated you were filing a new petition in **Part 2**, within the past seven years has any person in this petition:

   a. Ever been given the classification you are now requesting? ☐ No ☐ Yes - explain on separate paper

   b. Ever been denied the classification you are now requesting? ☐ No ☐ Yes - explain on separate paper

9. Have you ever previously filed a petition for this person? ☐ No ☐ Yes - explain on separate paper

10. If you are filing for an entertainment group, has any person in this petition not been with the group for at least one year? ☐ No ☐ Yes - explain on separate paper

Part 5. Basic information about the proposed employment and employer. *Attach the supplement relating to the classification you are requesting.*

1. Job Title

2. Nontechnical Job Description

3. LCA Case Number

4. NAICS Code

5. Address where the person(s) will work if different from address in **Part 1**. *(Street number and name, city/town, state, zip code)*

6. Is this a full-time position?

   ☐ No - Hours per week: ☐ Yes - Wages per week or per year:

7. Other Compensation *(Explain)*

8. Dates of intended employment *(mm/dd/yyyy)*:

   From: To:

9. Type of Petitioner - *Check one*:

   ☐ U.S. citizen or permanent resident   ☐ Organization   ☐ Other - explain on separate paper

10. Type of Business

11. Year Established

12. Current Number of Employees

13. Gross Annual Income

14. Net Annual Income

TRADUCCIÓN DEL FORMULARIO I-129

Parte 4. Información para el procesamiento. *(continuación)*

---

7. ¿Ha pedido a esta persona como inmigrante anteriormente?   ❏ No   ❏ Sí – Explique en una hoja por separado.

8. Si usted indicó que ésta es una nueva petición de empleo en la **Parte 2,** en los últimos siete años alguna de esas personas ha:

    a. ¿Tenido esta clasificación anteriormente?   ❏ No   ❏ Sí – Explique en una hoja por separado.

    b. ¿Negado esta clasificación anteriormente?   ❏ No   ❏ Sí – Explique en una hoja por separado.

9. ¿Ha pedido a esta persona anteriormente?   ❏ No   ❏ Sí – Explique en una hoja por separado.

10. Si está solicitando por un grupo de entretenimiento, ¿existe una persona en esta petición que no ha estado con el grupo en el último año?   ❏ No   ❏ Sí – Explique en una hoja por separado.

Parte 5. Información básica sobre el empleo propuesto y el empleador.

---

1. Cargo   **2.** Descripción del cargo

3. Número de Caso LCA   **4.** Código NAIS

5. Dirección donde la persona va a trabajar si es diferente a la dirección en la **Parte 1.**

6. ¿Es una posición de tiempo completo?   ❏ No – Número de horas a la semana   ❏ Sí – Remuneración anual

7. Otras compensaciones (Explique)

8. Fechas para el empleo (mm/dd/aaaa)   Desde: Hasta:

9. Tipo de empleador

    Ciudadano americano o residente permanente   Organización   Otro – Explique en una hoja por separado.

10. Tipo de negocio

11. Fecha de creación de la compañía

12. Número actual de empleados

13. Ingresos anuales (brutos)   **14.** Ingresos anuales (neto)

Part 6. Signature. *Read the information on penalties in the instructions before completing this section.*

I certify, under penalty of perjury under the laws of the United States of America, that this petition and the evidence submitted with it is all true and correct. If filing this on behalf of an organization, I certify that I am empowered to do so by that organization. If this petition is to extend a prior petition, I certify that the proposed employment is under the same terms and conditions as stated in the prior approved petition. I authorize the release of any information from my records, or from the petitioning organization's records that U.S. Citizenship and Immigration Services needs to determine eligibility for the benefit being sought.

Signature

Daytime Phone Number *(Area/Country Code)*

(   )

Print Name

Date *(mm/dd/yyyy)*

NOTE: If you do not completely fill out this form and the required supplement, or fail to submit required documents listed in the instructions, the person(s) filed for may not be found eligible for the requested benefit and this petition may be denied.

Part 7. Signature of person preparing form, if other than above.

I declare that I prepared this petition at the request of the above person and it is based on all information of which I have any knowledge.

Signature

Daytime Phone Number *(Area/Country Code)*

(   )

Print Name

Date *(mm/dd/yyyy)*

Firm Name and Address

TRADUCCIÓN DEL FORMULARIO I-129

Parte 6. Firma. *Lea la información sobre penalizaciones en las instrucciones antes de completar esta sección.*

Yo certifico, bajo pena de perjurio y bajo las leyes de Estados Unidos de América, que esta solicitud y la evidencia suministrada es correcta y verdadera. En el caso de que esté presentando esta solicitud en nombre de una organización, yo certifico que la organización me ha autorizado a hacerlo. Si el propósito de esta solicitud es extender una solicitud previa, yo certifico que el empleo propuesto existe bajo los mismos términos y las mismas condiciones señaladas en la solicitud previa. Yo autorizo cualquier información de mi historial de inmigración que el Servicio de Inmigración y Ciudadanía de Estados Unidos necesite para determinar eligibilidad para el beneficio que busco.

Firma   Número de teléfono

Nombre en letra de molde   Fecha (*mm/dd/aaaa*)

NOTA: Si falla en llenar este formulario y su suplemento de forma completa, o si falla en presentar los documentos requeridos indicados en las instrucciones, la(s) persona(s) que está siendo peticionada podrá ser considerada ineligible para el beneficio deseado y su solicitud ser rechazada.

Parte 7. Firma de la persona que prepara este formulario, si no es el solicitante.

Yo declaro que he preparado esta solicitud a petición de la persona en la parte 6, y que se basa en la información de la cual yo tengo conocimiento.

Firma   Número de teléfono

Nombre en mayúsculas   Fecha (*mm/dd/aaaa*)

Nombre y dirección de la organización

La Certificación Laboral y la solicitud de la residencia permanente

La Certificación Laboral ha sido por mucho tiempo una buena opción para obtener la residencia permanente en este país, la muy anhelada *green card.* Sin embargo, esta certificación a solas no da la residencia sino que la misma se combina con una visa del DHS si está dentro del país (vía un ajuste de estatus), o una visa de inmigrante si está fuera. En realidad es un proceso en dos fases: primero se solicita la Certificación Laboral, y una vez aprobada se puede gestionar la solicitud de residencia con el respaldo del empleador. Ya que hay muchas personas que están solicitando la Certificación Laboral, el tiempo de demora puede ser de hasta cuatro años —por eso se combina con otras visas o se sale de EE.UU. para poder evitar estar sin estatus durante ese tiempo. Hay que entender que el tiempo de demora no es sólo por la Certificación Laboral, sino que hay una cola de espera que rige las Certificaciones Laborales cuando se quiere solicitar el ajuste de estatus o la visa de inmigrante.

> *Primero se solicita la Certificación Laboral y una vez aprobada, se solicita la residencia con el respaldo del empleador.*

La Certificación Laboral (que, igual que la visa H-1B, es iniciada por el empleador y no por el individuo) fue creada para llenar ciertos vacíos laborales en este país. Según este proceso, la empresa solicitante tiene la oportunidad de demostrar que el individuo que solicita la Certificación Laboral es imprescindible para su negocio, pues en la zona geográfica inmediata a su empresa no hay otros trabajadores que quieran o puedan ejercer ese trabajo. A diferencia de la visa H-1B, por ejemplo, la Certificación Laboral cubre un grupo más amplio de trabajadores. En teoría, tanto una empleada doméstica como un ingeniero atómico pueden solicitar la Certificación Laboral, aunque obviamente la persona con más especialización tiene más posibilidades de ser aprobada.

Aunque no es una visa, si el individuo está en el país legalmente, la Certificación Laboral puede servir como un primer paso hacia la residencia permanente. Aquellos que han sido acogidos por la H-1B pueden también iniciar este proceso en paralelo si quieren empezar el trámite para la residencia permanente. Aunque la Certificación Laboral se puede combinar con otras visas laborales, la combinación más común es con la visa H-1B.

Requisitos básicos

Los requisitos básicos para la Certificación Laboral son los siguientes:

- **Estar en estatus o fuera del país:** la Certificación Laboral se debe hacer estando en estatus, cubierto por la 245(i) o fuera del país. De otro modo se corre el riesgo al solicitar sin estatus o esperando un cambio de ley.
- **Demostrar que el trabajador es imprescindible:** la empresa solicitante tiene la oportunidad de demostrar que el individuo que solicita la Certificación Laboral es imprescindible para su negocio, pues en la zona geográfica inmediata a su empresa no hay otros trabajadores que quieran o puedan ejercer ese trabajo.
- **Tener un trabajo especializado:** el único requisito real es que no haya otros trabajadores en esa zona que puedan hacer ese mismo trabajo.

El recién estrenado sistema de Certificación Laboral se conoce por las siglas PERM (*Program Electronic Review Management* o Programa de Gestión Electrónica de Solicitudes). Desde el 28 de marzo de 2005, es el único programa que existe para realizar las Certificaciones Laborales. A diferencia de antes, todas las solicitudes ahora deben entregarse por Internet. Antes de solicitar, sin embargo, hay que hacer toda una serie —u odisea, según algunos— de gestiones para entregar una solicitud completa y sin irregularidades.

La Certificación Laboral puede ser pedida por una empresa, una institución, una organización sin ánimo de lucro e incluso un particular que necesite contratar sus servicios. Como hemos mencionado antes, siempre se necesita un empleador para auspiciar este tipo de solicitud. En otras palabras, el individuo no puede pedir la Certificación Laboral por su cuenta, ni tampoco puede crear empresas fantasmas para pedirse a sí mismo, porque los responsables de este sistema suelen investigar este tipo de fraude cuando sospechan.

Después, una vez conseguida la Certificación Laboral, el individuo puede solicitar la residencia permanente en el país, pero siempre con el auspicio del empleador que hizo la solicitud de Certificación Laboral. Es muy importante seguir con el mismo empleador, porque éste tendrá que llenar y firmar el formulario I-140, además de reiterar su interés en contratar al beneficiario.

Preguntas frecuentes

¿Puedo solicitar la Certificación Laboral si estoy en el país ilegalmente?

En principio, no. Salvo unas pocas excepciones, para comenzar este proceso, es imprescindible tener estatus legal en este país; de no ser así, tendrá que ir a su país de origen para conseguir una visa para poder entrar a EE.UU. legalmente. He trabajado en algunos casos extraordinarios en que he conseguido la Certificación Laboral para gente que está en el país ilegalmente, pero sólo bajo la condición de que prometan no postular a la residencia permanente más adelante a menos que ocurra un cambio de la ley. De todos modos, estos casos son una excepción.

En teoría, es posible sacar la Certificación Laboral sin tener los papeles en regla, porque es un trámite con el Departamento de Trabajo. Pero si no está en el país legalmente, la Certificación Laboral no le va a ayudar, ya que ser ilegal significa que no podrá cambiar su estatus (o sea, para llenar el formulario I-485 para ajustar su estatus a uno de residente permanente, si no tuvo estatus anteriormente, no se puede cambiar). La Certificación Laboral por sí misma no le da permiso para estar en el país. Algunos que están aquí ilegalmente han intentado conseguir la Certificación Laboral y salir del país para esperar una visa en su país de origen, pero ese método no es recomendable, porque si ha estado en el país ilegalmente, es muy posible que no le dejen regresar y hasta le prohíban la entrada durante un período de tres o diez años como menciono en la Introducción de este libro. En el pasado, existía una excepción a esta regla, la sección 245(i), pero este recurso ya no sigue vigente, así que si alguien gana la Certificación Laboral pero no tiene estatus ni el amparo de la sección 245(i), no podrá ajustar su estatus en EE.UU.

LA 245(i) Y LA CERTIFICACIÓN LABORAL

Es importante volver a definir la 245(i). Según esta sección de ley provisional que venció el 30 de abril de 2001, las personas que no tenían visas podían solicitar un "cambio de estatus" sin tener que salir del país, a cambio de una multa de $1.000. Este recurso era caro, pero muy conveniente porque así el solicitante no tenía que salir del país y seguir el trámite por vía consular en el exterior, cosa peligrosa porque al salir del país, el gobierno estadounidense le podría negar la entrada por tres o diez años como castigo por haber estado ilegalmente en el país.

Todavía hay personas que siguen respaldadas por la sección 245(i) porque aún no les ha llegado su turno en la cola o porque el Certificado Laboral no les ha salido todavía. Actualmente, los únicos que pueden ampararse en la 245(i) tienen que haber iniciado sus solicitudes antes del 30 de abril de 2001. Es posible que vuelva a estar vigente, pero es imposible saber cuándo.

Recordemos que ahora la sección 245(i) no le puede proteger a menos que haya iniciado una solicitud de Certificación Laboral antes del 30 de abril de 2001.

¿Con la Certificación Laboral, tendré permiso para vivir en el país?

No. A diferencia de la visa H-1B, la Certificación Laboral no es una visa, sino un documento del Departamento del Trabajo que se consigue para luego solicitar la residencia permanente. Como hemos dicho antes, hay que estar en el país legalmente para conseguir la Certificación Laboral, que se tramita a través del Departamento de Trabajo, donde el empleador presenta los documentos y formularios para defender su caso. Luego, una vez conseguida la Certificación Laboral, el empleado puede pedir un cambio de estatus —es decir, pedir la residencia permanente— a través del DHS porque ya ha demostrado que tiene un empleador que está autorizado a contratarlo. Es un proceso de dos fases: la primera es la de la Certificación Laboral, y luego con la Certificación Laboral en mano, se puede pedir la residencia con el respaldo del empleador.

¿Necesito una oferta de trabajo para acceder a la Certificación Laboral?

Sí. Igual que la visa H-1B, el solicitante necesita tener una oferta de empleo en EE.UU. para poder acceder al programa de Certificación Laboral. La oferta de empleo se demuestra con el formulario ETA 9089, que se consigue en la página web del Departamento de Trabajo (www.dol.gov o para ir directamente visite http://workforcesecurity. doleta.gov/foreign/pdf/9089form.pdf). Es muy importante que el empleador pueda pagar al empleado y demostrarlo con sus declaraciones de renta. Si el empleador no declara suficientes ingresos al IRS, ni la Certificación Laboral ni la solicitud de residencia serán aprobadas. Además, es importante saber que si consigue la Certificación Laboral y después empieza los trámites para la residencia permanente, es muy difícil cambiar de empleador en medio del proceso. Por lo tanto, debería de estar muy seguro del empleador y su relación con él porque estos trámites toman su tiempo.

¿Qué tipo de trabajos suelen ser aprobados por este proceso?

Uno de los mitos que circulan sobre este tema es que el trabajo tiene que ser algo rebuscado o rarísimo, que el gobierno sólo otorga la Certificación Laboral a profesionales muy destacados o famosos. No. Lo importante aquí es que el empleador haya presentado un buen caso para defender la necesidad de emplear al individuo, y haya demostrado buenas intenciones en todo momento. El empleado ya tiene que haber tenido la experiencia necesaria para el puesto antes de haber conocido al empleador que ahora lo quiere contratar. Hay varios tipos de trabajo que caen en esta categoría de inmigración: desde instructores de artes marciales hasta carpinteros, cocineros, barberos, soldadores, limpiaventanas, choferes, chapistas y muchos más. Siempre hay que recordar que el objetivo es convencer al Departamento de Trabajo que no hay personas calificadas en EE.UU. que puedan o quieran ejercer el puesto en cuestión.

¿Existen cuotas para la Certificación Laboral?

Sí. En el momento de escribir estas lineas, hace un mes la cuota estaba atrasada unos cuatro años, y por esta razón la Certificación Laboral toma mucho tiempo.

¿Cuánto tiempo suelen tardar para contestar las solicitudes de Certificación Laboral?

Cuando empezó el PERM, algunos "expertos" decían que la solicitud tardaba unos sesenta días en ser tramitada, pero esto no es cierto; en realidad hay que estar preparado para esperar unos cuatro a siete meses para procesarla. Una vez entregada la solicitud, se puede hacer el seguimiento por Internet en la página web del Departamento de Trabajo. Así que usted sabrá si fue aprobado o denegado dentro de unos meses, pero si su categoría está sujeta a una cola de espera, tendrá que esperar hasta años. Y si usted estuviera fuera de estatus en este tiempo, tendrá que pedir una extensión de la visa, otro ajuste de estatus o salir del país.

> *Hay que tener mucho cuidado con esto a la hora de empezar la solicitud; si su estadía legal vence en medio de este proceso, tendrá que pedir una extensión de la visa, otro ajuste de estatus o salir del país.*

Si no hay ningún otro remedio para mantenerse en EE.UU. en estatus, es mejor salir del país que permanecer en EE.UU. ilegalmente, porque con la aprobación en mano ya sabe usted que puede regresar cuando le toque el turno en la cola.

El tiempo de demora depende de la categoría de trabajador en que usted está solicitando, y también suele ser más larga la espera si usted es de México debido al número más alto de solicitudes provenientes de ese país. Las categorías son las siguientes:

Preferencia 1: Estos son "trabajadores con prioridad" y no hay cola para ellos. Por ejemplo, profesores universitarios con doctorados que han contribuido a la sociedad de manera excepcional solicitan esta preferencia. Están divididos en tres grupos:

    a) extranjeros con habilidades extraordinarias
    b) profesores e investigadores destacados
    c) ejecutivos de compañías multinacionales

Preferencia 2: Esta preferencia es para trabajadores con un título académico avanzado (como una maestría) o para extranjeros con habilidades extraordinarias como, por ejemplo, un doctor en medicina o un científico soviético que decide venirse a EE.UU.

Preferencia 3: En mi experiencia es la categoría más común para los hispanos. Hay tres subcategorías bajo esta preferencia:

a) *Profesionales:* personas que tienen un título académico que equivale a cuatro años de universidad en EE.UU. o personas que tienen el equivalente a una experiencia laboral de doce años, o sea, tres por cada año de universidad que no tengan.

b) *Trabajadores especializados:* Estos trabajadores deben tener por lo menos dos años de educación, entrenamiento vocacional o experiencia. Por ejemplo, los mecánicos y los profesores de baile.

c) *Trabajadores sin especialización* (other workers): Estos trabajadores hacen labores no especializadas y tienen menos de dos años de experiencia o educación en estos oficios. Estos podrían ser cocineros o jardineros. Sólo hay 10.000 visas anuales para esta categoría.

Preferencia 4: Para ciertos trabajadores religiosos como instructores, cantantes y otros relacionados con asociaciones religiosas.

Preferencia 5: Esta es una preferencia para inversionistas que están dispuestos a invertir $1.000.000 en un negocio nuevo y crear diez puestos de trabajo que empleen a residentes o ciudadanos.

Cuando usted postula para la Certificación Laboral, recibirá su fecha de prioridad (*Priority Date*) que determina su puesto en la cola de espera. Después usted puede referirse al boletín de visa (*Visa Bulletin*) del Departamento de Estado para saber cuándo le tocará su turno en la cola. Este boletín cambia cada mes y se puede encontrar en el sitio de Internet http://travel.state.gov.

A continuación encontrará el boletín de febrero de 2007. Por ejemplo, si usted es colombiano postulando para la Preferencia 3, las solicitudes de agosto de 2002 se están aceptando ahora. Si no hay fecha en su categoría, sino una "C", significa que no hay cola alguna, que está corriente (no hay espera).

Boletín de Visa para preferencias laborales, febrero 2007: *(Tiempo de espera para una visa laboral, según la fecha de prioridad)*					
	Todos los otros países	**China**	**India**	**México**	**Filipinas**
Preferencia 1	C	C	C	C	C
Preferencia 2	C	22 de abril, 2005	8 de enero, 1993	C	C
Preferencia 3	1 de agosto, 2002	1 de agosto, 2002	8 de mayo, 2001	15 de mayo, 2001	1 de agosto, 2002
Otros trabajadores	1 de octubre, 2001	1 de octubre, 2001	1 de octubre, 2001	1 de octubre, 2001	1 de octubre, 2001
Preferencia 4	C	C	C	C	C
Ciertos trabajadores religiosos	C	C	C	C	C
Traductores iraquíes y afganos	18 de septiembre, 2006	18 de septiembre, 2006	18 de septiembre, 2006	18 de septiembre, 2006	18 de septiembre, 2006
Preferencia 5	C	C	C	C	C

C = corriente/no hay espera.

Nota: Este boletín se actualiza mensualmente y se puede encontrar en el sitio web del Departamento de Estado: http://travel.state.gov/visa. Oprime *"Frequently Requested Visa Information"* y después oprime *"Visa Bulletin"*.

¿Qué opciones tengo si me rechazan la solicitud?

Si le rechazan la solicitud, es posible apelar la decisión, pero como es un proceso nuevo no se sabe todavía cuánto tiempo puede durar.

OJO CON EL EMPLEADOR

El proceso de Certificación Laboral combinado con la solicitud de residencia (cambio de estatus) puede tardar mucho tiempo, hasta años. Por esta razón, la relación que usted tiene con su empleador es una pieza clave para conseguir los papeles. La relación entre usted y su empleador debe ser buena porque el empleador estará auspiciando su solicitud, y cambiar de empleador a medio camino no le va a ayudar en nada. Incluso en las fases finales de la solicitud de residencia, el DHS querrá saber que el empleador sigue interesado en contratar al solicitante. También —y esto podría ser un poco delicado— es muy importante asegurarse de que su empleador tiene en regla las declaraciones de renta. En EE.UU., es muy común que las empresas (pequeñas y grandes) registren pérdidas en sus declaraciones de renta, pero para el DHS, las pérdidas en la declaración de renta son una señal de que la empresa no tendrá recursos para pagarle, y eso podría ser una razón para negarle la solicitud.

El proceso

Primera fase: Cómo solicitar la Certificación Laboral

Paso 1: **Identificar el puesto de trabajo.** Primero, la empresa empleadora necesita definir el puesto de trabajo. Esto es clave, pues para que el beneficiario pueda postularse, debe demostrar que antes de gestionar la solicitud, ya tenía la experiencia adecuada para la posición. En otras palabras, no se puede solicitar una Certificación Laboral y haber conseguido la experiencia para el puesto con el mismo empleador. Eso no vale y jamás se debe olvidar esto. La experiencia la puede haber obtenido en EE.UU. o en el exterior; lo que importa es que el beneficiario tenía esa experiencia antes de conocer al empleador.

Paso 2: **Clasificar el puesto de trabajo con el sistema O*NET.** Segundo, el empleador tiene que identificar el puesto en cuestión con un código "O*NET", que es un sistema del Departamento de Trabajo concebido para categorizar y clasificar todo tipo de puestos profesionales y asignarles pautas salariales. Una vez que el empleador ha identificado el código O*NET apropiado para la posición en cuestión, está listo para poner los anuncios: dos anuncios, dos domingos seguidos en un periódico de circulación general de la zona anunciando la posición, para ver cuántas personas se presentan para ser considerados para el puesto. Antes, el empleador estaba obligado por ley a poner tres anuncios en total, sin importar que fueran domingos. Ahora esto ha cambiado. Después de que salgan, se deben guardar bien los anuncios, tal y como aparecieron en el diario, con la fecha del día en que fueron publicados, para demostrar cumplimiento con esta nueva regla.

Si la posición es clasificada por el Departamento de Trabajo como "profesional", hay que realizar algunas gestiones más. Primero, hay que anunciar la posición por Internet (en el *American Job Bank*, por ejemplo), en la página web de la empresa y/o en algún periódico comunitario de tiraje limitado. Segundo, el empleador tiene que comprobar que ha participado en ferias de trabajo. Esto es para demostrar que ha anunciado la posición lo suficiente dentro del mercado laboral, y que sólo la persona indicada en la solicitud es la que satisface los requisitos del puesto. Es importante guardar estos anuncios; no hay que entregarlos con la solicitud al Departamento de Trabajo, pero en el caso de una auditoría (*auditing*) habría que enseñarlos. De todos modos siempre es importante, en todo momento, mantener una carpeta con fotocopias de todos los documentos (no sólo los formularios) relacionados con su caso, tanto los que recibe como los que envía.

Paso 3: **Poner los anuncios en el periódico.** Tercero, cuando el empleador pone los anuncios en el periódico, la agencia del Departamento de Trabajo local contacta por correo electrónico al empleador para confirmar que realmente está solicitando la certificación del empleado o futuro empleado y no se trata de alguien que está utilizando los datos del empleador para pedirse a sí mismo. Las personas interesadas en postular a la posición envían sus hojas de vida (currículum o resumés) vía fax o por correo a la dirección o al número de contacto que el periódico le asigne a la empresa para los anuncios. Las empresas sólo pueden aceptar solicitudes de trabajo vía fax o correo —no en persona, a menos que el empleador decida que la hoja de vida enviada corresponde a los requisitos anunciados en el periódico y entonces le invite a una entrevista en las oficinas. Recuerden que ni el beneficiario ni el abogado o representante puede participar en estas entrevistas como entrevistador. Si la persona que envió su hoja de vida califica para la posición tal y como estuvo anunciada en el periódico, hay que darle el trabajo y allí se termina la solicitud de Certificación Laboral. De lo contrario, habrá estado jugando con el proceso y eso, claramente, es inadmisible. La otra opción es abandonar el proceso.

Obviamente la elaboración de los anuncios es clave en este proceso. Los anuncios deben indicar claramente las habilidades y los talentos específicos que se buscan para el puesto, pero deben tener ciertos filtros (legítimos, por supuesto). Aquí es donde se necesita un profesional para poder navegar estas aguas sin naufragar. Yo he obtenido Certificaciones Laborales para jardineros, cocineros, secretarias, ingenieros —en fin, son muchos tipos de puestos que son perfectamente válidos para este recurso. La idea principal es presentar a su candidato como alguien casi único, pero sin que el vestido sólo le quepa a él y sin ser discriminatorio. Punto. Los buenos anuncios son los que van al grano y cumplen con todo. Por ejemplo: "Necesitamos limpiador de ventanas para rascacielos. Capaz de trabajar bajo presión y manejar instrumentos (poleas, sogas, etc.) necesarios. Lunes-Viernes, 8 a.m. hasta 4 p.m. 2 años de experiencia. Lugar: Miami, FL. Contactar enviando currículums vía fax al (305) 555-5555, Recursos Humanos".

El Departamento de Trabajo (DOL, por sus siglas en inglés), ahora bajo el PERM, cree en el sistema de honor. Cuando se envía la solicitud electrónicamente, usted certifica que se pusieron los anuncios y que si hubo gente que solicitó, se les trató correctamente. Es decir, se les entrevistó o se les rechazó por motivos correctos. DOL, sin embargo, se reserva el derecho de hacer una auditoría y si encuentran que no se pusieron los avisos o que se rechazó a gente incorrectamente, pueden multar al empleador. Claro, si se presenta alguien que no puede ser rechazado por motivos correctos, el proceso se acaba ahí, pues se encontró a alguien que podía hacer el trabajo que el empleador pensaba que sólo su candidato podía realizar.

CUIDADO, SIEMPRE CUIDADO

El proceso de Certificación Laboral ha estado plagado de casos fraudulentos en el pasado. Algunas personas inescrupulosas lo han utilizado para estafar a hermanos inmigrantes que claramente no podían ampararse en este recurso, pero que cayeron en su trampa por la desesperación de la que sufre mucha de nuestra gente. Hay muchas personas que se burlan del sistema falsificando cartas de experiencia previa, creando empresas de la nada, solicitando puestos de trabajo entre parientes y haciendo todo tipo de fraudes inaceptables. Como respuesta, el gobierno estadounidense ha hecho el proceso mucho más difícil para los solicitantes, sobre todo a la hora de evaluar los méritos de las solicitudes. Por esta razón hay que reiterar la importancia de la transparencia y la buena fe en todo momento de este proceso, por más tedioso y molesto que pueda ser.

Paso 4: **Entregar el formulario y esperar la respuesta.** Recuerde que, todo este proceso se hace a través de un solo formulario (ETA 9089) que se entrega por Internet. Una vez entregado, hay que esperar un tiempo. Como dije antes, la diligencia puede tardar unos tres meses, y hay que tener cuidado de seguir en estatus en el país mientras se está en trámite. Recuerde que la respuesta irá al empleador, no al beneficiario. Si no recibe ninguna respuesta, es posible mirar el estatus de su caso por Internet, haciendo uso del número de identificación que le dieron con la confirmación de la solicitud, en el sitio web del Departamento de Trabajo que se encarga de este formulario: www.plc.doleta.gov.

En caso de que la solicitud sea rechazada, se puede volver a solicitar la Certificación Laboral siempre y cuando la petición inicial no haya sido denegada por fraude. La apelación de una negación de Certificación Laboral puede tardar hasta seis meses y como siempre, tiene que ser iniciada por el empleador, no por el beneficiario. Como el proceso es nuevo, realmente no puedo ofrecer tiempos más exactos. Mucha gente ahora está optando por solicitarla de nuevo, especialmente si la negación se produjo por un error técnico, como por ejemplo, si el título de ocupación fue incorrecto, o si no se siguieron las pautas de los anuncios. Uno puede volver a solicitar la Certificación Laboral todas las veces que quiera, y ahora sí el proceso está empezando a producir resultados, buenos o malos, en cuarenta y cinco días.

Segunda fase: Cómo solicitar la residencia legal con la Certificación Laboral aprobada

Una vez aprobada la Certificación Laboral, tiene que esperar su turno en la cola de espera. Después se puede empezar a gestionar la petición de residencia con el DHS. Acuérdese una vez más, que si el individuo no está en estatus o protegido por la sección 245(i), no hay nada que hacer, a menos que la persona esté fuera del país y no haya acumulado presencia física ilegal aquí que lo expone a una penalidad de tres o diez años. Si el individuo tiene la Certificación Laboral y está en el país legalmente, puede empezar el proceso de adquirir la residencia permanente.

Cómo preparar su solicitud para la residencia después de conseguir la Certificación Laboral

En la siguiente página encontrará una tabla con todos los formularios necesarios (y sus gastos asociados) para completar la solicitud de residencia, junto con una explicación del porqué de cada formulario.

Cómo preparar los formularios

Formularios requeridos

Primera fase (Certificación Laboral): ETA 9089. El formulario ETA 9089 es el único que hace falta para solicitar la Certificación Laboral. A finales de esta sección, en la página 122, encontrará el formulario ETA 9089 y la traducción al español. Es larguísimo y hasta yo, como abogado, le puedo decir que es intimidante. Son catorce páginas de preguntas y casillas, pero haciéndolo detenidamente se sale adelante. Bajo el nuevo sistema, el formulario ETA 9089 sólo puede entregarse por Internet. Se consigue en la

Formulario	Concepto	¿Requerido?	Costo
Primera fase:			
ETA 9089	Solicitud de Certificación para Empleo Permanente	Sí	$0
I-140	Solicitud de Inmigrante para Trabajador Extranjero	Sí	$475
Segunda fase:			
I-485	Solicitud para Registrar Residencia o Cambio de Estatus	Sí (por cada miembro de la familia)	$930 por solicitante $600 si son menores de 14 años
	Registro biométrico (huellas dactilares)	Sí (por cada miembro de la familia)	$80
I-131*	Solicitud de Documento de Viaje	No, sólo si desea viajar fuera de EE.UU.	$305
I-765	Solicitud de Autorización de Empleo	Sí	$340
G-28	Notificación de Aparición de Abogado o Representante	No, sólo si contrató a un abogado	$0
I-693	Examen médico	Sí	$0

*Esto no lo recomiendo a aquellos solicitantes cubiertos por la sección 245(i), porque podría ser problemático salir del país mientras está amparado por este recurso.

página web http://workforcesecurity.doleta.gov/foreign/pdf/9089form.pdf. Una vez completado, se carga el formulario en la página web del Departamento de Trabajo (http://www.plc.doleta.gov/), y en unas dos semanas mandará al empleador una confirmación para avisarle que la solicitud se recibió sin problemas. Aunque el proceso de hacer la solicitud ETA 9089 por Internet es tedioso y extenso, por lo menos no hay ningún gasto asociado con ella.

Si no lo aprueban, hay dos posibilidades: la Certificación Laboral le es negada y dentro de un mes le mandarán una explicación o le hacen una auditoría a la solicitud; es decir, la revisan para verificar la información en la solicitud. Después, si todo está bien, la aprobarán y el solicitante podrá empezar a tramitar la residencia con el DHS. Hay que tener en cuenta que ahora el proceso es mucho más difícil que antes, porque ya no le dan la oportunidad de corregir la solicitud. Si se la niegan, hay que empezar de nuevo, a veces volviendo a pagar los anuncios, cosa que es terrible.

Segunda fase (residencia): Después de la aprobación del ETA 9089. Para solicitar la residencia con el DHS, el primer formulario que se llena es el I-140 para el cambio de estatus. Es bien sencillo y aunque usted lo puede llenar, debe ser firmado por el empleador. Junto con el I-140 se envía la aprobación original de la Certificación Laboral enviada por el Departamento de Trabajo; esta es la aprobación del formulario ETA 9089, y mostrará un sello de agua con tres colores. El empleador también necesita incluir una carta confirmando que sigue interesado en contratar los servicios del beneficiario.

A este paquete hay que añadir, junto con el I-140, una copia de la declaración de renta más reciente del empleador, además de la declaración que entregó al IRS cuando se envió la solicitud para la Certificación Laboral. Esto se hace para demostrar que el empleador tenía los recursos económicos para pagar al empleado en cuestión cuando se entregó la solicitud para la Certificación Laboral, y que aún los tiene, ahora cuando se entrega la solicitud de residencia. Son cientos de solicitudes que se estrellan contra este valladar porque el DHS revisa minuciosamente las declaraciones de renta del empleador, y si decide que los ingresos reportados no son suficientes, el I-140 será negado. Así de fácil. Murió la flor. Moraleja: antes de iniciar este proceso, hay que asegurarse de que las declaraciones de impuestos del empleador están en regla para evitar problemas más adelante. También hay que incluir el formulario I-485 para el ajuste de estatus, uno por cada solicitante de ajuste de estatus. Es decir, si usted está solicitando el ajuste de estatus y tiene dos hijos que necesitan ajustar también su estatus, habrá que llenar un I-485 por cada uno de ellos y pagar los gastos correspondientes de cada uno. Lo demás es lo de siempre: partidas de nacimiento, certificados de matrimonio, fotos de pasaporte (cuatro por beneficiario), y los gastos administrativos del formulario I-485 ya mencionados en la página 115. Cuando se solicita el ajuste de estatus con el I-140, el proceso puede tardar hasta veintidós meses. También se puede pagar, si lo permite el DHS, un incentivo (como en algunos otros casos) para que se adjudique la solicitud más rápido, con el formulario I-907. Para más información acerca de cómo llenar el formulario I-485, véase el capítulo 5.

Finalmente también hay que incluir, para el solicitante principal y cualquier dependiente que quiera trabajar, el formulario I-765, que le permitirá trabajar mientras su solicitud de cambio de estatus está pendiente. Este formulario suele ser el más rápido; normalmente tarda unos tres meses en ser procesado.

Formularios opcionales

Junto con el formulario I-485 puede ser conveniente entregar el formulario I-131, que le permitirá viajar fuera del país mientras su solicitud está en curso. Al igual que la petición del I-765 (permiso de trabajo), la del I-131 suele tardar unos tres meses en ser aprobada. Para los que están protegidos por la sección 245(i) no recomiendo este recurso, porque para ellos puede ser problemático salir del país. Si decide utilizar los servicios de un abogado o representante legal, hará falta también el formulario G-28, la declaración de representación legal donde tiene que poner el nombre y algunos datos básicos del individuo o la entidad que lo representa ante el DHS. Este formulario no tiene ningún costo.

Antes de entregar la solicitud: preguntas frecuentes

¿Cómo hago para pagar los gastos asociados con los formularios?

Como he mencionado anteriormente, hay que incluir *cashier's checks* (cheques del banco que se pagan al instante) o giros postales para cubrir los gastos de cada formulario. En lugar de pedir un solo cheque o giro postal para todos los gastos, yo siempre recomiendo pagar cada formulario por separado porque así se evitan problemas administrativos si se pierde uno en el correo, o si alguien le roba el cheque. A mis clientes yo siempre les recomiendo que compren los giros postales del servicio de correo (U.S. Postal Service) porque son más seguros en caso de que haya algún percance. También recomiendo a mis clientes que antes de mandar cualquier cheque o giro postal, que fotocopien todo, además de guardar el resguardo y el número de identificación del giro postal.

Me han dicho que tengo que hacerme un chequeo médico. ¿Cómo funciona esto?

Aparte de los formularios, todos los solicitantes al I-485 tienen que ir a un médico aprobado por el DHS —un cirujano civil (o *civil surgeon*)— para hacer una prueba de sangre para el SIDA, una radiografía del pecho y el examen de tuberculosis. El médico también le actualizará algunas vacunas, si hacen falta. Los abogados generalmente pueden recomendar un médico aprobado en su zona, pero si no, puede llamar al servicio de inmigración al 1-800-375-5283 o ir a la página web del DHS http://uscis.gov/graphics/exec/cs/index.asp, donde puede poner la ciudad, estado y código postal de la zona donde vive, y encontrará una lista de médicos en su zona que están autorizados a hacer este chequeo. Vale la pena llamar a uno o dos, ya que no hay tarifas fijas para estos servicios. El chequeo se cobra en el acto, en la consulta del médico. Puede costar entre $100 y $200. Al final del examen, el médico le dará un sobre sellado (uno por cada persona examinada), con los resultados de sus chequeos. Sin abrir el sobre, hay que incluir estos resultados en el paquete de la solicitud. En general el médico le dará una copia para su propia referencia.

Cómo armar el paquete

A continuación le ofrezco una lista completa de todos los elementos que hay que incluir en la solicitud además de los formularios y los cheques. Recuerde que si falta algo, su solicitud podría demorarse más tiempo.

❑ Una carta detallando el contenido de la solicitud: cheques, formularios, documentos

EL SISTEMA HA CAMBIADO

Los que están familiarizados con este proceso sabrán que según el sistema anterior, la solicitud se enviaba al centro del Departamento de Trabajo estatal más cercano y el solicitante esperaba que la sede local le dijera cómo y cuándo proseguir con el proceso. Después de ser notificada, la empresa seguía con un proceso de reclutamiento de personal, y entrevistaba a las personas que solicitaban el puesto. Luego enviaba al Departamento de Trabajo un "informe final de reclutamiento", con un resumen de sus esfuerzos de encontrar un candidato satisfactorio para el puesto, copias de anuncios en el periódico, las hojas de vida o currículum de los solicitantes y las razones por las que los solicitantes habían sido rechazados para el puesto. También existía un sistema alterno que se llamaba "RIR", en el cual el empleador realizaba su propio reclutamiento y después entregaba un informe de lo sucedido al centro de trabajo estatal. Este proceso era más rápido que el anterior, pero más revisado por problemas de fraude, pues existía muy poco control de parte del Departamento de Trabajo. El sistema ha cambiado en los últimos años, como he detallado.

- ❏ Formulario I-140
- ❏ Formulario I-485, uno por cada beneficiario
- ❏ Formulario I-131, uno por cada beneficiario (si desea viajar fuera del país)
- ❏ Formulario I-765, para cada adulto que quiere trabajar
- ❏ Formulario G-28, si tiene un abogado o representante legal
- ❏ La aprobación del formulario ETA 9089, enviado por Internet o el formulario antiguo que se llama ETA 750
- ❏ Una carta del empleador confirmando su interés en contratar al beneficiario
- ❏ La última declaración de renta del empleador
- ❏ Cheques: para el I-140; I-485; I-765; I-131
- ❏ Fotos de frente (no de perfil), tamaño pasaporte, cuatro por cada beneficiario
- ❏ Un sobre sellado con los resultados del chequeo médico, uno por cada beneficiario (formulario I-693)

❑ Una copia de la partida de nacimiento, por cada solicitante

❑ Una copia del certificado de matrimonio (si hay un cónyuge)

❑ Una copia del pasaporte (concretamente la página biográfica, la página donde aparece el formulario I-94 con la visa, y el sello de su última entrada al país)

Una vez reunidos todos los documentos (véase la lista anterior), firmados los cheques y llenadas las casillas de todos los formularios, hay que firmar los formularios. Después de este último paso, conviene hacer por lo menos una fotocopia de toda la documentación que se va a enviar al DHS. Así, si hay algún percance o irregularidad, estará preparado. También recuerde que cualquier documento que está en español debe ser traducido al inglés.

Dónde entregar la solicitud

Este paquete se debe mandar a:

USCIS Nebraska Service Center
P.O. Box 87485
Lincoln, NE 68501-7485

Después de entregar la solicitud

Unos veinte días después de entregar la solicitud, recibirá por correo los recibos oficiales para cada formulario entregado. Hay que leer estos recibos detenidamente, porque si hay algún error, tendrá que llamar al DHS para corregirlo. El recibo para el formulario I-485 vendrá con un aviso pidiendo que llame al DHS para concertar una cita para hacer el registro biométrico (huellas dáctilares) en un centro del DHS cerca de donde vive. Estos recibos son muy importantes, primero porque hay que traerlos todos a la cita para el registro biométrico, y luego porque son los únicos justificantes que tendrá para su solicitud. Con el número de identificación que lleva cada recibo, podrá ir a la página de Internet del DHS, www.uscis.gov, para seguir el curso de su solicitud. Hay que buscar *Case Status and Processing Dates* y de allí podrá introducir el número de la solicitud y averiguar en qué punto del proceso se encuentra. También se puede averiguar llamando al 1-800-375-5283, pero las esperas suelen ser largas. Después de esto, habrá que esperar, a veces meses, el aviso para la entrevista.

La cita para la entrevista suele llegar unos doce meses después de que DHS recibe la solicitud, y dura alrededor de una media hora. Su abogado o representante legal tiene el derecho de estar presente. Básicamente, le harán una serie de preguntas sobre la petición y el empleador. Algunas preguntas típicas que probablemente tendrá que contestar en esta entrevista son: ¿Qué tipo de trabajo hará para la empresa? ¿Cuántos empleados tiene la empresa? ¿A qué hora empezará a trabajar? ¿Cómo se enteró del trabajo? Y luego usted espera para la aprobación de la solicitud ahí mismo en la entrevista.

Si le rechazan la solicitud, es posible apelar la decisión a la Junta Administrativa de Apelaciones. Hay que seguir cuidadosamente las instrucciones en la misma página donde le dan la decisión; ahí verá adónde tendrá que ir para presentar la apelación, cuánto habrá que pagar y en qué plazo de tiempo tendrá que presentarla.

OMB Approval: 1205-0451
Expiration Date: 03/31/2008

Application for Permanent Employment Certification
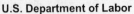
ETA Form 9089
U.S. Department of Labor

Please read and review the filing instructions before completing this form. A copy of the instructions can be found at http://workforcesecurity.doleta.gov/foreign/.

Employing or continuing to employ an alien unauthorized to work in the United States is illegal and may subject the employer to criminal prosecution, civil money penalties, or both.

A. Refiling Instructions

1. Are you seeking to utilize the filing date from a previously submitted Application for Alien Employment Certification (ETA 750)?	❑ Yes ❑ No

1-A. If Yes, enter the previous filing date

1-B. Indicate the previous SWA or local office case number OR if not available, specify state where case was originally filed:

B. Schedule A or Sheepherder Information

1. Is this application in support of a Schedule A or Sheepherder Occupation?	❑ Yes ❑ No

If Yes, do NOT send this application to the Department of Labor. All applications in support of Schedule A or Sheepherder Occupations must be sent directly to the appropriate Department of Homeland Security office.

C. Employer Information (Headquarters or Main Office)

1. Employer's name

2. Address 1

    Address 2

3. City	State/Province	Country	Postal code

4. Phone number	Extension

5. Number of employees	6. Year commenced business

7. FEIN (Federal Employer Identification Number)	8. NAICS code

9. Is the employer a closely held corporation, partnership, or sole proprietorship in which the alien has an ownership interest, or is there a familial relationship between the owners, stockholders, partners, corporate officers, incorporators, and the alien?	❑ Yes ❑ No

D. Employer Contact Information (This section must be filled out. This information must be different from the agent or attorney information listed in Section E).

1. Contact's last name	First name	Middle initial

2. Address 1

    Address 2

3. City	State/Province	Country	Postal code

4. Phone number	Extension

5. E-mail address

TRADUCCIÓN DEL FORMULARIO ETA 9089

A. Instrucciones para Reingreso

1. ¿Está usted buscando utilizar la fecha de su antigua solicitud ETA 750?

❏ Sí   ❏ No

1-A.   Si su respuesta es "Sí", indique la fecha

1-B.   Indique la Oficina del SWA anterior. Si no la tiene, indique el estado donde se ingresó la solicitud.

B. Categoría A o pastor de ovejas

1. ¿Esta solicitud es para respaldar la ocupación de la Categoría A o pastor de ovejas?

❏ Sí   ❏ No

Si su respuesta es "Sí", no envíe esta solicitud al Departamento de Trabajo. Este tipo de clasificaciones se debe enviar a la Oficina del Departamento de Seguridad Nacional.

C. Información del Empleador (Oficina Principal)

1. Nombre del empleador

2. Dirección

3. Ciudad   Estado/Provincia   País   Código postal

4. Número de teléfono   Extensión

5. Número de empleados   **6.** Año de inicio del negocio

7. FEIN (Número de Identificación Federal del Empleador)

8. Código NAICS (Sistema Norteamericano de Clasificación de Industrias)

9. ¿El empleador es una corporación estrechamente respaldada, o es una sociedad, o es el único propietario en la cual el extranjero tiene un interés en la propiedad, o hay una relación familiar entre los dueños, accionistas, corporativos, y el extranjero?

❏ Sí   ❏ No

D. Información del empleador —Contacto en la compañía

1. Apellido del contacto   Primer nombre   Inicial del segundo nombre

2. Dirección

3. Ciudad   Estado/Provincia   País   Código postal

4. Número de teléfono   Extensión

5. Correo electrónico

OMB Approval: 1205-0451
Expiration Date: 03/31/2008

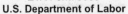

Application for Permanent Employment Certification
ETA Form 9089
U.S. Department of Labor

E. Agent or Attorney Information (If applicable)

1. Agent or attorney's last name	First name	Middle initial
2. Firm name		
3. Firm EIN	4. Phone number	Extension
5. Address 1		
Address 2		
6. City State/Province	Country	Postal code
7. E-mail address		

F. Prevailing Wage Information (as provided by the State Workforce Agency)

1. Prevailing wage tracking number (if applicable)   2. SOC/O*NET(OES) code

3. Occupation Title   4. Skill Level

5. Prevailing wage   Per: (Choose only one)
$ ❑ Hour   ❑ Week   ❑ Bi-Weekly   ❑ Month   ❑ Year

6. Prevailing wage source (Choose only one)
❑ OES   ❑ CBA   ❑ Employer Conducted Survey   ❑ DBA   ❑ SCA   ❑ Other

6-A. If Other is indicated in question 6, specify:

7. Determination date   8. Expiration date

G. Wage Offer Information

1. Offered wage
From: To: (Optional)   Per: (Choose only one)
$ $ ❑ Hour   ❑ Week   ❑ Bi-Weekly   ❑ Month   ❑ Year

H. Job Opportunity Information (Where work will be performed)

1. Primary worksite (where work is to be performed) address 1

Address 2

2. City   State   Postal code

3. Job title

4. Education: minimum level required:
❑ None   ❑ High School   ❑ Associate's   ❑ Bachelor's   ❑ Master's   ❑ Doctorate   ❑ Other

4-A. If Other is indicated in question 4, specify the education required:

4-B. Major field of study

5. Is training required in the job opportunity?   5-A. If Yes, number of months of training required:
❑ Yes   ❑ No

TRADUCCIÓN DEL FORMULARIO ETA 9089

E. Información del agente o abogado (si aplica)

1. Nombre del agente o abogado

2. Nombre de la compañía

3. FEIN (Número de identificación federal del empleador)

4. Número de teléfono

Extensión

5. Dirección

6. Ciudad   Estado/Provincia   País   Código postal

7. Correo electrónico

F. Información del salario (emitido por la Agencia de Trabajo Estatal)

1. Número de seguimiento del salario (si aplica)

2. Código SOC/O*NET (OES)

3. Título de la ocupación

4. Nivel de habilidad

5. Salario $_____   Por (Escoja uno): ❑ Hora   ❑ Semanal   ❑ Bi-Semanal   ❑ Mensual   ❑ Anual

6. Fuente del salario: ❑ OES   ❑ CBA   ❑ Encuesta   ❑ DBA   ❑ SCA   ❑ Otro

   a. Si la respuesta es "otro", especifique:

7. Fecha de la determinación

8. Fecha de vencimiento

G. Salario ofrecido

1. Salario ofrecido   Desde: $ Hasta: $

Por: ❑ Hora   ❑ Semana   ❑ Bi-Semanal   ❑ Mensual   ❑ Anual

H. Información sobre la oportunidad de trabajo (Lugar)

1. Lugar principal donde se realizará el trabajo

2. Dirección   Ciudad   Estado/Provincia   Código postal

3. Título del trabajo

4. Educación mínima requerida:

   ❑ Ninguna   ❑ Colegio   ❑ Intermedia   ❑ Profesional

   ❑ Maestría   ❑ Doctorado   ❑ Otro

   a. Si respondió Otro a la pregunta 4, especifique la educación requerida

   b. Campo de estudio

6. ¿Se requiere entrenamiento?   ❑ Sí   ❑ No

   a. Si la respuesta es "Sí", ¿cuántos meses se requieren de entrenamiento?

OMB Approval: 1205-0451
Expiration Date: 03/31/2008

Application for Permanent Employment Certification
ETA Form 9089
U.S. Department of Labor

H. Job Opportunity Information Continued

5-B. Indicate the field of training:	

6. Is experience in the job offered required for the job?   6-A. If Yes, number of months experience required:

    ❑ Yes   ❑ No

7. Is there an alternate field of study that is acceptable?   ❑ Yes   ❑ No

7-A. If Yes, specify the major field of study:

8. Is there an alternate combination of education and experience that is acceptable?   ❑ Yes   ❑ No

8-A. If Yes, specify the alternate level of education required:

❑ None   ❑ High School   ❑ Associate's   ❑ Bachelor's   ❑ Master's   ❑ Doctorate   ❑ Other

8-B. If Other is indicated in question 8-A, indicate the alternate level of education required:

8-C. If applicable, indicate the number of years experience acceptable in question 8:

9. Is a foreign educational equivalent acceptable?   ❑ Yes   ❑ No

10. Is experience in an alternate occupation acceptable?   10-A. If Yes, number of months experience in alternate occupation required:

    ❑ Yes   ❑ No

10-B. Identify the job title of the acceptable alternate occupation:

11. Job duties – If submitting by mail, add attachment if necessary. Job duties description must begin in this space.

12. Are the job opportunity's requirements normal for the occupation?   ❑ Yes   ❑ No

    If the answer to this question is No, the employer must be prepared to provide documentation demonstrating that the job requirements are supported by business necessity.

13. Is knowledge of a foreign language required to perform the job duties?   ❑ Yes   ❑ No

    If the answer to this question is Yes, the employer must be prepared to provide documentation demonstrating that the language requirements are supported by business necessity.

14. Specific skills or other requirements – If submitting by mail, add attachment if necessary. Skills description must begin in this space.

TRADUCCIÓN DEL FORMULARIO ETA 9089

H. Información sobre la oportunidad de trabajo *(continuación)*

b. Indique el campo de entrenamiento

6. ¿Se requiere experiencia en el empleo ofrecido?   ❏ Sí   ❏ No

a. Si la respuesta es "Sí", ¿cuántos meses son requeridos?

7. ¿Se acepta algún campo de estudio alterno?   ❏ Sí   ❏ No

a. Si la respuesta es "Sí", ¿cuál es el campo principal de estudio?

8. ¿Se aceptaría la combinación de educación y experiencia?   ❏ Sí   ❏ No

a. Si la respuesta es "Sí", especifique la educación alterna aceptable:

❏ Ninguna   ❏ Colegio   ❏ Intermedia   ❏ Profesional

❏ Maestría   ❏ Doctorado   ❏ Otro

b. Si respondió Otro a la pregunta anterior, especifique ¿cuál?

c. Si aplica, indique el número de años de experiencia aceptable:

9. ¿Se acepta educación en el exterior?   ❏ Sí   ❏ No

10. ¿Se acepta experiencia en una ocupación alterna?   ❏ Sí   ❏ No

a. Si la respuesta es "Sí", especifique el número de meses de experiencia alterna aceptable.

b. Identifique el título de la ocupación alterna aceptable.

11. Responsabilidades del trabajo —descríbalas aquí.

12. ¿Los requerimientos para la oportunidad de trabajo son normales para la ocupación?   ❏ Sí   ❏ No

13. ¿Se requiere el conocimiento de algún idioma extranjero?   ❏ Sí   ❏ No

14. Especifique las habilidades específicas y otros requerimientos.

OMB Approval: 1205-0451
Expiration Date: 03/31/2008
Application for Permanent Employment Certification
ETA Form 9089
U.S. Department of Labor

H. Job Opportunity Information Continued

15. Does this application involve a job opportunity that includes a combination of occupations?	❏ Yes ❏ No
16. Is the position identified in this application being offered to the alien identified in Section J?	❏ Yes ❏ No
17. Does the job require the alien to live on the employer's premises?	❏ Yes ❏ No
18. Is the application for a live-in household domestic service worker?	❏ Yes ❏ No
18-A. If Yes, have the employer and the alien executed the required employment contract and has the employer provided a copy of the contract to the alien?	❏ Yes ❏ No ❏ NA

I. Recruitment Information

a. Occupation Type – All must complete this section.

1. Is this application for a **professional occupation**, other than a college or university teacher? Professional occupations are those for which a bachelor's degree (or equivalent) is normally required.	❏ Yes ❏ No
2. Is this application for a college or university teacher? **If Yes, complete questions 2-A and 2-B below.**	❏ Yes ❏ No
2-A. Did you select the candidate using a competitive recruitment and selection process?	❏ Yes ❏ No
2-B. Did you use the basic recruitment process for professional occupations?	❏ Yes ❏ No

b. Special Recruitment and Documentation Procedures for College and University Teachers –
Complete only if the answer to question I.a.2-A is Yes.

3. Date alien selected:
4. Name and date of national professional journal in which advertisement was placed:
5. Specify additional recruitment information in this space. Add an attachment if necessary.

c. Professional/Non-Professional Information – Complete this section unless your answer to question B.1 or
I.a.2-A is YES.

6. Start date for the SWA job order	7. End date for the SWA job order
8. Is there a Sunday edition of the newspaper in the area of intended employment?	❏ Yes ❏ No
9. Name of newspaper (of general circulation) in which the first advertisement was placed:	
10. Date of first advertisement identified in question 9:	
11. Name of newspaper or professional journal (if applicable) in which second advertisement was placed: ❏ Newspaper ❏ Journal	

TRADUCCIÓN DEL FORMULARIO ETA 9089

H. Información sobre la oportunidad de trabajo *(continuación)*

15. ¿Esta solicitud involucra una combinación de ocupaciones? ❏ Sí ❏ No

16. ¿La posición en esta solicitud se le está ofreciendo a la persona en la Sección J? ❏ Sí ❏ No

17. ¿La posición requiere que el extranjero viva en las instalaciones del empleador?

18. ¿La solicitud es para una empleada doméstica interna? ❏ Sí ❏ No

   a. Si la respuesta es "Sí", ¿existe un contrato y el empleador entregó una copia del mismo? ❏ Sí ❏ No

---

I. Información del reclutamiento

a. Tipo de ocupación

1. ¿La solicitud es para una **ocupación profesional,** diferente a un profesor de colegio o universitario? ❏ Sí ❏ No

2. ¿Esta solicitud es para un profesor de colegio o universitario? ❏ Sí ❏ No

Si la respuesta es "Sí", complete las preguntas 2A y 2B

2A. ¿Seleccionó al candidato utilizando un proceso de selección y reclutamiento competitivo? ❏ Sí ❏ No

2B. ¿Usó un proceso de selección básico para las ocupaciones profesionales? ❏ Sí ❏ No

b. Proceso de selección especial y documentación para profesores de colegio y universidades.

3. Fecha de selección del extranjero:

4. Nombre y fecha del diario nacional profesional donde se publicó el aviso:

5. Especifique información adicional del reclutamiento.

c. Información profesional/No profesional

6. Fecha de inicio del SWA

7. Fecha de terminación del SWA

8. ¿Se publicó el aviso en un diario del domingo? ❏ Sí ❏ No

9. Nombre del periódico (de circulación general) donde se publicó el primer anuncio.

10. Fecha del primer aviso identificado en la pregunta anterior.

11. Nombre del diario nacional profesional (si aplica) donde se publicó el segundo aviso:

   ❏ Diario   ❏ Periódico

OMB Approval: 1205-0451   Application for Permanent Employment Certification
Expiration Date: 03/31/2008   ETA Form 9089
                                         U.S. Department of Labor

---

I. Recruitment Information Continued

12. Date of second newspaper advertisement or date of publication of journal identified in question 11:

d. Professional Recruitment Information – Complete if the answer to question I.a.1 is YES or if the answer to I.a.2-B is YES.   Complete at least 3 of the items.

13. Dates advertised at job fair From: To:	14. Dates of on-campus recruiting From: To:
15. Dates posted on employer web site From: To:	16. Dates advertised with trade or professional organization From: To:
17. Dates listed with job search web site From: To:	18. Dates listed with private employment firm From: To:
19. Dates advertised with employee referral program From: To:	20. Dates advertised with campus placement office From: To:
21. Dates advertised with local or ethnic newspaper From: To:	22. Dates advertised with radio or TV ads From: To:

e. General Information – All must complete this section.

23. Has the employer received payment of any kind for the submission of this application?	❑ Yes ❑ No
23-A. If Yes, describe details of the payment including the amount, date and purpose of the payment :	
24. Has the bargaining representative for workers in the occupation in which the alien will be employed been provided with notice of this filing at least 30 days but not more than 180 days before the date the application is filed?	❑ Yes ❑ No ❑ NA
25. If there is no bargaining representative, has a notice of this filing been posted for 10 business days in a conspicuous location at the place of employment, ending at least 30 days before but not more than 180 days before the date the application is filed?	❑ Yes ❑ No ❑ NA
26. Has the employer had a layoff in the area of intended employment in the occupation involved in this application or in a related occupation within the six months immediately preceding the filing of this application?	❑ Yes ❑ No
26-A. If Yes, were the laid off U.S. workers notified and considered for the job opportunity for which certification is sought?	❑ Yes ❑ No ❑ NA

J. Alien Information (This section must be filled out. This information must be different from the agent or attorney information listed in Section E).

1. Alien's last name   First name   Full middle name
2. Current address 1
Address 2
3. City   State/Province   Country   Postal code
4. Phone number of current residence
5. Country of citizenship   6. Country of birth
7. Alien's date of birth   8. Class of admission
9. Alien registration number (A#)   10. Alien admission number (I-94)
11. Education: highest level achieved relevant to the requested occupation: ❑   None   ❑   High School   ❑   Associate's   ❑   Bachelor's   ❑   Master's   ❑   Doctorate   ❑   Other

---

TRADUCCIÓN DEL FORMULARIO ETA 9089

I. Información del reclutamiento *(continuación)*

12. Fecha del segundo aviso

d. Información del reclutamiento profesional

13. Fecha de la feria de empleo	Desde:	Hasta:
14. Fecha del reclutamiento en campo	Desde:	Hasta:
15. Fecha de publicación en el sitio web	Desde:	Hasta:
16. Fechas de publicación en organización profesional	Desde:	Hasta:
17. Fecha de publicación en bolsa de empleo en Internet	Desde:	Hasta:
18. Fechas en firma privada	Desde:	Hasta:
19. Fechas anunciadas en programa de empleos referidos	Desde:	Hasta:
20. Fechas anunciadas en la oficina universitaria	Desde:	Hasta:
21. Fecha de publicación en el diario local o étnico	Desde:	Hasta:
22. Fechas de publicación en radio o TV	Desde:	Hasta:

e. Información general

23. ¿El empleador ha recibido algún pago o beneficio por esta solicitud? ❑ Sí ❑ No

    a. Si la respuesta es "Sí", describa los detalles del pago, fecha y propósito del pago:

24. ¿Ha recibido el representante de negociación del extranjero un Aviso de Presentación de este formulario al menos 30 pero no más de 180 días antes de la fecha en que esta solicitud se solicitó? ❑ Sí ❑ No ❑ NA

25. Si no existe un representante de negociación, ¿se exhibió este Aviso de Presentación por 10 días laborables consecutivos en una localización visible del lugar de empleo? ¿Se dejó de exhibir el aviso al menos 30 pero no más de 180 días antes de la fecha en que esta solicitud se solicitó? ❑ Sí ❑ No ❑ NA

26. ¿Ha despedido el empresario a alguien que trabaja en la ocupación conectada a esta solicitud o en una ocupación relacionada durante los seis meses que preceden a esta solicitud? ❑ Sí ❑ No

26-A. Si la respuesta es "Sí", fueron los despedidos notificados y considerados para la oportunidad de empleo conectada a esta solicitud? ❑ Sí ❑ No ❑ NA

J. Información del extranjero

1. Apellido del contacto	Primer nombre	Segundo nombre	
2. Dirección			
3. Ciudad	Estado/Provincia	País	Código postal

4. Número de teléfono de su residencia actual

5. País de ciudadanía   **6.** País de nacimiento

7. Fecha de nacimiento   **8.** Forma de ingreso

9. Número de extranjero (A #)

10. Número de ingreso del extranjero (I-94)

11. Educación: ❑ Ninguna ❑ Colegio ❑ Superior

                  ❑ Profesional ❑ Maestría ❑ Doctorado ❑ Otro

Nota: "NA" quiere decir "No Aplica".

OMB Approval: 1205-0451   Application for Permanent Employment Certification
Expiration Date: 03/31/2008
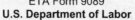
ETA Form 9089
U.S. Department of Labor

J. Alien Information Continued

11-A. If Other indicated in question 11, specify	
12. Specify major field(s) of study	
13. Year relevant education completed	
14. Institution where relevant education specified in question 11 was received	
15. Address 1 of conferring institution	
Address 2	

16. City	State/Province	Country	Postal code

17. Did the alien complete the training required for the requested job opportunity, as indicated in question H.5?	❑ Yes	❑ No	❑ NA
18. Does the alien have the experience as required for the requested job opportunity indicated in question H.6?	❑ Yes	❑ No	❑ NA
19. Does the alien possess the alternate combination of education and experience as indicated in question H.8?	❑ Yes	❑ No	❑ NA
20. Does the alien have the experience in an alternate occupation specified in question H.10?	❑ Yes	❑ No	❑ NA
21. Did the alien gain any of the qualifying experience with the employer in a position substantially comparable to the job opportunity requested?	❑ Yes	❑ No	❑ NA
22. Did the employer pay for any of the alien's education or training necessary to satisfy any of the employer's job requirements for this position?	❑ Yes	❑ No	
23. Is the alien currently employed by the petitioning employer?	❑ Yes	❑ No	

K. Alien Work Experience

List all jobs the alien has held during the past 3 years. Also list any other experience that qualifies the alien for the job opportunity for which the employer is seeking certification.

a. Job 1

1. Employer name			
2. Address 1			
Address 2			

3. City	State/Province	Country	Postal code

4. Type of business	5. Job title

6. Start date	7. End date	8. Number of hours worked per week

Nota: "NA" quiere decir "No Aplica".

TRADUCCIÓN DEL FORMULARIO ETA 9089

J. Información del extranjero *(continuación)*

11A. Si contestó Otro en la pregunta anterior, explique aquí.

12. Carrera estudiada   **13.** Año de terminación de estudios

14. Institución educativa donde estudió   **15.** Dirección

16. Ciudad   Estado/Provincia   País   Código postal

17. ¿El extranjero completó el entrenamiento requerido para el trabajo ofrecido?   ❑ Sí   ❑ No   ❑ NA

18. ¿El extranjero tiene la experiencia requerida para el trabajo ofrecido?   ❑ Sí   ❑ No   ❑ NA

19. ¿El extranjero posee una combinación de educación y experiencia alterna?   ❑ Sí   ❑ No   ❑ NA

20. ¿El extranjero tiene la experiencia en la ocupación alterna?   ❑ Sí   ❑ No   ❑ NA

21. ¿El extranjero adquirió alguna de la experiencia requerida con el empleador en una posición comparable con la posición solicitada?   ❑ Sí   ❑ No   ❑ NA

22. ¿El empleador pagó por la educación o entrenamiento necesario para satisfacer los requerimientos de la posición?   ❑ Sí   ❑ No

23. ¿Está el extranjero trabajando para el empleador?   ❑ Sí   ❑ No

K. Experiencia laboral del extranjero.

Enuncie todos los empleos que el extranjero ha ocupado en los últimos tres años. También enumere cualquier otra experiencia que lo califica para la oportunidad por la cual el empleador está solicitando la certificación.

a. Empleo 1

1. Nombre del empleador

2. Dirección

3. Ciudad   Estado/Provincia   País   Código postal

4. Tipo de compañía

5. Posición (Ocupación)

6. Fecha de inicio

7. Fecha de terminación

8. Número de horas trabajadas

Nota: "NA" quiere decir "No Aplica".

OMB Approval: 1205-0451
Expiration Date: 03/31/2008

Application for Permanent Employment Certification
ETA Form 9089
U.S. Department of Labor

K. Alien Work Experience Continued

9. Job details (duties performed, use of tools, machines, equipment, skills, qualifications, certifications, licenses, etc. Include the phone number of the employer and the name of the alien's supervisor.)

b. Job 2

1. Employer name			
2. Address 1			
Address 2			
3. City	State/Province	Country	Postal code
4. Type of business		5. Job title	
6. Start date	7. End date	8. Number of hours worked per week	

9. Job details (duties performed, use of tools, machines, equipment, skills, qualifications, certifications, licenses, etc. Include the phone number of the employer and the name of the alien's supervisor.)

c. Job 3

1. Employer name			
2. Address 1			
Address 2			
3. City	State/Province	Country	Postal code
4. Type of business		5. Job title	
6. Start date	7. End date	8. Number of hours worked per week	

TRADUCCIÓN DEL FORMULARIO ETA 9089

K. Experiencia laboral del extranjero *(continuación)*

9. Detalles de la posición ejecutada (Incluya herramientas, maquinaria, equipo, calificaciones, certificaciones, licencias, etc.)

b. Empleo 2

1. Nombre del empleador

2. Dirección

3. Ciudad   Estado/Provincia   País   Código postal

4. Tipo de compañía

5. Posición (Ocupación)

6. Fecha de inicio

7. Fecha de terminación

8. Número de horas trabajadas

9. Detalles de la posición ejecutada (Incluya herramientas, maquinaria, equipo, calificaciones, certificaciones, licencias, etc.)

c. Empleo 3

1. Nombre del empleador

2. Dirección

3. Ciudad   Estado/Provincia   País   Código postal

4. Tipo de compañía

5. Posición (Ocupación)

6. Fecha de inicio

7. Fecha de terminación

8. Número de horas trabajadas

OMB Approval: 1205-0451
Expiration Date: 03/31/2008

Application for Permanent Employment Certification
ETA Form 9089
U.S. Department of Labor

K. Alien Work Experience Continued

9. Job details (duties performed, use of tools, machines, equipment, skills, qualifications, certifications, licenses, etc. Include the phone number of the employer and the name of the alien's supervisor.)

L. Alien Declaration

I declare under penalty of perjury that Sections J and K are true and correct. *I understand that to knowingly furnish false information in the preparation of this form and any supplement thereto or to aid, abet, or counsel another to do so is a federal offense punishable by a fine or imprisonment up to five years or both under 18 U.S.C. §§ 2 and 1001. Other penalties apply as well to fraud or misuse of ETA immigration documents and to perjury with respect to such documents under 18 U.S.C. §§ 1546 and 1621.*

*In addition, I **further declare** under penalty of perjury that I intend to accept the position offered in Section H of this application if a labor certification is approved and I am granted a visa or an adjustment of status based on this application.*

1. Alien's last name	First name	Full middle name
2. Signature	Date signed	

Note – The signature and date signed do not have to be filled out when electronically submitting to the Department of Labor for processing, but must be complete when submitting by mail. If the application is submitted electronically, any resulting certification MUST be signed *immediately upon receipt* from DOL before it can be submitted to USCIS for final processing.

M. Declaration of Preparer

1. **Was the application completed by the employer?** If No, you must complete this section.	☐ Yes ☐ No

I hereby certify that I have prepared this application at the direct request of the employer listed in Section C and that to the best of my knowledge the information contained herein is true and correct. I understand that to knowingly furnish false information in the preparation of this form and any supplement thereto or to aid, abet, or counsel another to do so is a federal offense punishable by a fine, imprisonment up to five years or both under 18 U.S.C. §§ 2 and 1001. Other penalties apply as well to fraud or misuse of ETA immigration documents and to perjury with respect to such documents under 18 U.S.C. §§ 1546 and 1621.

2. Preparer's last name	First name	Middle initial
3. Title		
4. E-mail address		
5. Signature	Date signed	

Note – The signature and date signed do not have to be filled out when electronically submitting to the Department of Labor for processing, but must be complete when submitting by mail. If the application is submitted electronically, any resulting certification MUST be signed *immediately upon receipt* from DOL before it can be submitted to USCIS for final processing.

TRADUCCIÓN DEL FORMULARIO ETA 9089

K. Experiencia laboral del extranjero *(continuación)*

9. Detalles de la posición ejecutada (Incluya herramientas, maquinaria, equipo, calificaciones, certificaciones, licencias, etc.)

L. Declaración del extranjero

Yo declaro bajo pena de perjurio que las secciones K y J son correctas y verdaderas. Sé de antemano que si algún dato falso es dado por verdadero me haría sujeto a una multa o al encarcelamiento por hasta cinco años o ambas cosas bajo 18 U.S.C. 2 y 1001. Otros castigos se refieren al fraude y al uso incorrecto de documentos inmigratorios ETA y al perjurio con respecto a estos documentos bajo 18 U.S.C. 1546 y 1621.

Además declaro bajo pena de perjurio que tengo la intención de aceptar la posición ofrecida en la sección H de esta solicitud si una Certificación Laboral es aprobada y yo soy otorgado una visa o un ajuste de estatus basada en esta solicitud.

1. Apellido del extranjero   Primer Nombre   Segundo Nombre

2. Firma   Fecha

M. Declaración del preparador

1. ¿La solicitud fue preparada por el empleador?   ❑ Sí   ❑ No

Yo certifico que he preparado esta solicitud de acuerdo con el empleador nombrado en la sección C, y que según mi leal saber y entender la información contenida aquí es correcta y verdadera. Sé de antemano que si algún dato falso es dado por verdadero me haría sujeto a una multa o al encarcelamiento por hasta cinco años o ambas cosas bajo 18 U.S.C. 2 y 1001. Otros castigos se refieren al fraude y al uso incorrecto de documentos inmigratorios ETA y al perjurio con respecto a estos documentos bajo 18 U.S.C. 1546 y 1621.

2. Apellido del preparador   Primer nombre   Segundo nombre

3. Título

4. Correo electrónico

5. Firma   Fecha

OMB Approval: 1205-0451
Expiration Date: 03/31/2008

Application for Permanent Employment Certification
ETA Form 9089
U.S. Department of Labor

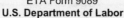

N. Employer Declaration

*By virtue of my signature below, **I HEREBY CERTIFY** the following conditions of employment:*

1. The offered wage equals or exceeds the prevailing wage and I will pay at least the prevailing wage.
2. The wage is not based on commissions, bonuses or other incentives, unless I guarantees a wage paid on a weekly, bi-weekly, or monthly basis that equals or exceeds the prevailing wage.
3. I have enough funds available to pay the wage or salary offered the alien.
4. I will be able to place the alien on the payroll on or before the date of the alien's proposed entrance into the United States.
5. The job opportunity does not involve unlawful discrimination by race, creed, color, national origin, age, sex, religion, handicap, or citizenship.
6. The job opportunity is not:
    a. Vacant because the former occupant is on strike or is being locked out in the course of a labor dispute involving a work stoppage; or
    b. At issue in a labor dispute involving a work stoppage.
7. The job opportunity's terms, conditions, and occupational environment are not contrary to Federal, state or local law.
8. The job opportunity has been and is clearly open to any U.S. worker.
9. The U.S. workers who applied for the job opportunity were rejected for lawful job-related reasons.
10. The job opportunity is for full-time, permanent employment for an employer other than the alien.

I hereby designate the agent or attorney identified in section E (if any) to represent me for the purpose of labor certification and, by virtue of my signature in Block 3 below, **I take full responsibility** for the accuracy of any representations made by my agent or attorney.

I declare under penalty of perjury that I have read and reviewed this application and that to the best of my knowledge the information contained herein is true and accurate. *I understand that to knowingly furnish false information in the preparation of this form and any supplement thereto or to aid, abet, or counsel another to do so is a federal offense punishable by a fine or imprisonment up to five years or both under 18 U.S.C. §§ 2 and 1001. Other penalties apply as well to fraud or misuse of ETA immigration documents and to perjury with respect to such documents under 18 U.S.C. §§ 1546 and 1621.*

1. Last name	First name	Middle initial
2. Title		
3. Signature	Date signed	

Note – The signature and date signed do not have to be filled out when electronically submitting to the Department of Labor for processing, but must be complete when submitting by mail. If the application is submitted electronically, any resulting certification MUST be signed *immediately upon receipt* from DOL before it can be submitted to USCIS for final processing.

O. U.S. Government Agency Use Only

Pursuant to the provisions of Section 212 (a)(5)(A) of the Immigration and Nationality Act, as amended, I hereby certify that there are not sufficient U.S. workers available and the employment of the above will not adversely affect the wages and working conditions of workers in the U.S. similarly employed.

_____
Signature of Certifying Officer

_____
Date Signed

_____
Case Number

_____
Filing Date

TRADUCCIÓN DEL FORMULARIO ETA 9089

N. Declaración del empleador

En virtud de mi firma aquí abajo, **YO CERTIFICO** las siguientes condiciones de empleo:

1. En salario ofrecido iguala o excede el salario prevaleciente y yo pagaré por lo menos el salario prevaleciente.

2. El salario no se basa en comisiones, bonos u otros incentivos, a menos que yo garantize un salario pagado semanal-mente, bisemanalmente, o mensualmente que iguale o excede el salario prevaleciente.

3. Tengo suficientes fondos para pagar el salario ofrecido al extranjero.

4. Podré poner al extranjero en nómina antes o en el mismo día en que el extranjero entre en Estados Unidos.

5. Esta oportunidad de empleo no conlleva discriminación ilegal de raza, credo, color, origen nacional, edad, sexo, religión, discapacidad o ciudadanía.

6. La oportunidad de empleo no:

   a. Está vacante porque el empleado antiguo está de huelga

   b. Está en discusión en un conflicto laboral

7. Los términos, las condiciones y el ambiente ocupacional no van en contra de la ley local, estatal o federal

8. La oportunidad de empleo ha estado y sigue estando abierta a cualquier empleado estadounidense

9. Los empleados estadounidenses que solicitaron el empleo fueron rechazados por razones legales relacionadas al trabajo

10. La oportunidad de empleo es para un puesto permanente y a tiempo completo que solicita a alguien diferente del extranjero

Yo designo al agente o abogado identificado en la sección E (si aplica) para que me represente con el propósito de la Certificación Laboral y, en virtud de mi firma aquí abajo, **me hago responsable** de la exactitud de la representación hecha por mi agente o abogado.

Yo declaro bajo pena de perjurio que he leído y repasado esta solicitud y que a mi leal saber y entender la información contenida en ella es correcta y verdadera. Sé de antemano que si algún dato falso es dado por verdadero me haría sujeto a una multa o al encarcelamiento por hasta cinco años o ambas cosas bajo 18 U.S.C. 2 y 1001. Otros castigos se refieren al fraude y al uso incorrecto de documentos inmigratorios ETA y al perjurio con respecto a estos documentos bajo 18 U.S.C. 1546 y 1621.

1. Apellido   Primer nombre   Segundo nombre

2. Título

3. Firma   Fecha

Nota: La firma y fecha no deben ser puestas cuando la submisión al Departamento de Trabajo es realizada electrónicamente para ser proce-sada, pero sí debe ser completada cuando se envía por correo. Si la solicitud es sometida electrónicamente, cualquier resultado de la certifi-cación debe ser firmada *immediatamente* por el Departamento de Trabajo antes de ser enviada al USCIS para su procesamiento final.

O. Uso exclusivo de la Agencia del Gobierno de EE.UU.

   Firma del oficial certificador   Fecha

   Número de caso   Fecha de recibo

Otras visas laborales

En esta sección analizaremos otras visas laborales de no-inmigrante que también forman parte del repertorio de oportunidades que pueden ser utilizadas para obtener su estatus en este país. La mayoría de estas visas de no-inmigrante no producen residencia por sí solas pero, como la visa H-1B, se pueden combinar con la Certificación Laboral, que a su vez producen residencias cuando solicitar un ajuste de estatus dentro del país o una visa de inmigrante, si se encuentra fuera del país.

Al igual que la visa H-1B, usted debe llenar el formulario I-129 junto con el suplemento que lleva la letra de la visa que está solicitando. Si gusta, refiérase a la página 87 para ver cómo se llena el formulario I-129.

Observe que algunas de estas visas se originan en EE.UU. y otras enteramente en el consulado. En general, si hay necesidad de un peticionario (normalmente el empleador), la visa se presenta en EE.UU. Si la visa se puede pedir para uno mismo, se puede originar en el consulado. Para más información, véase el capítulo 8.

Un resumen de las visas laborales:			
Clase	**Estadía inicial**	**Descripción**	**Posibilidad de renovación**
E-1	2 años	Visa de tratado bilateral que exige que haya comercio entre el país de origen del aplicante y EE.UU.	Hasta 2 años por extensión. No hay número máximo de extensiones, con ciertas excepciones.

Clase	Estadía inicial	Descripción	Posibilidad de renovación
E-2	2 años	Visa de tratado bilateral que exige que haya una inversión en EE.UU. de por lo menos $100.000 en un negocio. Note que la visa no exige que exista un negocio en el país de origen del aplicante.	Hasta 2 años por extensión. No hay número máximo de extensiones, con ciertas excepciones.
H-1B (ya mencionado al principio de este capítulo)	Un máximo de 3 años	Visa de profesional que exige que el solicitante que solicite venga a trabajar en una ocupación especializada. La visa es generalmente para personas que hayan terminado una carrera de por lo menos 4 años.	Incrementos de 3 años. Total de estadía hasta por 6 años.
H-1B1 Visa de libre comercio de un no-inmigrante profesional de Chile o Singapore	Un máximo de 3 años	Lo mismo que la anterior, pero con la ventaja de que hay 3.000 visas para solicitantes de esos países, lo que les da ventaja de poder solicitar y obtener una de las visas. Los otros solicitantes deben competir por un limitado número de visas que son entre 50.000 y 65.000 por año fiscal. También se llaman *fast track* (o sea, visas H-1B rápidas).	Períodos y/o incrementos de 3 años. Estadía total hasta por 6 años.
H-1B2	Un máximo de 3 años	Para trabajadores y científicos que hacen investigación y desarrollo.	Incrementos de 3 años. Total de estadía 6 años con ciertas excepciones.

Clase	Estadía inicial	Descripción	Posibilidad de renovación
H-1B3	Un máximo de 3 años	Para modelos de belleza.	Incrementos de 3 años. Total de estadía 6 años con ciertas excepciones.
H-1C	Un máximo de 3 años	Para enfermeras profesionales que trabajan en zonas deprimidas donde se necesitan profesionales médicos al servicio de la población.	Estadía total limitada a 3 años.
H-2A y H-2B	Un máximo de 1 año	Para trabajadores no profesionales que vienen a desempeñar funciones de trabajo en agricultura o en trabajos de "temporada" [*seasonal employment*/de *"Guest Worker program"*]. Muy utilizadas en California y Florida para las temporadas de zafra y final de cosecha de frutas como naranjas y fresas.	Misma validez que la Certificación Laboral con incrementos de 1 año para un gran total de 3 años.
H-3	Entrenamiento para educación especial: un máximo de 18 meses	Visas para entrenar personal calificado. Asume que el empleador tiene en funcionamiento un programa para entrenar a estas personas.	Estadía limitada a 18 meses en total.

Clase	Estadía inicial	Descripción	Posibilidad de renovación
L-1A	Si llega a una oficina ya existente: un máximo de 3 años	Visa de ejecutivo que es transferido del exterior a EE.UU. para abrir una oficina o para trabajar como ejecutivo en una ya en existencia. También se puede transferir cuando la persona tiene acciones en la empresa foránea y viene a abrir una en EE.UU. en la cual tiene más o menos el mismo porcentaje en cuanto a ser dueño.	Períodos de 2 años con un total de 7 años.
L-1B	Si llega a una oficina ya existente: un máximo de 3 años. Si llega a una oficina nueva: un máximo de 1 año	Para empleados que vienen a realizar trabajos especializados de empresas con presencia en otro país y EE.UU.	Períodos de hasta 2 años con un gran total de 5 años.
0-1 y 0-2	Un máximo de 3 años	Para personas de habilidades extraordinarias en las ciencias, las artes, educación, negocios o deportes que han demostrado importancia sostenida a nivel nacional o internacional.	Períodos de 1 año.
P-1	Atletas y artistas individuales. Un máximo de 5 años	Para atletas y artistas de grupo. La persona puede ser un atleta individual o parte de un reconocido grupo artístico. Pueden ser miembros de circos, grupos musicales, etc. Se necesita un mínimo de dos individuos para formar un grupo.	Atletas individuales. Períodos de hasta 5 años con un total de 10 años.

Clase	Estadía inicial	Descripción	Posibilidad de renovación
P-2	Grupos de atletas y entretenimiento: un máximo de 1 año	Visas para programas recíprocos. Son programas de intercambio cultural que buscan fomentar las artes y la educación. La diferencia con la P-1 es que el grupo no tiene que haber existido antes.	Grupos de atletas y comparsas o conjuntos de entretenimiento. Un máximo de 1 año.
P-3	Personas que vienen a participar en programas culturales	Para programas culturales únicos. La persona actúa como artista o miembro de un grupo y viene sólo para una presentación o para crear un programa cultural único.	Un máximo de 1 año.
Q-1	Un máximo de 15 meses	Participantes en programas culturales diseñados por el Fiscal General de la nación con el propósito de proveerle al beneficiario entrenamiento práctico y empleo temporal. Además, se espera que la persona venga a compartir la historia y/o cultura de su país de origen.	Estadía total limitada a 15 meses.
R-1 y R-2	Un máximo de 3 años	Visas para religiosos, ministros, cantantes, profesores de escuelas dominicales. La R-2 es para el acompañante.	Períodos de 2 años con un máximo de 5 años.

A continuación encontrará más detalles acerca de las otras visas laborales más comunes para los hispanos.

La visa E: tratados bilaterales de amistad, comercio y navegación

La visa E es muy respetada pues está auspiciada por un tratado de inversión bilateral entre EE.UU. y el país de donde la persona es originario. Hay dos tipos de visas E: la visa E-1 y la visa E-2. La visa E-2 se diferencia de la visa E-1 en que ésta no exige que exista una empresa en el país que se está utilizando para calificar por el tratado. Lo que se requiere es que exista una inversión en un negocio de EE.UU. de por lo menos $100.000 o más a riesgo. Esta visa se origina en el consulado, y el trámite es rápido pues los consulados tienen ventanillas y cónsules especiales para visas de este tipo.

Fíjese bien que las visas E no dan residencia, ya que son visas de no-inmigrante. Son renovables para toda la vida pero no terminan en residencia. También recuerde que sólo el beneficiario principal puede trabajar; los cónyuges no pueden a menos que trabajen en el negocio en cuestión. Los hijos tampoco pueden trabajar. Sin embargo, los hijos solteros menores de 21 años están cubiertos por estas visas. Los hijos, por ejemplo, pueden asistir a la escuela mientras sus padres están en estatus bajo la visa E.

Dado que la visa E es bilateral, esta visa se aprueba de acuerdo a tratados. Por lo tanto, ocurre muchas veces que el gobierno de un país quiere aprobar una solicitud de visa pero su congreso no la aprueba, así que no todos los países tienen derecho a solicitar la visa. A continuación le doy los países latinoamericanos que pueden solicitar cada visa:

> *Fíjese bien que las visas E no dan residencia, ya que son visas de no-inmigrante. Son renovables para toda la vida pero no terminan en residencia.*

- **La visa E-1:** Argentina, Bolivia, Chile, Colombia, Costa Rica, Honduras, México y Paraguay

- **La visa E-2:** Argentina, Chile, Colombia, Costa Rica, Honduras, México, Panamá y Paraguay

Los beneficiarios de estas visas pueden viajar cuando quieran una vez que sus visas estén plasmadas en sus pasaportes. No necesitan un permiso de trabajo como tal a menos que quieran solicitar un permiso de trabajo, pues la mera visa los hace elegibles para trabajar y residir aquí. Para efectos prácticos sí pueden vivir en EE.UU. pues, mientras el negocio inicial continúe, las visas son renovables de por vida. Sin embargo, es crucial entender que son visas de no-inmigrante que exigen que por lo menos se salga del país para ser renovadas.

Le recuerdo que no hay posibilidad de pasar de la visa E-1 o la E-2 a la residencia permanente. La E es, por lo tanto, una visa estrictamente de inversionista que asume que la persona no va a intentar residir aquí permanentemente. Sin embargo, la intención es la de permanecer en el país con la visa E-1 o E-2 indefinidamente sin darles residencia.

La visa E-1

La E-1 asume la existencia de un tratado entre las naciones en cuestión y exige que haya un flujo "sustancial" de recursos o fondos que puedan demostrar que las dos empresas en los dos distintos países están involucrados en comercio constante. El comercio puede ser en servicios de consultoría, turismo, seguros y otros rubros. Como ya mencioné, las visas son otorgadas por períodos de veinticuatro meses y son renovables.

> *La visa E-1 se da por dos años renovables solamente mientras exista la relación entre la empresa del país en cuestión y la empresa situada en EE.UU.*

El solicitante de la visa E-1 debe de ser alguien que trabaja para la compañía, ya sea como ciudadano del país del tratado o alguien que posee por lo menos el 50 por ciento de la compañía. La visa E-1 se da por dos años renovables solamente mientras exista la relación entre la empresa del país en cuestión y la empresa situada en EE.UU. La ley reza que el comercio entre la empresa foránea y la situada en EE.UU. debe de ser "sustancial", lo cual es definido como un intercambio de servicios, mercaderías o ideas que sea constante. Para efectos prácticos hay que demostrar que hay inventario, recibos, cartas de embarque, recibos de fletes, declaraciones de impuestos, fotos, etc., que muestran la continuidad del comercio entre las dos empresas. Las fotos, aunque no lo crean, son importantes pues demuestran cómo se hace el comercio, qué es lo que se envía, cómo se envía, etc. Esto es así porque el "volumen" de las cosas que se intercambian es más importante que el valor de las mismas. Finalmente, es importante observar que si un embargo comercial se le impone al país que se usa para calificar, entonces la visa deja de ser pues el flujo comercial se detiene.

La visa E-2

La visa E-2 se diferencia de la visa E-1 en que ésta no exige que exista una empresa en EE.UU. para calificar para el tratado. Lo que se requiere es que exista una inversión en un negocio estadounidense de por lo menos $100.000 o más a riesgo. Es decir, una inversión activa y no solamente tener, por ejemplo, el dinero en el banco sin que se esté usando. Esto es importante explicarlo. No se puede simplemente tener dinero en el banco o en la casa en la que se habita y entonces decir que usted tiene inversiones en EE.UU. La visa E-2 exige que usted invierta sus fondos en equipo o infraestructura, o que demuestre que su empresa o negocio genera la cantidad de por lo menos $100.000 al año en servicios, y que por lo tanto la inversión es seria. Fíjese bien que no estamos hablando de inversiones estáticas.

Por ejemplo, haber heredado un negocio no es suficiente para calificar para esta visa. Por otro lado, sacar una segunda hipoteca en su casa para invertir en el negocio sí califica como capital puesto en riesgo. Lo importante es que los fondos invertidos tengan la posibilidad de ser perdidos en caso que la inversión se haga incorrectamente.

> *La visa E-2 requiere una inversión activa y no solamente tener, por ejemplo, el dinero en el banco sin que se esté usando.*

Antes de solicitar la visa, es importante pedir una valuación del negocio a un contador público. Esto se hace para cubrir el requisito de que el negocio tenga una inversión de por lo menos $100.000. Lo que se evalúa es el inventario, la estructura, préstamos, líneas de crédito, cuentas por cobrar, etc. El negocio no debe ser usado simplemente para subsistir; de ser sólo para ese uso, la visa será negada.

El proceso y los documentos requeridos para ambas visas

Las visas E tienen la particularidad de que se radican directamente en los consulados. El paquete se prepara y la persona se presenta en el exterior, donde el cónsul será el que decida los méritos de la solicitud. El proceso no dura más de tres meses desde el momento en que se somete la solicitud.

La manera en que se radica la visa es fácil. Se completa el formulario I-129 (valor $320) con el suplemento E, se juntan todos los documentos necesarios y se presenta en el consulado correspondiente. Es importante presentar los documentos completos. Estos documentos son, por ejemplo, hablando de la visa E-1:

- Los papeles legales demostrando que la empresa en su país está debidamente incorporada y la misma ha pagado sus impuestos, referencias bancarias de las instituciones financieras que trabajan con el empresario
- Las facturas de los últimos seis meses para probar que la empresa sí está enfrascada en el flujo comercial entre el país del solicitante y EE.UU.
- Lista de empleados y los impuestos que ellos han pagado localmente
- Fotos de la empresa y un plan de negocios explicando el futuro comercial de la compañía

En el consulado también tienen que entregarse las partidas de nacimiento de los aplicantes, y la partida de matrimonio en caso de que existan cónyuges. El cónyuge y los hijos sólo tienen que llenar el formulario OF-156.

Los documentos de la empresa aquí en EE.UU. que se necesitan presentar son:

- Documentos legales probando que hay una empresa legalmente incorporada en EE.UU. que está ligada comercialmente con la empresa en el país del solicitante

- Documentos probando que los fondos están invertidos en la empresa y que no están simplemente en un banco ganando intereses
- Facturas comerciales probando que la dirección del flujo comercial está enfocada hacia el país del solicitante
- Un plan de trabajo y cualquier otro documento que demuestre la existencia de la empresa en EE.UU.

Ahora, si la visa es una E-2, sólo se presentan los documentos locales, puesto que este tipo de visa E se prueba con documentos locales demostrando que la inversión de más de $100.000 está a riesgo. Todos los otros requisitos que anteriormente se mencionaron como necesarios para la visa E-1 también se aplican aquí.

Algunos ejemplos típicos de la visa E-2 son aquellas inversiones que se hacen vía franquicias comerciales. Por ejemplo: usted puede comprar una franquicia de comida rápida —Burger King, Subway, etc.— y si usted demuestra que la inversión es más de $100.000 no tendrá problemas, pues todo el mundo sabe que esas franquicias tienen un plan de trabajo sólido que contiene una estructura física y comercial seria.

Los casos más grises son aquellos basados en inversiones *sui generis* enraizadas en aventuras comerciales ingeniadas por los solicitantes. Dichas ideas pueden ser materializadas en empresas de exportación, pequeños restaurantes de comidas étnicas, empresas de servicios de mantenimiento de bienes raíces, inversiones en propiedades de finca raíz, servicios de mensajería y otros. En estos ejemplos es vital mostrar cómo los fondos se piensan invertir, siempre tomando en cuenta que los mismos deben estar a riesgo. Los fondos pueden ser activos tangibles o cartas de crédito asumibles y destinadas para la empresa. Por favor, observe que ahora está de moda comprar y vender casas. Al DHS no le gusta este tipo de negocio, pues el dinero que se realiza de la venta de casas bajo un esquema personal puede ser fácilmente abandonado.

En otras palabras, no es lo mismo tener una empresa dedicada a la compra y venta de casas que ser alguien que se ocupe de comprar y vender propiedades sin las ataduras y los riesgos comerciales asociados con manejar una empresa seria. El DHS quiere algo serio y duradero del cual se pueda maximizar el beneficio no sólo comercial, sino fiscal para el bien del país.

La visa H-2B: trabajadores temporales

La visa H-2B son visas para trabajadores temporales. Se hacen vía certificaciones laborales temporales. Hay que demostrar que no hay residentes o ciudadanos en EE.UU. que puedan hacer el trabajo que ellos harían y que su empleo no va a afectar los salarios de los residentes o ciudadanos que ya están trabajando. Deben demostrar que la necesidad de trabajo es ocasional (por temporada de recogida de fresas) y no algo que se hará siempre. Una vez que se aprueba la Certificación Laboral, se envía junto con el formulario I-129 (valor $320) y el suplemento H, y además se envía un arancel de $500 al DHS para la prevención del fraude. La admisión es por doce meses y se pueden obtener extensiones pero no más de 3 años. Sólo hay 66.000 visas H-2B disponibles por año. Es normal que el empleador pida o peticione a varios empleados con el mismo formulario; o sea, usando la misma petición. Las H-2B se usan mucho en Texas, California, Florida y Nueva York.

> *Con la visa H-2B, hay que demostrar que no hay residentes o ciudadanos en EE.UU. que puedan hacer el trabajo que usted haría.*

La visa L: para transferir ejecutivos entre empresas para que trabajen en EE.UU.

La visa L-1 es para profesionales ejecutivos, gerentes y personas de un conocimiento especializado o para inversionistas que vienen trasladados de sus países de origen para trabajar en EE.UU. Al igual que todas las visas que mencionamos en este capítulo, la L-1 es una visa de no-inmigrante, con la salvedad de que sí se puede solicitar la residencia después de que le hayan dado una extensión y de que el negocio o la empresa sea lo suficientemente fuerte como para justificar el cambio para un ajuste de estatus y permanecer en EE.UU.

Con la visa L se necesita un patrocinador dentro de EE.UU. que origine la petición. En general es una compañía con operaciones en EE.UU. que le pide la visa a un ejecutivo o un trabajador especializado fuera de EE.UU. También un accionista en la compañía que es dueño de más del 50 por ciento de la compañía puede obtener la visa L. Si la empresa a la cual se piensa trasladar ha existido por menos de un año, se le expedirá una visa L-1 por un período de un año. Si la empresa ha existido por más de un año, se le expedirá una visa L-1 por un período de hasta tres años.

Los requisitos son simples pero hay que seguirlos al pie de la letra porque el DHS cada día se pone más complicado con estas visas:

1. La empresa en el exterior y la empresa en EE.UU. tienen que estar relacionadas de manera que sean afiliadas o subsidiarias.
2. La persona que desea ir a EE.UU. para trabajar necesita ser un ejecutivo, un gerente de conocimiento especializado o un inversionista que ha trabajado en esa empresa por lo menos doce meses antes de solicitar.

Requisito #1. La primera premisa clave es que la empresa en el exterior y la empresa en este país estén relacionadas de manera que sean afiliadas o subsidiarias. Por ejemplo, la empresa en el exterior formada por varias personas abre una empresa en EE.UU. y traslada a un ejecutivo para que la dirija. Le vendría bien hacer un estudio de factibilidad antes de abrir la empresa para estar seguro de que la misma va a sobrevivir no sólo el primer año sino todas las extensiones.

La formación de la empresa en EE.UU. es muy fácil y no requiere de una inversión específica. Lo que sí se requiere es que la empresa exista legal y físicamente. No se puede formar una empresa sólo de papel (en el pasado se hacían muchas oficinas de garaje donde realmente el único propósito era el de obtener la visa). Por eso es conveniente hacer un estudio de factibilidad antes de la formación de la empresa aquí. Hay miles de historias de hermanos inmigrantes que vienen a este país y se les vende la idea de invertir para obtener su residencia cuando la premisa debiera ser invertir para comer de eso y después obtener su residencia. Como consecuencia de invertir sus prioridades o por dejarse llevar por malos consejos, miles de hermanos se han quedado sin dinero, sin visas y condenados a la ilegalidad.

Requisito #2. Hay tres categorías de personas que pueden obtener la visa L si se cumple con el primer requisito:

- **Ejecutivos (L-1A):** Debe existir una empresa en el exterior en la cual el ejecutivo que está peticionando haya trabajado por lo menos doce meses consecutivos de los últimos treinta y seis meses.
- **Un profesional con conocimiento especializado (L-1B):** Esta es una persona que por su experiencia y estudios tiene un grado de conocimiento especializado acerca del trabajo y las funciones de la compañía que lo está trasladando a EE.UU. De nuevo, este profesional debió haber trabajado en su empresa por lo menos doce meses consecutivos de los últimos treinta y seis meses.
- **Accionistas (L-1):** El accionista debe tener acciones en la empresa localizada en EE.UU. Debe ser dueño del más de 50 por ciento de la compañía entera para así demostrar que tiene control sobre la empresa, y de nuevo debió haber trabajado allí por lo menos doce meses consecutivos de los últimos treinta y seis meses.

Sigamos con el ejemplo bajo el Requisito #1. Ese ejecutivo que ayudó a formar la compañía en EE.UU. puede ser accionista de la empresa en el exterior o un empleado de confianza, pero lo importante es que la empresa en el exterior o los accionistas tengan acciones en la empresa de EE.UU. Preferiblemente si es la empresa de fuera la dueña de la empresa en EE.UU., el ejecutivo no tiene que ser accionista de la empresa americana, puede ser un empleado de orden especializada. Pero si es un accionista el que viene trasladado, ese accionista debe ser dueño mayoritario de las acciones de la empresa localizada en Estados Unidos —o sea, esa persona debe ser dueña de más del 50 por ciento de la compañía en EE.UU. Esto es así porque el DHS quiere que el trasladado, si es accionista en el exterior, tenga control de la empresa en EE.UU.

Los dependientes del L-1 son los L-2 y esta visa sí permite que el cónyuge del L-1 trabaje. Los menores de edad no pueden trabajar pero sí pueden permanecer aquí en estatus de dependientes.

Es muy importante comprender, como dije anteriormente, que la visa L-1 pudiera culminar en la residencia permanente si se hacen bien las cosas. Después del primer año bajo una L-1A se puede solicitar la residencia siempre y cuando la empresa en EE.UU. cumpla con los siguientes requisitos: que tenga por lo menos dos o tres empleados a tiempo completo, que la empresa haya tenido un rendimiento "sustancial" (cuya definición es sumamente vaga y que en la práctica significa, a veces, haber tenido ventas de más de $250.000), que exista un plan de expansión y, finalmente, que el ejecutivo o el accionista trasladado continúe actuando de manera puramente gerencial y no como un empleado más.

Sólo un buen abogado puede realmente pronosticar si el salto a la residencia después del primer año tiene buenas posibilidades de resultar en una aprobación, pues los factores son difíciles de barajar si no se tiene la experiencia de haber lidiado con el DHS previamente. Si se puede aplicar para la residencia, se envía el formulario I-140 (Solicitud de Inmigrante para Trabajador Extranjero, valor $475) junto con los formularios I-485 para el ajuste de estatus (valor $1.010) por cada uno de los solicitantes y sus dependientes. Este tipo de solicitud se tarda alrededor de doce meses. En los primeros tres meses el DHS enviará los permisos de trabajo (si fueron solicitados) y al final se producirá una entrevista en la localidad en que el peticionario está radicado. Muchas veces el DHS requiere más documentación y por lo tanto envían lo que se conoce como RFE, (*Request for Evidence* por sus siglas en inglés), que no es nada más que la requisición de documentos adicionales para comprobar la fortaleza de la empresa y/o su beneficiario. Por favor, observe que por ley, el que obtenga una visa L-1B (la de "conocimiento especializado") no podrá pedir residencia vía la empresa que lo trasladó.

> *Una persona que tiene la visa L-1, bajo ciertas condiciones, tiene la posibilidad de solicitar la residencia permanente.*

El proceso y los documentos requeridos para ambas visas

Igual que con la H-1B, sólo si se está "en estatus" se puede pedir la visa L dentro de EE.UU. De lo contrario, se requiere el proceso consular. El responsable de la empresa, ya sea aquí o en el exterior, es quien firma los formularios. El I-539 es firmada por el dependiente del solicitante principal de la L-1 que requiere de ese estatus. El proceso dura entre dos y tres meses a menos que pague $1.000 para que el DHS le dé una respuesta en quince días.

Los formularios que se llenan para la visa L-1 son:

- El I-129 junto con su suplemento L a un costo de $320
- El I-539 (si hay dependientes) a un costo de $300
- Un nuevo arancel de $500 para la supuesta prevención del fraude
- Si se quiere una respuesta en quince días laborables, se llena el formulario I-907 y se pagan $1.000 adicionales.

Los documentos que se necesitan para solicitar la visa L-1 están a continuación. De la empresa en el exterior se necesitan:

- Las pruebas de la formación de la entidad con el capital accionario
- Referencias bancarias, organigrama y lista de empleados
- Pago de impuestos por el último período
- Fotos de la empresa
- Facturas de los últimos seis meses
- Partidas de nacimiento y matrimonio si son aplicables

En la mayoría de los casos hay que describir todo esto en una carta introductoria. En general un abogado ayuda con esta carta, que debe incluir:

- Evidencia de que el solicitante será empleado en capacidad de ejecutivo, de administrador o como una persona con conocimiento especializado
- Evidencia de que el solicitante ha tenido un año de empleo a tiempo completo con la empresa del exterior durante los últimos tres años antes de enviar la solicitud

- evidencia de que el año de trabajo del aplicante en el exterior fue en una posición que fue de administración, ejecutiva, o que necesitaba un conocimiento especializado y que la educación, entrenamiento y empleo califican al aplicante para que haga los servicios en EE.UU. Sin embargo, el trabajo en el exterior no tiene que ser el mismo que el aplicante hará aquí.

De la empresa en EE.UU. se necesitan:

- Los documentos de la formación de la corporación (*articles of incorporation*)
- El número de empleador (FEIN, por sus siglas en inglés)
- El contrato de arrendamiento o la escritura del local
- Un plan de negocios para los próximos doce meses
- La licencia ocupacional del local
- El currículum de la persona que será trasladada

La visa O: para personas de aptitudes excepcionales

La visa O se usa para personas con habilidades extraordinarias y hay varias categorías de esta visa. La visa O-1A se otorga a las personas extraordinarias en las ciencias, artes, educación, negocios o deportes que puedan demostrar su prestancia a nivel nacional e internacional. Si la persona tiene méritos "extraordinarios" por los medios de comunicación, se utiliza la visa O-1B. Estos profesionales de la televisión deben demostrar sus habilidades con "documentación extensa". Las visas O-2 son para los cónyuges o aquellos que ayudan a los O-1. Estas personas incluyen a los coreógrafos, peluqueros y/o todos aquellos que puedan probar una relación extensa con el O-1 y cuya ayuda es necesaria para que el O-1 pueda funcionar como profesional.

"Habilidad extraordinaria" es el nivel que alcanza una persona que posee un nivel de conocimiento que sólo un pequeño porcentaje de individuos posee y que los ha ayudado a llegar al pináculo de sus profesiones. Las personas deben haber participado en jurados, haber publicado artículos o libros o sido miembros de organizaciones que requieren gran nivel de conocimiento.

Esta es una visa de no-inmigrante y se hace siempre vía un patrocinador (*sponsor*) o una persona o empresa que sea el peticionario radicado en EE.UU. Como en el caso de la mayoría de las visas, usted sólo va al consulado si quiere que le estampen la visa en su pasaporte o si esperó la aprobación de la visa en su país sin haber ingresado en EE.UU. para hacer un cambio de estatus. El proceso de aprobación de la visa O es corto. El DHS casi siempre da una respuesta en dos o tres meses.

> *Las personas que solicitan la visa O necesitan poder demostrar que poseen alguna "habilidad extraordinaria".*

Las visas se dan por períodos no mayores a tres años y para pedirlas se usa el formulario I-129 (valor $320) con el suplemento O. Esta es una visa obviamente difícil de obtener, pero que muchos de nuestros artistas y deportistas tienen y utilizan todos los días. Para presentarla, el solicitante de la visa O debe ser pedido por un agente en EE.UU. No es posible pedirse a uno mismo.

La visa P: para atletas y artistas de grupo

Igual que las visas O, hay varias clases de visas P. La P-1 es para aquellos atletas o miembros de grupos de entretenimiento que son "internacionalmente reconocidos". Para eso los artistas deben ser reconocidos en más de un país. Nuestros grupos musicales preferidos utilizan esta visa con mucha frecuencia. Los grupos musicales deben ser de por lo menos dos personas. Los miembros de un grupo pueden solicitar si el 75 por ciento de los integrantes del grupo han estado juntos por más de doce meses. Las visas P-2 son aquellas que se dan como parte de un programa "recíproco de intercambio cultural" entre agencias culturales de EE.UU. y sus homólogas en países involucrados en los mismos programas. Finalmente, las visas P-3 son para aquellas personas que entran en EE.UU. para participar como artistas en un programa "cultural único".

Aunque las visas O y P suenan parecidas, la visa O es casi siempre usada para artistas que han ganado fama sin ser miembros de un grupo en especial. Además es usada por atletas que vienen a competir como miembros de grupos de atletismo o por personas de carácter de reconocida importancia. La visa P es más para grupos o equipos.

Ésta también es una visa de no-inmigrante y necesita un peticionario en EE.UU. Casi siempre el solicitante no está en EE.UU. y espera la aprobación de la visa para después presentarse a los consulados para que le estampen la visa. El tiempo de aprobación es de unos dos a tres meses, si existe la documentación que certifica la importancia del atleta o del artista. Las posibilidades de aprobación son muy grandes. El formulario que se usa es el I-129 (valor $320) con el suplemento P.

Capítulo 3

Asilo

Cuando una persona viene a mi oficina a preguntarme si con su caso podrá obtener asilo, lo primero que hago es preguntarle: ¿Por qué se fue de su país? Y le aclaro que las personas que pueden pedir asilo en EE.UU. son aquellas que han salido de su país de origen por haber sido víctimas de persecución o amenazas en el pasado, o porque tienen un temor bien fundado de que si en el futuro regresan a su país serán víctimas de persecución.

El remedio inmigratorio de asilo es quizás uno de los más fuertemente establecidos en las leyes americanas. Ayuda a aquellas personas que abandonan sus lugares de origen y vienen a EE.UU. en busca de protección, paz, trabajo y suerte. Para calificar bajo el remedio de asilo, la persona debe comprobar que no puede regresar a su país de origen porque peligra su seguridad y en general, debe encajar en una de varias categorías, muy estrictas, pero que de cualquier manera encasillan el reclamo de asilo dentro de un número de normas establecidas, que al no ser seguidas o entendidas, terminan malogrando cualquier posibilidad de éxito.

Las leyes de asilo en EE.UU. protegen a aquellas personas que han padecido per-

> *Las leyes de asilo en EE.UU. protegen a aquellas personas que han padecido persecución en una (o varias) de las siguientes categorías: política, religiosa, racial, orientación sexual, por haber pertenecido a un grupo social definido*

secución en una (o varias) de las siguientes categorías: política, religiosa, racial, orientación sexual, o por haber pertenecido a un grupo social definido.

Requistos básicos

El formulario que se utiliza para solicitar asilo es el formulario I-589. No tiene costo alguno. Más adelante le diré cómo llenarlo correctamente, qué documentos se necesitan y adónde enviarlo según el estado en que haya solicitado el asilo. Además usted no tiene que estar en estatus, pero sí tiene que haber llegado a EE.UU. hace menos de un año. Para ser considerado un solicitante de asilo, la persona tiene que estar dentro de EE.UU. o en un puesto fronterizo (por ejemplo, en una frontera terrestre o acuática de EE.UU. Las más comunes son las de México o las del estrecho de Florida en el caso de los cubanos).

Recalco que es importante que si usted considera solicitar asilo debe demostrar que fue perseguido en su país o que tiene un temor bien fundado de regresar, o ambas cosas.

En cuanto al tipo de persecución, aunque los casos de asilo son muy variados, puede haber ocurrido por parte del gobierno o quizás por un grupo que se sale del control del gobierno (por ejemplo, la guerrilla).

A continuación encontrará algunos casos frecuentes en los que una persona padece de algún tipo de persecución:

- Le han torturado o arrestado no a consecuencia de haber cometido un crimen, sino por algunas de las categorías mencionadas anteriormente
- Su propiedad fue confiscada por el gobierno u otro grupo

> **Requisitos:**
> - El formulario I-589
> - Haber estado en EE.UU. por menos de un año antes de solicitar (con algunas excepciones)
> - Comprobar que fue perseguido en su país
> - No es necesario estar en estatus legal
> - Puede estar en EE.UU. o en un puesto fronterizo

- No le permiten trabajar
- Le obligan a actuar en contra de sus creencias religiosas

Quiero aclararle que ni este libro —ni ningún otro— puede abarcar todas las pruebas que se necesitan para tener un caso válido de asilo. Sólo el solicitante sabe lo que sufrió y vivió. Sólo la persona conoce cómo obtener las pruebas si éstas existen, pues en muchas ocasiones es imposible reunirlas precisamente debido a la represión que obligó a la persona a huir de su tierra. La función de quien prepara una solicitud de asilo es ayudar al solicitante a desenvolverse entre las muchas reglas que gobiernan este remedio inmigratorio.

¿Qué se entiende por persecución?

Aunque se ha mencionado varias veces el término persecución, vale la pena aclarar qué se entiende por dicha acción porque realmente no hay una definición específica. La ley entiende como persecución aquella acción o consecuencia que una persona ha sufrido por haber expresado sus ideas, sus posturas, sus convicciones o, simplemente, por haber pertenecido a un grupo social, étnico o religioso y por tal hecho ha visto su vida y seguridad amenazada por el gobierno o por grupos que se encuentran fuera del control del gobierno.

Hay que tener en cuenta que, como ya dije anteriormente, sólo se obtiene asilo si se puede enmarcar la persecución de que se ha sido objeto dentro de las categorías de persecución política, orientación sexual, orientación religiosa, pertenecer a un grupo social definido o por razones de raza. Por lo tanto, cuando usted relate o describa su solicitud de asilo SIEMPRE debe tener en cuenta que su audiencia (llámese oficial de asilo o juez de inmigración) espera que su caso encaje dentro de estascategorías para ayudarle a obtener asilo. De lo contrario, usted perderá esta oportunidad.

HE AQUÍ ALGUNOS EJEMPLOS DE CASOS CON ALTA PROBABILIDAD DE SER APROBADOS Y CASOS CON BAJA PROBILIDAD DE SER APROBADOS:

Hecho: A una persona en Colombia le ponen una bomba en su casilla de correo

NO SERÁ TENIDO EN CUENTA SI...

El solicitante nunca llega a demostrar que la bomba que le pusieron iba dirigida a él por causa de sus acciones políticas ni qué papel desempeñaba en la agrupación de un concejal y que se trató de la guerrilla.

El solicitante piensa que la naturaleza traumática del hecho y el considerarse víctima de este atentado contra su propiedad son motivos suficientes para ganar un caso de asilo en EE.UU.

SERÁ TENIDO EN CUENTA SI...

El solicitante llega a tener prueba de que la guerrilla incendió su apartado postal debido a su afiliación y participación en la campaña política de un concejal de Cali.

El solicitante demuestra su participación activa en la campaña del político, las amenazas de las que fue objeto, su participación en foros, su reconocimiento como activista y su aparición en la prensa junto al citado dirigente.

Hecho: Persecución de un simpatizante del candidato a la presidencia de México

NO SERÁ TENIDO EN CUENTA SI...

El solicitante de asilo dice que las autoridades lo maltrataron por bloquear una calle en el barrio de Polanco, en México D.F., durante un acto de protesta de Andrés Manuel López Obrador.

El solicitante desconoce la plataforma de López Obrador y no demuestra ninguna vinculación con la campaña de este político. Es decir, sólo fue detenido por estar en el lugar de la protesta.

SERÁ TENIDO EN CUENTA SI...

El solicitante dice que su postura ideológica y militancia en el grupo de López Obrador lo llevó a participar en una protesta y desde ese momento ha recibido amenazas contra su seguridad personal.

El solicitante demuestra su participación en la protesta por hacer parte activa del grupo de López Obrador a través de su afiliación, declaraciones, participación y movilización durante la campaña.

Dos tipos de asilo: afirmativo y defensivo

Hay dos maneras de solicitar asilo: una de manera afirmativa y la otra de manera defensiva. De manera afirmativa se solicita cuando la persona lo hace por voluntad propia y no por encontrarse en proceso de remoción. Esta solicitud se radica con el DHS por correo e Inmigración le da una cita.

En el caso **afirmativo**, la persona solicita el asilo y lo hace frente a un oficial administrativo de inmigración. Es decir, no frente a una Corte de Inmigración. Generalmente, tal como lo explico un poco más adelante, es un proceso no acusatorio en el cual no hay envueltos fiscales ni jueces, sino el solicitante, el entrevistador de asilo, un intérprete y el abogado, si es que la parte interesada acude a sus servicios. En los casos de asilo, el estatus del peticionario no importa —el peticionario puede estar en EE.UU. de forma legal o ilegal. Si la persona aplica de forma afirmativa y está aquí legalmente, si pierde el caso de asilo, eso es el fin del cuento y no hay otras repercusiones inmigratorias porque está con estatus legal. Pero si postuló de forma afirmativa y se encuentra en EE.UU. ilegalmente y pierde la solicitud, será referido a la Corte de Inmigración.

Este recuadro explica los posibles resultados de su caso de asilo, dependiendo de su estatus:

	Estatus legal	Estatus ilegal
Gana su caso de asilo	Puede postular para su residencia permanente en un año.	Puede postular para su residencia permanente en un año.
Pierde su caso de asilo	No pasa nada —pierde su caso y sigue en estatus.	Será referido a la Corte de Inmigración.

El asilo **defensivo** es cuando el remedio se presenta a nivel de Corte de Inmigración. La forma defensiva siempre ocurre cuando el solicitante está en EE.UU. de forma ilegal. He aquí algunos ejemplos:

El proceso de asilo en la afirmativa y la defensiva:		
	Proceso de asilo afirmativo	**Proceso de asilo defensivo**
¿El solicitante pide asilo voluntariamente?	Sí: el solicitante de asilo no ha sido puesto en el proceso de remoción.	No: El solicitante de asilo ha sido puesto en el proceso de remoción en una Corte de Inmigración.
¿Cómo se presenta el solicitante?	El solicitante de asilo afirmativo presenta su solicitud de asilo a un Centro del DHS.	El solicitante de asilo: • Es referido por un Oficial de Asilo. • Es puesto en proceso de remoción por violaciones inmigratorias. • Trató de entrar en EE.UU. en un puerto de entrada sin los documentos apropiados y fue encontrado que tenía un temor fundado de persecución o tortura.
¿Quién entrevista al solicitante?	El solicitante de asilo se presenta ante un Oficial de Asilo del DHS.	El solicitante de asilo se presenta ante un juez de inmigración en la Oficina Ejecutiva para Revisión Inmigratoria.
¿Cómo es la entrevista?	La entrevista no es acusatoria: todas las preguntas y respuestas están basadas en la solicitud y la explicación del peticionario acerca de lo que le pasó en su país.	Audiencia en la corte con un fiscal que acusa.

1. **Ser denegado de forma afirmativa:** Como expliqué anteriormente, cuando alguien se encuentra en EE.UU. ilegalmente y pierde su caso de asilo de forma afirmativa, será referido a la Corte de Inmigración. Su caso ahora es de asilo defensivo.

2. **Ser detenido en la frontera o encontrado con estatus ilegal en EE.UU.:** Cuando detienen a alguien con estatus ilegal y esa persona desea presentar un caso de asilo (aunque no había postulado por el asilo anteriormente).

En el segundo ejemplo, si fue detenida en la frontera, la persona no tiene la oportunidad de solicitar afirmativamente. Es decir, el entrar ilegalmente y ser detenido le roba una etapa del proceso.

Preguntas para calificar por una solicitud de asilo

La calificación del futuro solicitante de asilo es clave para un buen resultado. Es por eso que un buen abogado debería hacer las siguientes preguntas al sentarse a analizar los méritos en un caso de asilo y para las cuales usted debe tener una respuesta convincente.

- *¿Por qué el solicitante salió de su país de origen? ¿Fue por razones meramente económicas o realmente se sintió amenazado por alguna de las causas previamente mencionadas?*
- *¿Cómo salió del país? ¿Salió con visa? ¿Si es así, cuándo se la otorgaron? ¿Había entrado antes a EE.UU.? ¿Cuántas veces?* Si el solicitante había entrado antes, entonces el riesgo de su persecución disminuye pues el gobierno de este país asume que se pudo haber quedado aquí durante esos viajes en vez de regresar al lugar adonde supuestamente se llevó a cabo la persecución. Si ingresó ilegalmente la pregunta es si el gobierno lo detuvo a la entrada. Esto es clave pues si fue detenido, tendrá que solicitar asilo directamente con la Corte de Inmigración de manera defensiva, y por lo tanto no tendrá la oportunidad de solicitar asilo afirmativamente frente a un oficial.
- *¿Qué pruebas trajo el solicitante consigo? Si son denuncias, ¿ante quién fueron interpuestas? ¿Vienen selladas?* Hay varias entidades en los diversos países que reciben denuncias de amenazas. Por ejemplo, en México está la Procuraduría; en Colombia, la Policía Judicial e Investigación (SIJIN), los Centros de Atención Inmediata (CAI), el Departamento

Administrativo de Seguridad (DAS) y otros. En fin, también hay muchas otras organizaciones no-gubernamentales (ONG) que certifican casos de persecución denunciando violaciones de derechos humanos y cuyos informes son respetados por las autoridades de EE.UU. Como expliqué anteriormente, también se pueden adjuntar declaraciones juradas de personas que de alguna manera pueden confirmar los incidentes de persecución. Finalmente, los recortes de periódicos son pruebas muy importantes para el solicitante siempre y cuando hablen del incidente particular y no de temas generales que afectan de manera global la situación sociopolítica del país.

- *¿Qué parientes se quedaron en el país del solicitante?* Si los padres, hermanos y otros familiares se quedaron en el lugar de la persecución, entonces el reclamo de asilo disminuye a menos que se pueda probar que el problema no es de persecución familiar, sino de acciones personales.

- *¿El solicitante se trató de mudar dentro del país de origen?* Si la persecución, por ejemplo, se radica en el sur de México o en el norte de Ecuador, es importante saber si la persona intentó mudarse internamente para escapar de las amenazas o de los problemas.

- *¿Era factible la movilización? ¿O es que el grupo o actores responsables por la persecución actúan (como las FARC) a nivel nacional lo cual hace imposible una reubicación?*

- *¿En qué trabajaba la persona? ¿Tenía bienes? ¿Qué educación cursó?* Esto es importante para definir si la persecución es por motivos de extorsión económica o puramente personales. Es una falacia pensar que porque el solicitante tenía una posición económica cómoda y lo "abandonó todo" que eso, sin más causa, es suficiente para un asilo político. El hecho de haber trabajado para una empresa que fue objeto de extorsión económica tampoco da pie a un asilo. Sin embargo, existen algunas excepciones sobre problemas económicos, como por ejemplo, si la persecución se suscitó porque —como en Petróleos de Venezuela, S.A. (PDVSA)— todos los despidos fueron políticos. Otra salvedad es posible cuando el solicitante se fue del país por ejercer como contratista del gobierno y la guerrilla lo persiguió por eso, en combinación con su afiliación política.

- Aunque ya hablamos de esto, es bueno subrayar que si la persecución es política, aunque no es obligatorio, es recomendable tener pruebas porque resulta ser más efectivo en la práctica. En estos casos todo depende del testimonio del solicitante y su credibilidad.

- Si es por razones de orientación sexual se debe preguntar quién lo persiguió. *¿Fue la Iglesia? ¿Fue el Estado? ¿Fueron grupos que el Estado no puede controlar? ¿Qué dice la Constitución al respecto?*
- Si es por problemas religiosos, *¿cuál fue el problema? ¿Actuó la persona en funciones religiosas cuando ocurrió el suceso? ¿Acudió a las autoridades? ¿Hay precedentes de este tipo de persecución? ¿Qué pruebas tiene?*

Finalmente, es bueno resaltar que el presentar pruebas físicas (documentación) de persecución, como se ha dicho anteriormente, técnicamente no es mandatario, pero en la práctica sí es efectivo. En estos casos todo depende del testimonio del solicitante y su credibilidad.

Cómo aumentar la posibilidad de ser aprobado

Aproximadamente 50.000 personas solicitan asilo cada año en EE.UU., y más o menos un cuarto de esos casos han sido aceptados en el pasado.

> *Aproximadamente 50.000 personas solicitan asilo cada año en EE.UU., y más o menos un cuarto de esos casos han sido aceptados en el pasado.*

Recientemente, los países con la mayoría de solicitantes son China, Colombia, México, República Dominicana, Haití, y últimamente hay más y más casos que provienen de Venezuela y Guatemala.

La mayoría de las solicitudes se pierden porque son mal llenadas y no explican con suficientes detalles por qué y cómo el solicitante fue perseguido. No es muy difícil obtener asilo si usted fue perseguido y tiene miedo de regresar a su país de origen; lo grave es no saber llenar correctamente la solicitud o no tomar con seriedad el sistema.

Cuando me reúno con un solicitante de asilo, le aconsejo ser lo más específico posible al llenar su solicitud. Pensemos como si se tratara de una clase de periodismo donde siempre hay que contestar las siguientes preguntas: ¿qué? ¿quién? ¿cómo? ¿cuándo? ¿dónde? y ¿por qué? Ahora apliquemos ese conocimiento a su caso de asilo:

- **¿Qué** pasó exactamente? O sea, ¿qué le hicieron para que se sintiera perseguido o amenazado? Si usted dice, "me amenazaron", no es suficiente para ser tenido en cuenta. Pero en cambio si dice, "me incendiaron la casa", entonces ya está siendo más específico.

- **¿Quién** o quiénes lo están persiguiendo? En el caso del ejemplo anterior, ¿quién le quemó la casa? ¿Fue el gobierno, la mafia, la guerrilla o un vecino?

- **¿Cómo** ocurrió? Aquí hay que ser lo más específico posible. Es decir, relatar la historia diciendo por ejemplo: "Estaba en mi habitación y los guerrilleros tumbaron la puerta de mi casa y entraron disparando. Como logré escapar, incendiaron mi casa". O, "Estaba caminando por la calle cuando un auto se detuvo y un grupo guerrillero me secuestró".

- **¿Cuándo** pasó? O si pasó varias veces, será mejor si dispone de las fechas y las horas.

- **¿Dónde** pasaron los hechos? No basta con decir el nombre de la ciudad, es necesario ubicar la dirección exacta.

- **¿Por qué** sucedió? ¿Cuál fue la causa? Y esto es clave porque ahora tiene que hacer la conexión entre la persecución que vivió y cómo ésta se relaciona con una de las categorías que mencioné anteriormente. Usted debe demostrar que su persecución fue verdadera y legítima, o que tiene temor bien fundado de persecución. Este "¿por qué?" se describe con: ¿qué? ¿quién? ¿cómo? ¿cuándo? y ¿dónde? Por ejemplo, si usted fue amenazado, pero no fue miembro de un grupo político, social, religioso o no fue por su orientación sexual o su raza, entonces será muy difícil que su caso de asilo sea aceptado. He aquí un gráfico que explica esta conexión:

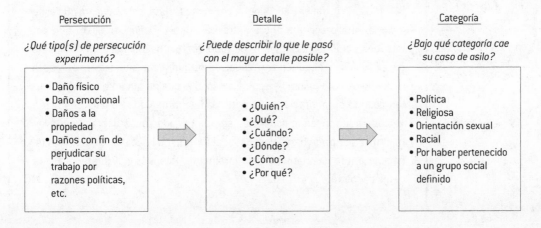

Persecución	Detalle	Categoría
¿Qué tipo(s) de persecución experimentó?	¿Puede describir lo que le pasó con el mayor detalle posible?	¿Bajo qué categoría cae su caso de asilo?
• Daño físico • Daño emocional • Daños a la propiedad • Daños con fin de perjudicar su trabajo por razones políticas, etc.	• ¿Quién? • ¿Qué? • ¿Cuándo? • ¿Dónde? • ¿Cómo? • ¿Por qué?	• Política • Religiosa • Orientación sexual • Racial • Por haber pertenecido a un grupo social definido

CAUSAS POR LAS CUALES SE LE PUEDE NEGAR LA PETICIÓN

La preparación del formulario es clave para obtener un resultado positivo, pero hay muchos errores que cometen los solicitantes que resultan en una negación de la solicitud. He aquí los ejemplos más comunes:

Mentiras blancas. A veces se comete el gran error de dejarse llevar por personas que inventan sus casos de asilo y que acuden a personas sin escrúpulos para preparar su solicitud. Muchas historias inventadas han dado resultado, pero no dejan de ser acciones fraudulentas que prostituyen nuestras leyes. Yo, personalmente, no acepto eso de "mentiras blancas". O la persona fue perseguida o no lo fue.

Notarios u otros estafadores. Cuando una persona en realidad fue perseguida por algunas de las categorías anteriormente reseñadas y acude a estos lugares en que se contrata a un "notario", "gestor", "tramitador", "experto" o "agente" —entre los que se encuentra más de un estafador—, su historia ya va coja, pues será descrita por estos individuos en la manera en que están acostumbrados a fabricar situaciones falsas sin importarles más que su propio bolsillo y olvidándose del dolor ajeno. Así que le recomiendo extremado cuidado, de esto dependerá el éxito de su gestión inmigratoria. No arriesgue la posibilidad de obtener asilo.

Entrada por México. Una de las mentiras más frecuentes que utilizan los preparadores de solicitudes sin alma, son aquellas en que le dicen al solicitante que mienta y diga que entró por México de manera ilegal. Error fatal. Si la persona ya ha entrado alguna vez como turista, ¿cree que un oficial de asilo le va a creer que ahora entró como ilegal? ¡Por supuesto que no! Después del 9/11 hay registro de todo. No hay necesidad de mentir, sino de explicar correctamente y saber cómo justificar sus movimientos. El gobierno de este país no se come a nadie, lo que no quiere es que le mientan cuando está ofreciendo oportunidades para quedarse bajo una razón verdadera. En muchas ocasiones se han ganado casos desmintiendo las mentiras que otros han colocado en el formulario I-589, pero esto hay que hacerlo antes de testificar bajo juramento. Después del juramento será demasiado tarde.

Que perdió todo. Un enorme mito al que se aferran muchos solicitantes de asilo es pensar que es importante decir que estaba económicamente bien en su país y que por lo tanto, eso, sin más, es suficiente para garantizar una solución favorable a su caso. Falso. Está claro que es duro abandonar su país y venir a éste y trabajar en lo que sea después de haber tenido un estatus económico y social diferente. Pero eso no es más que un ciclo de supervivencia por el cual muchos tenemos que pasar. Es parte del aprendizaje. No se puede, para sentirse emocionalmente bien, gritarle al mundo lo que perdimos y esperar por esto una aprobación de nuestro caso de asilo. Hay que tener en claro que haber perdido propiedades y dinero no es causa suficiente para ganar un caso de asilo, a menos que esa tragedia caiga dentro de las definiciones anteriormente señaladas en este capítulo. De lo contrario, las pérdidas económicas serán vistas por este gobierno como una consecuencia trágica, pero "normal" en sociedades convulsas sometidas a lo que muchos oficiales de asilo mal llaman: "delincuencia común", "extorsión" o, llanamente, "hechos aislados".

Otros casos de asilo son negados porque los solicitantes provienen de países en donde no hay persecución, como por ejemplo, Argentina. En Centroamérica, con la Ley NACARA para nicaragüenses, guatemaltecos y salvadoreños, muchos casos de asilo se convirtieron en casos de residencia, obviando la necesidad de contar esos casos dentro de las estadísticas de casos de asilo. (NACARA sólo es para cuidadanos de esos países que llegaron a EE.UU. antes del 1 de abril de 1990 o para quienes postularon para el TPS [*Temporary Protection Status*, o estatus de protección temporaria] y/o se registraron como un miembro del juicio conocido como ABC [*American Baptist Church*].)

También piense en la evidencia que usted tiene o puede obtener para demostrar lo que le sucedió. Al principio usted

La clave es hacer la conexión entre la persecución que vivió y cómo ésta se relaciona con una de las categorías mencionadas en el recuadro de arriba.

puede pensar que no tiene pruebas, pero después se acuerda que hubo un artículo en un periódico sobre lo que le pasó y también se acuerda que alguien tomó fotos. Y si esto último sucedió, entonces hubo un testigo que podría hacerle un *affidavit* (declaración jurada). Ahora usted cuenta con varios documentos que pueden demostrar la persecución a la que se vio expuesto.

> **Sus posibilidades de ser aprobado son mayores si postula de forma afirmativa.**

Sus posibilidades de ser aprobado también son mayores si usted se postula de forma afirmativa en lugar de hacerlo de forma defensiva.

Preguntas frecuentes

¿Cuál es la diferencia entre asilo y refugio?

Es el mismo remedio inmigratorio. La única diferencia consiste en que los refugiados hacen su solicitud desde su país de origen y los asilados ya han salido de sus países de origen y hacen su solicitud en EE.UU. o en un puesto fronterizo. Muchos de los refugiados hoy en día vienen de Europa oriental. Los solicitantes pueden hacerlo en las embajadas de EE.UU. en sus países para tratar de obtener el estatus de refugiado, el cual es muy difícil de obtener. El solicitante tiene que probar, igual que sucede con el asilo, que es un perseguido y que tiene miedo de permanecer en el país o un "buen fundado temor de regresar" debido a su raza, religión, nacionalidad, membresía en un grupo social o por su opinión política.

¿Hay cuotas o límites de visas por año para asilados?

Existe un número de límite de refugiados, no de asilados, por año. El año pasado eran 50.000 para los refugiados, pero el Congreso de EE.UU. puede cambiar este cupo. Esta es una decisión política que toma en cuenta emergencias por guerras civiles u otros fenómenos. Por ejemplo, hubo un aumento en el número de refugiados durante las guerras de los Balcanes para acomodar la gran cantidad de refugiados políticos de Bosnia, Montenegro y parte de lo que hoy es Croacia.

En la solicitud para obtener asilo, dice que estoy postulando por asilo y Withholding of Removal. ¿Qué es esto?

Withholding of Removal o abstención de remoción es cuando el solicitante postula por el asilo más de un año después de haber estado en EE.UU. y gana su caso. En este caso, porque postuló fuera del tiempo requerido (un año), sí puede obtener el estatus de abstención de remoción, pero no puede solicitar la residencia o la ciudadanía. Es decir, se queda en estatus legal de abstención de remoción permanentemente. Más adelante en la página 180 explicaré que hay tres excepciones a esta regla donde sí se puede permanecer en EE.UU. por más de un año y ganar el asilo y eventualmente la residencia permanente. Si el caso no es bajo esas excepciones, tendrá que obtener el estatus de abstención de remoción.

¿Cómo se determina si soy elegible para una solicitud de asilo?

La persona que solicita asilo político tiene que demostrar que existe un nexo (término legal) entre la actividad realizada (lo que ella hizo) y la respuesta dada por el perseguidor. Aquí no hay vuelta de hoja: sin ese nexo no hay asilo político. Un gran porcentaje de las solicitudes basadas en asilo político fracasan por la falta de una conexión que una un acto o la posición política/religiosa/racial de la persona y la reacción del perseguidor. Por lo tanto, cuando se prepara una solicitud de asilo —con el formulario I-589— el solicitante debe explicar detalladamente cómo y por qué su postura política provocó la respuesta del perseguidor, poniendo en peligro su vida y seguridad. La explicación puede ser en forma de testimonio de la persona o a través de documentos en que explica las actividades del solicitante y las acciones del perseguidor.

¿Es necesario tener un abogado para solicitar mi caso de asilo?

Aunque usted puede solicitar el asilo por su propia cuenta y riesgo, hay varias opciones para obtener ayuda. También depende de qué tipo de asilo está solicitando. Si el asilo es afirmativo, no necesita acudir a un abogado. Pero aparte de los abogados de inmigración existen agencias voluntarias sin ánimo de lucro, autorizadas para representar a solicitantes ante las autoridades de inmigración. Pero si es por asilo defensivo y tiene que ir a la Corte de Inmigración, necesita estar representado por un profesional acreditado. (Un profesional acreditado, además de un abogado, puede ser una persona que es aprobada por la Junta de Apelaciones de Inmigración para defender su caso o por un estudiante de leyes que es supervisado por su profesor. Yo sugiero contratar a un abogado cuando comparece ante la Corte de Inmigración. La corte le puede dar una lista de representantes acreditados).

> *Aunque no siempre es necesario contrarar a un abogado, también es cierto que al no acudir a ellos, muchas personas caen en manos de notarios. No se deben usar notarios y punto.*

¿Necesito documentos para probar mi caso?

Las leyes de asilo no exigen que el solicitante ofrezca documentos para probar su caso. Pero es obvio que si los hay, deben ser incluidos. Dan mayor respaldo al caso y sobre todo, credibilidad. Entre los más comunes están:

• Los informes de policía
• Las declaraciones juradas
• Los partes judiciales
• Los recortes de periódico
• Las cartas de personas de partidos políticos que explican las funciones de la persona dentro de la institución
• Las cartas de organizaciones gremiales o sociales (incluyendo religiosas) que puedan corroborar las funciones ejercidas por la persona que reclama protección
• Las copias de la Constitución de su país para averiguar si existen leyes que protegen a los homosexuales y las lesbianas en caso de que la persona reclame protección debido a su orientación sexual

El solicitante de asilo también debe demostrar su identidad y datos biográficos. Eso es más importante que nunca después de los atentados de 9/11. Muchas personas huyen de sus países bajo identidades falsas (a

OPCIONES PARA AYUDARLE A SOLICITAR EL ASILO

Un abogado: Un abogado puede presentar la solicitud y representar al solicitante de asilo, sobre todo si la persona ya está frente a la Corte de Inmigración. Pero hay muchas personas que no pueden costear un abogado.

Agencias acreditadas: Hay agencias voluntarias que ayudan con las peticiones inmigratorias. Usted puede averiguar si hay una en su ciudad llamando al 1-800-870-FORM (3676) y marcando el número 2 para recibir información en español. También puede visitar http://www.usdoj.gov/eoir/probono/states.htm para ver una lista de agencias por estado.

Iglesias: Hay varias iglesias que ofrecen servicios de ayuda inmigratoria gratis o a bajo costo. Recuerde que si usted está postulado por el asilo defensivo, es posible que la iglesia no esté acreditada para defender su caso ante la Corte de Inmigración.

Un notario: En EE.UU. no ocurre como en Latinoamérica, en donde un notario público es un abogado. En EE.UU. un notario no necesita haber recibido educación legal formal y por lo tanto puede terminar arruinando las posibilidades de un solicitante. La contratación de un notario o de un "gestor", "experto", "agente" o algo parecido es a reserva del cliente, quien debe saber que no será representado ni acompañado en sus gestiones por este proveedor de "servicios" que generalmente se limita a llenar formularios. Por mi experiencia, le sugiero olvidarse de los notarios.

veces para facilitar su salida), y es vital utilizar datos reales cuando se solicita asilo. De lo contrario, la solicitud será negada por fraude[1].

Las leyes de asilo no exigen que el solicitante ofrezca documentos para probar su caso, pero si los hay, deben ser incluidos.

1 Recientemente, el Congreso de EE.UU. aprobó cambios que harán las solicitudes de asilo mucho más difíciles pues obligarían a los adjudicadores y jueces a negar las solicitudes de asilo a la menor existencia de alguna discrepancia en el testimonio de una persona.

PERSECUCIÓN POLÍTICA

Baja probabilidad de obtener asilo

Situación: Si usted es del sur de México (Chiapas) y fue maltratado por unos terratenientes —que en esa región controlan el acceso al trabajo rural.

Comentario: Al no ser justamente remunerada su labor, es probable que usted no tenga un buen caso de asilo. Obviamente que tendría un caso de reclamo laboral ante las autoridades locales, pero no un caso de asilo en EE.UU.

Situación: Si usted es colombiano y trabajó en su país haciendo labor social voluntaria en su barrio, tratando de mejorar las condiciones y el nivel de vida de sus vecinos.

Comentario: Esa persona, sin más, no podría tener un caso real de asilo en este país porque su labor o función, aunque admirable, no representa un reto a la realidad que genera una respuesta política.

Alta probabilidad de obtener asilo

Situación: Si el patrón lo maltrató porque usted demandó mejores condiciones laborales de parte de la empresa y le respondió con violencia o con represión a manos de las autoridades poniendo en peligro su integridad física y la de su familia.

Comentario: Esto sí pudiese ser encuadrado dentro de un marco político, pues el ofendido estaba demandando la solicitud correcta de los códigos laborales o quería, con esa acción, cambiar las leyes existentes para obtener mejor protección para él y todos los que se encuentran en una situación similar.

Situación: Si usted, como parte de la función voluntaria social, envió un mensaje de mejorar el nivel de vida para no esperar que grupos violentos lo hicieran por usted, y esto le ocasionó amenazas y persecución de parte de estos grupos.

Comentario: Esa postura sí muestra un reto ante la realidad del país pues presenta una opción para aquellos que no quieren ser sometidos a la violencia generada por los grupos al margen de la ley que operan en territorio colombiano.

Baja probabilidad de obtener asilo

Situación: Si usted es colombiano y fue víctima de las llamadas "pescas milagrosas", que son aquellas en que la guerrilla o los paramilitares escogen al azar los vehículos que pasan por una de las zonas controladas por estos grupos y los detienen en una especie de "peaje improvisado"; identifican a sus ocupantes y le exigen una cooperación de tipo económico o, en muchos casos, terminan con un secuestro si se topan con una persona importante para ellos.

Comentario: La acción de colaborar económicamente por miedo no es vista en las leyes de EE.UU. como producto de la posición política de un solicitante de asilo, sino como una consecuencia de una extorsión en donde la persona ha sido una víctima más.

Situación: Usted es un ciudadano argentino que se fue de su país huyendo de la ola criminal que afectó ese país después de la reciente debacle económica[2]. Usted fue varias veces asaltado, extorsionado y hasta amenazado por las turbas que tomaron varias ciudades de este país austral, demandando comida.

Alta probabilidad de obtener asilo

Situación: Si la pesca milagrosa se convirtió después en una acción política, producto directo de la situación caótica político-social en la que se encuentra sumida Colombia.

Comentario: En lo personal, he luchado por convencer —a veces con éxito— que los grupos al margen de la ley utilizan la extorsión como arma para financiar su guerra contra el gobierno colombiano. Por lo tanto, aunque la acción de estos grupos pueda ser llamada criminal, su contenido y finalidad son netamente políticas, pues se busca el derrocamiento de todo un sistema democráticamente elegido a través de la fuerza obtenida por los dineros que empobrecen a ciudadanos decentes, víctimas incidentales —pero por desgracia necesarias— en una guerra fratricida.

Situación: Usted es una de las madres de la Plaza de Mayo que sigue tratando de encontrar a su familiar desaparecido, y puede probar que el gobierno la maltrata por su afán de buscar a su familiar desaparecido.

Comentario: Aunque la crisis económica argentina tenga orígenes geopolíticos y macro-financieros[3], no se puede mostrar el nexo político entre esa situación y su propia desgracia. Reconozco que es injusto, pero es así. Miles de argentinos, solamente en Miami, fueron engañados por inescrupulosos tramitadores cuando se les prometió la resolución de sus casos inmigratorios. La mayoría de estos solicitantes de asilo están ahora en proceso de ser removidos de EE.UU.

Comentario: Aunque ahora el gobierno es democrático, si el gobierno, basado en esa protesta política suya, le reprime sus derechos, eso sí puede ser un caso de asilo.

2 Ahora aparentemente un hecho pasado.
3 Se sabe que parte de la crisis argentina se generó por el robo descarado que le hicieron al erario público varios políticos, y por la manera bestial en que se aplicó un neoliberalismo sin límites en un país que no estaba preparado para esa combinación incendiaria.

¿Cuál es la categoría de asilo más común?

De estas categorías, la más común es asilo por persecución política. Bajo esta opción, el solicitante debe alegar haber sido perseguido por su participación en actividades, que por su contenido ideológico en función de una meta política, hayan ocasionado su salida del país para proteger su vida. El perseguidor puede ser el mismo gobierno o un grupo al cual el Estado es incapaz de controlar.

He aquí dos ejemplos de persecución política:

1. Un ciudadano colombiano que huye de su país no por persecución del Estado, pero sí por un grupo armado que, como el autodenominado Ejército de Liberación Nacional (ELN), opera en el país sin que el gobierno pueda evitarlo.

2. Un ciudadano venezolano podría aducir persecución política del gobierno de ese país al verse enfrentado por la ideología y recursos de la llamada revolución bolivariana.

¿Cómo puedo saber si tengo una posibilidad alta de obtener asilo?

Depende de cómo se presente la persecución de la que ha sido objeto la persona en cada una de las categorías. De la siguiente manera:

Véase el recuadro en las págs. 174–176.

¿Cómo puedo probar que he sido perseguido por mi orientación sexual?

Es una realidad que existen millones de personas que son perseguidas y marginadas tanto en Sudamérica como Centroamérica por sus preferencias sexuales. Es decir, por ser homosexuales o lesbianas. Aunque en muchos países se promulgan leyes que protegen la libertad de expresión sexual, en la práctica los homosexuales y lesbianas son injustamente discriminados en sus trabajos, en los centros de estudio, en sus vecindarios (muchos han sido víctimas de muertes violentas a manos de extremistas sociales), por su propia familia, por algunos gobiernos que los reprimen y los persiguen, por la Iglesia Católica que no los acepta, en fin, la lista pudiera ser más larga, pero es para que usted se dé una idea. Cuando estas personas ya no pueden vivir dentro de sus sociedades, inmigran a EE.UU. en busca de paz, comprensión y aceptación.

La persona que desee solicitar asilo basado en su preferencia sexual debe enviar con su solicitud:

- Evidencia de lo que las leyes de su país prevén para la supuesta protección de personas en su misma situación
- Artículos de periódico referente a cómo la sociedad o el gobierno trata a los homosexuales y lesbianas
- Denuncias interpuestas ante la policía (en caso de violencia) y qué respuesta dio la autoridad ante esta denuncia
- Artículos escritos por sociólogos locales que describen la situación de los homosexuales en ese país (estos se convierten en documentos vitales para explicar la posición de la sociedad ante esta realidad)

Yo he representado a homosexuales y lesbianas ante las autoridades americanas. Por ejemplo, representé a un cliente que provenía de un país centroamericano, en donde éste fue sometido a mucha discriminación por parte del gobierno de su país donde era empleado público. Por si fuera poco, su propia familia lo sometió a sesiones de electrochoques para que se "olvidara del asunto". Hice evidente esto ante un Juez de Inmigración y presenté artículos de prensa de cómo el gobierno reprimía los movimientos homosexuales (sus grupos, celebraciones y hasta centros de reunión). Finalmente utilicé a un sociólogo experto que planteó la fuerza de la Iglesia Católica en ese país y cómo sus mandatos contra los homosexuales eran leyes silentes que permeaban esta sociedad. Al final se ganó el caso.

Si la persona sufre de SIDA, es importante también utilizar ese argumento para explicar que un regreso a su país de origen, además de volver al ostracismo y la persecución, significaría la muerte, pues en muchos países nuestros no hay la tecnología y las medicinas ofrecidas para tratar esta terrible enfermedad. Estos casos son delicados y deberían ser sometidos sólo si se tiene las evidencias antes mencionadas y la sensibilidad adecuada ya que se trata de personas que necesitan ante todo respeto y comprensión.

Hay países como Brasil y Argentina que son un poco más abiertos ante la realidad homosexual. Otros como Chile, Honduras, Perú, Venezuela, Panamá y Bolivia son sociedades muy cerradas en donde muchas veces se persigue solapadamente al movimiento gay.

¿Cómo puedo probar que he sido perseguido por mis creencias religiosas?

El asilo por persecución religiosa es un poco más objetivo en cuanto a las pruebas. Hay que demostrar que la persona fue perseguida por practicar su fe religiosa. Todos los países nuestros tienen leyes que protegen el libre culto. En la mayoría de los casos la persecución no viene del gobierno, sino de grupos que se oponen a la propagación religiosa en la región que ellos controlan. Por ejemplo, hay dos grupos en Colombia que son brutalmente perseguidos por grupos al margen de la ley: los periodistas y los misioneros religiosos. Los primeros son perseguidos por exponer la verdad; los segundos, porque llevan un mensaje de esperanza a lugares recónditos en donde el único mensaje es de muerte y delincuencia.

EJEMPLOS DE PERSECUCIÓN RELIGIOSA POR PAÍS:

En México, especialmente en el área de Chiapas, muchos misioneros han sido perseguidos por bandas de paramilitares auspiciados por terratenientes que ven en éstos a personas capaces de despertar una conciencia social que hasta ahora ha estado callada o reprimida.

En Colombia, muchos misioneros y sacerdotes han sido asesinados por paramilitares y por la guerrilla precisamente por fomentar y presentar otra opción, no violenta, a la problemática colombiana.

En Cuba nadie duda de que el régimen de Fidel Castro ha perseguido a la Iglesia Católica por décadas (tanto clero como feligreses), simplemente porque se oponen al sistema comunista y a la falta de libertad que impera en la isla.

He representado a muchas personas religiosas que huyen de sus países ante la embestida de grupos que el gobierno central no puede o no quiere controlar. En una ocasión me tocó representar a una misionera oriunda de Brasil que fue amenazada de muerte por propagar su fe católica en el Amazonas. Como parte de su mensaje, ella fomentaba que las tribus locales conservaran el medio ambiente. Al final tuvo que salir del país pues las milicias de los madereros la amenazaron de muerte, acusándola de querer cambiar la forma de vida de las tribus que durante siglos habían vivido en esta región. Note cómo el mensaje religioso también tenía connotaciones políticas, ya que para nadie es un secreto que en el Brasil el medio ambiente es un tema eminentemente político que enfrenta enormes intereses.

El solicitante de asilo por persecución religiosa debe presentar evidencia de haber pertenecido a un grupo religioso u orden definido. Por ejemplo:

- Nombramientos eclesiásticos (que comprueben que el solicitante perteneció a una religión) o cualquier oficialización de su cargo religioso (como un título de pastor)
- Diplomas de capacitación religiosa
- Fotos realizando labores sociales, testimonios de personas que han trabajado con el solicitante

- Recortes de periódicos que describen los problemas que sufren estas personas
- Denuncias hechas ante las autoridades
- Todo aquello que demuestre cómo este trabajador religioso expuso su vida por defender y propagar su fe

¿Qué hago si he estado en EE.UU. más de doce meses y quiero solicitar el asilo?

El solicitante de asilo debe presentar su solicitud antes de que se cumplan doce meses de su última entrada a EE.UU. Sin embargo, hay varias excepciones:

Excepción #1: El fraude. La más importante es cuando la persona puede probar que no solicitó dentro del tiempo establecido por haber sido víctima de fraude. Por ejemplo: una persona viene de México y acude a los servicios de un notario. Como ya explicamos, los notarios en este país no son abogados. Dicho notario, aun sabiendo que debe enviar la solicitud de asilo antes de que se cumplan los doce meses, no lo hace y la familia mexicana pierde la oportunidad de solicitar asilo en EE.UU. Si se puede probar que el solicitante pagó por los servicios y fue defraudado por el gestor, existe la posibilidad de poder solicitar asilo aunque hayan transcurrido más de doce meses desde de la última entrada siempre y cuando el solicitante envíe la solicitud dentro de un tiempo "razonable" después de haberse dado cuenta del fraude perpetrado en su contra. El fraude sería entonces considerado como una "circunstancia excepcional" que le permitiría a la persona solicitar asilo.

> **Las tres excepciones si está en EE.UU. más de un año:**
> - *Por fraude*
> - *Por enfermedad*
> - *Por haber mantenido el estatus legal por un período razonable*

Excepción #2: Enfermedad grave. Otro ejemplo sería si la persona puede probar que "enfermó seriamente" y por lo tanto no pudo cumplir con el período mandatario para solicitar asilo. A veces la persona viene tan traumatizada por la persecución que entra en depresión y no se percata de su obligación de saber las leyes de este país. Ignorar que hay un período mandatario no es una excusa "excepcional" suficiente como para obviar el período.

Excepción #3: En estatus. Otra excepción es haber mantenido el estatus legal hasta un período razonable antes de solicitar asilo. Esto es común, por ejemplo, con personas que tienen estatus de estudiante, visas de profesional y otros.

Si el solicitante puede comprobar que no pudo someter la petición de asilo dentro de los primeros doce meses por cualquiera de estas tres razones, podrá solicitar el asilo común y corriente y si gana, podrá solicitar la residencia. Si no puede postular bajo estas excepciones, tendrá que postular para la abstención de remoción, lo cual significa que no podrá postular para la residencia una vez que gane ese remedio. Se podrá quedar legal aquí de manera permanente, pero sin poder solicitar la residencia.

Si me aceptan la solicitud, ¿cuánto tiempo dura mi permiso de asilo?

El otorgamiento de asilo es indefinido; o sea, permanente. Hay que recalcar que el asilo no es una visa. Sólo termina si el solicitante, por ejemplo, regresa a su país de origen durante su estatus de asilado y antes de convertirse en residente permanente.

¿Puedo trabajar mientras presento mi solicitud de asilo?

Usted puede solicitar un permiso de trabajo 150 días después de haber presentado la solicitud de asilo con el formulario I-765. Antes de esos primeros 150 días no se puede trabajar, a menos que tenga un permiso de trabajo por otra vía. Este permiso es simplemente una tarjeta de empleo plástica y la fecha de vencimiento es un año después de que le otorgan la tarjeta. Con esto la persona puede solicitar un número del Seguro Social (el cual no tiene una fecha de vencimiento) y una vez obtenido éste, empieza su vida normal en este país.

¿Qué pasa con mi familia cuando hago la solicitud?

Si tanto la esposa como los hijos están dentro de EE.UU. todos quedan cubiertos y todos pueden presentar su solicitud a los doce meses para ser residentes permanentes. Si están fuera, el principal ganador de asilo tiene veinticuatro meses para pedir a sus familiares inmediatos, que son su esposa e hijos solteros menores de 21 años. El formulario que se utiliza es el I-730.

Si la solicitud incluye el cónyuge y/o los hijos, deben ser incluidos en la petición y el peticionario debe someter un original y dos fotocopias, más un original y dos fotocopias por cada dependiente del formulario I-589. En cada página final que corresponde al dependiente, debe poner la foto de ese dependiente.

¿Mis familiares también pueden trabajar, o tengo que solicitarlo a través de una petición familiar?

Todos los familiares tienen derecho al permiso de trabajo y a quedarse aquí hasta la resolución de la solicitud. Cada familiar que desea trabajar debe esperar 150 días después del día de la entrega de la solicitud para postular con el formulario I-765. Cada familiar tiene que postular por su cuenta y el formulario, la primera vez, no tiene costo alguno.

¿Cuáles son mis derechos? ¿Puedo viajar?

Los derechos de un solicitante de asilo están limitados a quedarse en este país mientras su peticion esté pendiente. No puede viajar mientras su caso no se haya resuelto, pues corre el riesgo de perder el derecho a continuar con la solicitud.

Tanto usted como su familia podrán permanecer y trabajar legalmente si el DHS aprueba su solicitud de asilo.

Si usted gana su caso de asilo, puede viajar con un permiso de viaje utilizando el formulario I-131. Pero no podrá viajar a su país de origen pues sería como decirle al gobierno americano que su persecución no fue verídica. Además, el DHS está ahora amenazando con retirar las residencias de personas que ganaron ese privilegio por asilo si ellas viajan a sus países de origen. Por lo tanto, no viajen hasta que sean ciudadanos.

¿Puedo obtener residencia permanente después de que aprueben mi caso de asilo?

Sí, después de doce meses, el ganador de asilo puede presentar una solicitud para recibir su residencia permanente. Ahora, esa solicitud tarda de doce a veinticuatro meses. Antes pasaban varios años antes de poder obtener por esta vía la residencia permanente.

¿Qué pasa si mi hijo pasa de los 21 años después de que yo llene mi solicitud de asilo?

Está cubierto, pues cuando se radicó la solicitud él tenía menos de 21 años. Refiérase al capítulo de Peticiones Familiares, donde discuto la Ley de Protección del Estatus de los Menores (el CSPA, por sus siglas en inglés), que es una ley que protege a los menores de edad que se convierten en mayores durante la tramitación de la solicitud.

¿Puedo solicitar asilo aunque me encuentre ilegal en EE.UU.?

Sí, no hay ningún problema. Inclusive se puede solicitar hasta después de doce meses de estar aquí completamente ilegal si hay una excusa para hacerlo a destiempo, como ya expliqué anteriormente.

¿Cuáles son las repercusiones si estoy fuera de estatus y solicito asilo y me lo niegan?

Las repercusiones son que hay que presentar el caso frente a la Corte de Inmigración y si se pierde, habrá que apelar el caso ante la Junta de Apelaciones (*Board of Immigration Appeals* o BIA).

No es verdad que la persona que presenta una solicitud de asilo siempre será deportada. Cuando una persona presenta una solicitud de asilo estando en estatus, es decir, dentro del período concedido después de haber entrado legalmente a

> **Usted sí puede solicitar asilo si está aquí ilegalmente, incluso si entró sin inspección.**

ENTREVISTAS CON UN OFICIAL (CASO AFIRMATIVO) Y AUDIENCIAS CON UN JUEZ (CASO DEFENSIVO)

Las entrevistas cuando la persona solicita asilo de manera afirmativa son más cortas y menos agresivas, pues el solicitante no tiene que responder a las preguntas de un fiscal, sino de un oficial de asilo. En muy pocas ocasiones pasan de las dos horas, a menos que el oficial no crea en la información consignada en la solicitud y entonces cuestione la veracidad del solicitante.

En la entrevista afirmativa el tenor de las preguntas son más suaves, pues el gobierno está representado por un oficial de asilo que no es antagónico con el solicitante. Lo que se desea en esta entrevista afirmativa es averiguar qué le pasó al solicitante pero sin ser sometido a un careo o confrontación.

Cuando se aplica de forma defensiva todo cambia. Lo que se lleva a cabo es un juicio que dura entre una y tres horas. El gobierno es representado por un fiscal, que aunque ético, le pagan para probar que el caso de asilo no es correcto. El sistema es de careo y tanto el abogado del solicitante, como el fiscal y el juez, pueden hacer preguntas. La persona es puesta en un estrado y se le ofrece servicio de intérprete gratis. Las primeras preguntas las hace el abogado del solicitante. Esto se llama examen directo. Esas preguntas están diseñadas para presentar el caso del cliente en su mejor luz. Una vez termina el examen directo, el fiscal empieza el examen cruzado. Este tipo de investigación lo que quiere es buscar y provocar contradicciones en el caso de asilo. El juez puede hacer preguntas en cualquier momento.

EE.UU. y su caso es negado ESTANDO EN ESTATUS, no será "referido" a la Corte de Inmigración donde seguirá ventilando su caso. Su caso muere en ese momento y no hay consecuencias. Pero si su caso es decidido cuando usted está fuera de estatus, entonces sí será "referido" a la Corte de Inmigración y usted presentará una nueva solicitud de asilo, esa vez de manera defensiva. Su caso será revisado por un juez de inmigración y usted tendrá la oportunidad de ser representado por un abogado (pagado por usted y no por el gobierno) y habrá un fiscal que representará al gobierno.

¿Cuánto tiempo demora el proceso?

En la actualidad es bastante rápido. Después de enviar la solicitud de asilo (formulario I-589) a la dirección que corresponda según su estado (véase indicaciones más adelante), se tardan tres semanas en concederle una entrevista sobre su solicitud de asilo. La decisión final en general se da en menos de cuarenta y cinco días. Más adelante hablaré del proceso con mayor detalle.

¿Puedo solicitar asilo si he sido declarado culpable de algún delito (convicted of a crime) en EE.UU.?

Sí, si el delito no es uno con agravante o una felonía. En otras palabras, si no se trata de un delito que se condene a más de doce meses de prisión.

¿Qué toma en cuenta el DHS cuando evalúa mi solicitud?¿Qué es eso de la "discreción"?

La discreción es la potestad absoluta que tiene el oficial de asilo y el juez de inmigración para decidir sobre su caso. Nadie puede definir qué es en sí la "discreción". Dentro de este concepto está la manera como mira el oficial de asilo o el juez de inmigración la credibilidad del solicitante, las inconsistencias que contienen la solicitud o el testimonio de la persona.

¿Voy a tener una entrevista?

Siempre habrá una entrevista.

¿Qué debo llevar conmigo para la entrevista?

Todos los documentos que respalden la solicitud, desde pruebas si las hay, hasta partidas de nacimiento y pasaportes.

¿Puedo llevar un intérprete?

Sí. Es obligación del solicitante llevar un intérprete que hable en inglés cuando usted presenta una solicitud de asilo afirmativo y comparece ante un oficial de asilo. En cambio, usted tiene derecho a un intérprete profesional pagado por la corte cuando solicita asilo de manera defensiva.

¿Qué pasará en mi entrevista?

Le harán preguntas referente a su asilo. Generalmente el oficial se guía por el orden del formulario I-589. Por ejemplo, empieza por los datos biográficos y pasa después a las preguntas que requieren la descripción de lo que le sucedió a la persona en su país y que lo impulsó a venirse a EE.UU.

¿Qué pasa si no puedo asistir a la entrevista?

Deberá demostrar que su ausencia fue por motivos excepcionales fuera de su control, como la muerte de un familiar cercano o un problema médico.

Cómo preparar su solicitud de asilo

Abajo pueden ver una tabla con el único formulario necesario y los otros formularios opcionales para completar una solicitud de asilo. A continuación les explico cómo llenar, paso por paso, el formulario clave, que es el formulario I-589.

Formulario	Concepto	¿Requerido?	Costo
I-589	Solicitud para asilo	Sí	$0
I-131	Si va a viajar fuera del país	Sólo si va a viajar fuera del país y ha ganado su caso de asilo	$305 por persona (y se envía 4 fotos de frente)
I-485	Ajuste de status (para obtener la residencia permanente)	Si su caso es aprobado, puede ajustar su estatus en doce meses	$930 para mayores de 14 años más $80 de biométricos y $600 para menores de 14 años
I-730	Petición para un familiar	Uno para cada familiar: recomiendo solicitar uno para su cónyuge y todos sus hijos	$0
I-765	Petición para permiso de trabajo (con duración de 12 meses)	Si desease trabajar, uno para cada familiar	$0 si es la primera vez que lo hace por asilo, o $340 si es una renovación
AR-11	Si cambia de dirección	Si se cambia de dirección	$0
G-28	Si va usar un abogado	Si usa un abogado	$0

El proceso

Asilo afirmativo

Unos quince a veinte días después de haber enviado la solicitud, el DHS pide tomar sus huellas. En tres semanas recibirá la carta con su cita para la entrevista. Todo el proceso dura alrededor de cuarenta y cinco días, en el mejor de los casos. Pero muchas veces suele demorar mucho más, sobre todo si el DHS necesita más tiempo para investigar su caso o si usted es referido a la Corte de Inmigración.

Si se demora más de 150 días en decidir su caso, usted tiene derecho a presentar una solicitud para un permiso de trabajo. Con el permiso de trabajo usted podrá solicitar un número de Seguro Social.

Asilo afirmativo
Ejemplo de una solicitud de manera afirmativa:

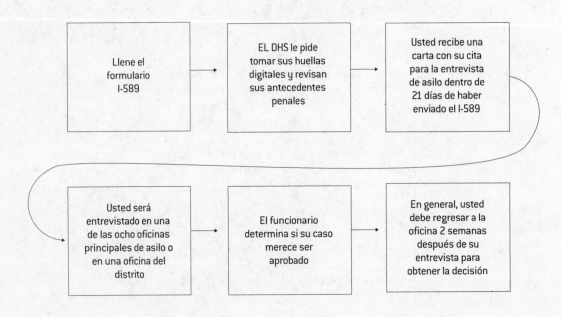

Llene el formulario I-589

EL DHS le pide tomar sus huellas digitales y revisan sus antecedentes penales

Usted recibe una carta con su cita para la entrevista de asilo dentro de 21 días de haber enviado el I-589

Usted será entrevistado en una de las ocho oficinas principales de asilo o en una oficina del distrito

El funcionario determina si su caso merece ser aprobado

En general, usted debe regresar a la oficina 2 semanas después de su entrevista para obtener la decisión

Impresión de la huella

El DHS lo mandará tomar las huellas en unos quince o veinte días después de enviada la solicitud. Los solicitantes de asilo están sujetos a una revisión de sus informes y base de datos mantenidos por la Fiscalía General, la Secretaría de Seguridad Nacional y la Secretaría de Estado. Usted y todos los dependientes de 14 años o mayores registrados en la lista de su solicitud de asilo deben imprimir sus huellas y ser fotografiados. Tanto a usted como a sus dependientes se le darán instrucciones de cómo cumplir con este requerimiento.

A veces, especialmente si la persona fue militar en su país, el gobierno de EE.UU. también hace un chequeo de los antecedentes penales en el país de origen de la persona.

Usted será notificado por escrito del día, hora y lugar del Centro de Soporte de Solicitud o la Agencia de Cumplimiento de la Ley donde deberá ir a tomarse sus huellas y una foto. La ausencia a esta cita programada puede retardar la elegibilidad para la autorización de trabajo y/o dar por resultado que un oficial de asilo deseche su solicitud de asilo o la remita a un juez de inmigración.

Para los solicitantes ante un juez de inmigración, tal omisión hará inelegible la solicitud de asilo y retardará la elegibilidad para una autorización de trabajo.

Entrevista

La entrevista generalmente se cita dentro de cuarenta y cinco días. Si usted no se encuentra en un caso de Corte de Inmigración (en cuyo caso es más bien un juicio o una audiencia) será notificado por la oficina de asilo del DHS acerca de la fecha, hora y lugar (dirección) de una entrevista programada. El DHS sugiere que usted lleve una copia de su formulario I-589, la solicitud de asilo. Un oficial de asilo lo entrevistará bajo juramento y hará una determinación concerniente a su petición.

El solicitante deberá llevar un documento de identificación, ya sea pasaporte,

> *Para el asilo afirmativo, usted tiene derecho a tener un abogado y un intérprete en la entrevista, pero usted tendrá que pagar por sus servicios.*

otro documento de viaje, documento de identificación o formulario I-94 (Registro de arribo y partida —el cual recibió en inmigración al llegar a EE.UU.). Si los miembros de su familia están incluidos en su solicitud, ellos también deben presentarse a la entrevista y llevar cualquier documento de identidad o de viaje que tengan en su poder.

En el caso del asilo afirmativo, usted tiene derecho a una representación legal durante la entrevista, sin costo para el gobierno de EE.UU. También puede contar, sin gasto para el DHS, con un traductor competente que tenga fluencia tanto en inglés como en su idioma. El intérprete debe tener un mínimo de 18 años.

Las siguientes personas no pueden servir de traductores: su abogado o representante, un familiar cercano, un testigo que haya formado parte de la entrevista o un representante o empleado de su país. Cualquier excusa de ausencia a la entrevista puede impedir que reciba su autorización de trabajo y su solicitud de asilo puede ir a parar a la Corte de Inmigración. En muchos casos, el solicitante no será notificado de la decisión de su caso hasta una fecha posterior a su entrevista.

Cambio de dirección

Si usted cambia de dirección debe informar al DHS por escrito dentro de diez días de su mudanza.

Mientras su solicitud de asilo está pendiente ante una oficina de asilo, usted debe notificar su cambio de residencia por medio del formulario AR-11 (formulario de cambio de dirección). La dirección que usted suministró en la solicitud o la notificación de su último cambio de dirección será usada por el DHS para informarle por correo.

Si su caso se encuentra en una Corte de Inmigración, debe notificar su cambio de residencia con el formulario EOIR-33 (formulario de cambio de dirección) o a través de una carta fechada y firmada que indique su cambio de dirección dentro de cinco días de su mudanza.

Asilo defensivo (obtenido a través de una orden de la Corte de Inmigración)

Si usted está peticionando de forma defensiva, le sugiero que lea el capítulo 7, "Usted y la Corte de Inmigración", para que entienda el proceso más a fondo. Básicamente, usted tendra que presentar su caso frente a un juez de la Corte de Inmigración. En el caso del asilo defensivo, usted debe costear un abogado pero el gobierno le conseguirá un intérprete de costo. Los pasos son los siguientes:

1. **Aviso de Comparecencia.** Usted recibirá un documento llamado Aviso de Comparecencia (*Notice to Appear*) por correo. Este es el documento que nombra los cargos hechos en contra de usted, y que contiene la cita para ir a la Corte de Inmigración. Los cargos mencionan el nombre de la persona, señalan el hecho de que la persona no es ciudadana de EE.UU., mencionan el país de origen del individuo, y, por ejemplo, acusan a la persona de haber entrado al país sin inspección. También puede incluir cualquier otro acto criminal que usted haya cometido en EE.UU. o en su país de origen.

2. **Audiencia Preliminar.** La primera comparecencia se llama *Master Calendar Hearing*. En esta cita preliminar el propósito es saber qué remedio va a utilizar la persona ante los cargos contenidos en el Aviso de Comparecencia. El día de esa cita preliminar habrá más personas citadas. La audiencia dura no más de quince minutos. El juez preguntará si la persona recibió el Aviso de Comparecencia, y qué posición toma la persona ante los cargos.

3. **Juicio Final.** Cuatro o cinco meses después de su audiencia preliminar, tendrá su juicio final (*Final Hearing*). Los juicios finales generalmente duran entre una y tres horas. El juez de inmigración puede hacer preguntas durante todo el proceso, y todo el proceso es grabado. Si usted gana el Juicio Final, el juez se lo dirá ahí mismo en la Corte; será oficialmente asilado con todos los derechos asociados. Si usted pierde su caso, véase el número 4 y 5 de esta lista.

4. **Aviso de Apelación (primera apelación).** Si su petición le ha sido denegada, tiene treinta días para apelar la decisión ante la Junta de Apelaciones, con los jefes del juez que denegó su caso. El Aviso de Apelación cuesta $110 y el formulario EOIR-26 se envía a la Junta

LAS APELACIONES

Hoy en día las apelaciones se deciden de forma más rápida que antes. Por lo general duran entre seis y catorce meses. En su mayoría se pierden, pues la Junta de Apelaciones está bajo la presión gubernamental de decidir casos rápidamente. Esto es una pena, pero hay que decirlo: la práctica de la Ley de Inmigración está impregnada de decisiones políticas que muchas veces nada tienen que ver con los méritos de las solicitudes.

de Apelaciones en Falls Church, Virginia. En el formulario hay que articular, claramente, las razones por la cual la persona piensa que el juez de inmigración se equivocó. El no hacerlo puede significar que la apelación sea denegada sumariamente. La decisión final tarda entre seis meses a un año.

5. **Última Apelación.** Si usted pierde su primera apelación, se puede radicar una moción de reconsideración para tratar de lograr que la Junta cambie su decisión. Lo normal es apelar la decisión de la Junta de Apelaciones a la Corte de Apelaciones Federal del circuito en el cual se encuentra la persona. Esta apelación se hace dentro de los treinta días desde que la Junta de Apelaciones emitió su decisión.

**He aquí un resumen del proceso para asilo afirmativo y
defensivo y los posibles resultados:**

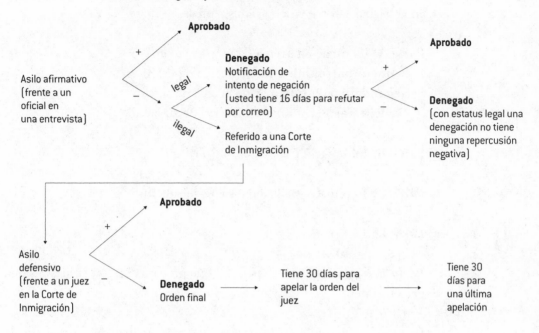

Cómo preparar los formularios

El formulario I-589: Solicitud de Asilo y Abstención de Remoción ("Application for Asylum and for Withholding of Removal")

El formulario I-589 es utilizado para solicitar asilo en EE.UU. y para la Abstención de Remoción. Sólo se puede llenar esta solicitud si usted se encuentra físicamente en EE.UU. y no es ciudadano de este país. Le recuerdo que usted necesita enviar el formulario I-589 dentro de un año desde su llegada a EE.UU. (hay algunas excepciones a esta regla —véase la página 180 en la sección de Preguntas Frecuentes).

En su solicitud usted puede incluir a su cónyuge y a los hijos solteros que sean menores de 21 años y físicamente presentes en EE.UU. Los hijos casados y mayores de 21 años deben llenar por separado el formulario de solicitud de asilo I-589.

El formulario I-589 tiene unas veinticuatro páginas, pero las primeras trece son instrucciones para llenar los formularios. La solicitud comienza en la página catorce y tiene varias partes:

Parte A: Información acerca de usted y su familia
   Primera parte: Información acerca de usted
   Segunda parte: Información acerca de su cónyuge e hijos
   Tercera parte: Información acerca de su pasado

Parte B: Información acerca de su solicitud

Parte C: Información adicional sobre su solicitud

Parte D: La firma

Parte E: Declaración de la persona que preparó el formulario, si es una persona diferente a su cónyuge, padre o hijo

Parte F: Para ser llenado después de la entrevista/juicio

Una traducción al español del formulario está a finales de este capítulo. Debe llenar el formulario con un bolígrafo negro o con una máquina de escribir. Todas las respuestas tienen que estar en inglés, y debe responder a cada respuesta. Si alguna pregunta no es aplicable a su situación o si no sabe la respuesta, puede responder con *none* (ninguno), *not applicable* (no se aplica a mi situación) o *unknown* (no sé).

> ### Recuerde llenar el formulario:
> - Con bolígrafo negro o máquina de escribir
> - En inglés
> - En su totalidad —cada respuesta tiene que ser completada

Parte A, I: Información acerca de usted

La primera parte del formulario I-589 trata sobre la información biográfica del solicitante principal. Como puede observar en el contenido de este libro, las preguntas son las básicas. Es decir: nombre, dirección, edad, sexo, número de Seguro Social (si lo tiene), fecha de nacimiento, raza, religión, si ha estado o está en una corte en un procedimiento inmigratorio, un listado de entradas en el país, idioma, etc. Encontrará la pregunta de si entró en el país con inspección o de manera ilegal. Si entró legalmente, debe incluir su número de I-94 (que es ese cartoncito que le dieron cuando pasó por inmigración en el aeropuerto, por ejemplo). También el número de extranjero, o *alien number* (A#). Si usted todavía no posee un A#, el DHS le asignará uno.

Si entró ilegalmente (EWI) y no es capturado, esa persona podrá solicitar afirmativamente y si gana no tendrá que ser referido a la Corte de Inmigración. Pero si es referida a la Corte de Inmigración, también solicitar defensivamente ante ese tribunal. Si la persona es capturada por el gobierno entrando ilegalmente, entonces se le asignará un número de expediente o A#. Esa persona no podrá solicitar afirmativamente pues había sido puesta en corte desde el inicio, así que tendrá que solicitar defensivamente.

Esta sección también tiene algunas preguntas que parecen básicas pero que no lo son. Por ejemplo, la pregunta número 18, que le pide que enumere todas las entradas a EE.UU. Esta es clave, ya que le informa al adjudicador del asilo si usted regresó a su país de origen después de haber sido perseguido.

Parte A, II: Información acerca de su cónyuge e hijos

La otra parte importante en la sección biográfica del formulario I-589 es aquella que pregunta por el cónyuge y los hijos, si los hay. No se puede omitir la existencia de ningún hijo, sean éstos del matrimonio o no. Si el caso se gana y un hijo se quedó sin mencionar, el gobierno no dará credibilidad a su petición cuando usted desee conferirle beneficios al hijo o la hija que omitió, y tendrá que usar el formulario I-730 denominado Petición de Refugiado y Asilo de Familiares, (Refugee and Asylum Relative Petition) para obtener asilo para ellos también.

De igual manera es importante saber que, si los hijos son mayores de 21 años, tienen que llenar un formulario I-589 aparte. Si cumplen 21 años después de haber presentado la solicitud como dependientes en la solicitud de sus padres, no hay problema porque hay una ley que los protege[4]. Sin embargo, si se casan, serán tratados como independientes y tendrán que probar su persecución ya sea por su cuenta o vía la de los padres.

Si se incluyen miembros de la familia en su solicitud de asilo, usted debe presentar documentos que establezcan su relación familiar con cada miembro de la familia. (Recuerde que si esta información está en español debe ser traducida):

- Si incluyó a su cónyuge, debe proporcionar tres copias de su certificado de matrimonio y tres copias de cualquier matrimonio anterior.
- Si incluye cualquier hijo fuera del matrimonio menor de 21 años, debe suministrar tres copias del certificado de nacimiento de cada niño.

En caso de no poseer dichos documentos y no tener posibilidad de obtenerlos, debe suministrar evidencias secundarias tales como la historia clínica, el récord religioso o los registros escolares, y explicar aparte (por cada uno) por qué no dispone de evidencia primaria. También puede suministrar un *affidavit*; tales personas no necesitan ser ciudadanos de EE.UU. ni residentes permanentes legales. (Un *affidavit* es un documento notarial bajo juramento que trata de comprobar una situación o un evento, como por ejemplo las causas de la llegada de los solicitantes a este país).

Parte A, III: Información acerca de su pasado

Tal como en la primera parte, esta sección también contiene preguntas que parecen básicas, pero no lo son.

La pregunta número 1 solicita su última dirección o residencia antes de entrar a EE.UU. Si esta dirección no es la del país donde teme persecución, también ponga su última dirección en el país donde temía ser perseguido. Esta pregunta es clave porque si ha vivido en un tercer país donde no temía persecución, es posible que el DHS le diga que regrese a ese tercer país. En la Parte C lo explicaré con más detalle.

---

4 La Ley de la Protección del Estatus del Menor (CSPA, por sus siglas en inglés), congela la edad del menor desde el momento en que se presentó la solicitud de asilo. Por ejemplo, si se presentó la solicitud cuando los dependientes eran menores de 21 años, pero cuando la petición de asilo es aprobada ya los han cumplido, están protegidos por el CSPA y todavía podrán obtener asilo como dependientes de sus padres.

La pregunta número 2 pide información sobre sus residencias de los últimos cinco años (calle, ciudad, país y las fechas que permaneció en cada dirección). Sumada la información de sus entradas a EE.UU. en la primera parte a esta información de sus residencias durante los últimos cinco años, el oficial puede ver si usted regresó a su país después de haber temido persecución. El oficial querrá saber qué hizo usted aquí. ¿Por qué regresó? ¿Qué hizo ahí? ¿A qué dirección regresó en su país? ¿Por qué no le dio miedo? Esto hay que decirlo para que el solicitante sepa que cada viaje de regreso a su país realizado antes de enviar la solicitud de asilo será visto de manera negativa.

Supongamos que usted sacó primero a su familia, la trajo a EE.UU. y regresó a su país. Aunque parece una acción normal, muchas veces las personas fallan al regresar al mismo lugar de donde se fueron por persecución, es decir, se instalan en la misma dirección. Con sólo mirar el formulario I-589 el oficial piensa que si el regreso fue al mismo lugar, su miedo a perder la vida no era tan grande. Sea cierto o no, ante los ojos de la persona que está a cargo de decidir su futuro aquí ya existe una duda y eso es fatal.

Por tanto, es importante justificar su regreso al pueblo, ciudad o barrio de donde salió con una razón válida. Excusas como "regresé porque tenía que vender mi casa" no son bien recibidas. "Regresé porque mi hijo mayor no había terminado la escuela" también carece de solidez. El oficial se preguntará: ¿Dónde está la persecución? ¿Cuál es el miedo?

Si el solicitante tuvo que regresar al escenario del problema, debe por lo menos —si es cierto— explicar que se mudó varias veces de dirección, que tenía seguridad privada, que permaneció el tiempo justo para solucionar su problema y que después huyó, siempre poniendo énfasis en su creencia de que sus perseguidores actúan en todo el territorio y, por lo tanto, son capaces de encontrarlo en cualquier parte.

La preguntas 3 y 4 piden información sobre su educación, comenzando por la más reciente: tipo de escuela, dirección y fechas durante las que realizó los estudios e información sobre su empleo durante los últimos cinco años comenzando por el actual empleo, nombre y dirección del empleador, ocupación y fechas. En esta misma sección preguntan por la educación y la historia laboral del solicitante principal. Aquí tampoco se puede caer en contradicciones. Si la persona trabajó en alguna organización política, ésta debe quedar reflejada en sus datos, de lo contrario vienen las dudas. Sé que en muchas ocasiones se trabaja en estas organizaciones como voluntario, pero entonces debe explicarse como tal para prevenir malinterpretaciones. Lo mismo sucede si la solicitud de asilo tiene por base la participación política, religiosa o preferencia sexual.

Jamás se debe omitir su completa trayectoria laboral o social para evitar caer en contradicciones innecesarias. Inclusive, aunque no está permitido trabajar en EE.UU. hasta que no se tenga un permiso de trabajo, al oficial de asilo no le importará mucho cómo usted se mantiene aquí durante el período antes de recibir su permiso de trabajo. Lo que a él le interesa saber con exactitud y veracidad es qué le pasó en su país de origen y qué le pudiera suceder si regresara.

La pregunta número 5 pide información acerca de sus padres, hermanos y hermanas, ciudad y país de nacimiento, así como si la persona ha fallecido. Aquí el gobierno quiere saber a cuántos familiares cercanos usted dejó en su país de origen. La idea es ver qué les ha pasado o qué les pasará ahora en la ausencia del solicitante.

Parte B: Información acerca de su solicitud

En esta parte aparecen preguntas acerca de por qué está usted solicitando asilo, con una advertencia que expresa que cuando el solicitante responda, deberá proporcionar un resumen detallado y específico de lo básico de su petición de asilo u otra protección. Usted debe suministrar fechas específicas, lugares y descripciones lo mejor posible acerca de cada acción descrita.

> *Está permitido presentar su solicitud de asilo basándose en más de una causa.*

La pregunta número 1 pide por qué causa está solicitando usted el asilo. Debe marcar en las casillas si es por raza, religión, opinión política, membresía a un grupo social o convención de tortura. Note usted que si su persecución fue por orientación sexual, debe marcar la casilla relacionada con membresía a un grupo social.

Está permitido presentar una solicitud de asilo basándose en más de una causa. Un solicitante de asilo podría seleccionar opinión política y membresía a un grupo social definido si, por ejemplo, pertenece a un grupo social definido que se afilia a un partido político.

Al seleccionar que la causa es por opinión política, es clave demostrar y sobre todo describir cuál fue la función de la persona dentro de esa organización política. Como ya dije anteriormente, los detalles son claves. Tales como: cuándo se integró usted al grupo, por qué lo hizo, cuál es la ideología de ese grupo, si usted apoyó a un candidato, qué fue lo que hizo por él o ella, etc.

Hay muchas maneras de obtener pruebas a través de documentos adicionales que usted podría suministrar para respaldar más firmemente su caso, tales como las condiciones generales del país en el cual está pidiendo recibir asilo; los hechos específicos en los cuales usted confía para respaldar su petición.

Se consideran importantes los siguientes documentos de respaldo:

- Las cartas de directores de la organización
- Fotos con candidatos del grupo
- Recortes de periódico
- Tarjeta de identificación
- Declaraciones juradas
- Denuncias

Para probar que usted perteneció a un grupo social definido, las pruebas son las mismas. Se podría también agregar documentos que respalden que la persona estuvo dentro de la organización profesional o política y, obviamente, también es importante saber y demostrar cómo y por qué razón usted se unió a ese grupo determinado.

En las preguntas 1A y 1B, se le solicita que describa detalladamente si usted, su familia o sus amigos han experimentado daño o maltrato y si temen regresar a su país de origen porque podrían experimentar daño o maltrato.

Si expresa que no, que sólo está en EE.UU. para escapar temporalmente de la situación, es obvio que no le darán ni siquiera la hora.

Las preguntas 2, 3 y 4 tienen que ver con amenazas y maltratos que su familia pudo haber sufrido. Es importante tener claro que el maltrato no se reduce sólo a lo físico, sino también a lo emocional y lo psicológico. Por ejemplo, se entiende que una serie de llamadas amenazantes afectan la estabilidad emocional de una persona, en especial si son hechas por un grupo al margen de la ley que el gobierno no ha podido controlar. Es fundamental no darse por vencido, ya que hay jurisprudencia que afirma que las llamadas no son suficientes para ganar un caso de asilo, pero hay la que afirma lo contrario. De ahí que haya que explicar la constancia y regularidad de las llamadas, la hora, el contenido y todo aquello que sea relevante para mostrar la amenaza real a partir de las mismas. Además, es trascendente probar con dictámenes psicológicos cómo dichas llamadas afectaron el equilibrio emocional del solicitante o de la persona que recibió las llamadas. De esta manera se puede argumentar con solidez que sí hubo una consecuencia física debido a las llamadas amenazantes.

Parte C: Información adicional sobre su solicitud

La pregunta número 1 pide saber si usted, su cónyuge, sus hijos, padres o hermanos han solicitado al gobierno de EE.UU. el estatus de asilo o Abstención de Remoción. (Si la respuesta es "Sí," debe explicar la decisión y lo que le pasó a cualquiera de los mencionados como resultado de esa decisión. Además debe mencionar si fue o no incluido en la solicitud de su padre o cónyuge).

Si tiene parientes que solicitaron y se les otorgó asilo en EE.UU., es importante mencionarlos. Esto ayuda a cimentar la idea de que la persecución era de naturaleza familiar, y se asume que haya habido una conexión entre las razones de la persecución de sus parientes y la del solicitante.

La pregunta número 2 pide si acaso después de dejar su país en busca de asilo, usted, su cónyuge, hijo o hijos —quienes ahora están en EE.UU. — viajaron o residieron en otro país antes de ingresar a EE.UU. Muchas personas pasan por México, Costa Rica, Guatemala y otros países en su ruta hacia EE.UU. Si el solicitante de asilo obtuvo algún tipo de estatus permanente mientras estuvo en ese o esos lugares, no podrá obtener asilo en EE.UU. bajo el argumento de que bien pudo haberse quedado en ese otro lugar sin tener que venir a EE.UU. a pedir protección. El obtener residencia, aun sea temporal, en otro país en su ruta hacia EE.UU. es fatal para su solicitud de asilo.

Lo mismo ocurre si la persona tiene acceso a una segunda nacionalidad, pues de ser así no hay necesidad de pedir asilo en EE.UU. Este caso es común entre los venezolanos y argentinos, quienes tienen facilidad de obtener ciudadanía española o italiana, respectivamente.

La pregunta número 3 pide saber si usted, su cónyuge, niño o niños han ordenado, incitado, asistido o de alguna forma participado en causas de amenazas o sufrimiento a cualquier persona por su raza, religión, nacionalidad, participación en un grupo social determinado u opinión política definida. Lo que el gobierno busca son básicamente violaciones a los derechos humanos. Esta pregunta es relevante sobre todo si el solicitante fue miembro de las fuerzas armadas o de grupos que de alguna manera tenían acceso a medios para producir violencia. La defensa de haber participado en estos actos en "defensa propia" no es muy creíble.

La pregunta número 4 pregunta si después de abandonar el país en el que recibió o temió las amenazas, si usted volvió a ese país. Al responder afirmativamente debe describir los detalles, las circunstancias, fecha de viaje o viajes, el propósito, el tiempo de duración. Cuantas más veces haya regresado la persona al foco de donde supuestamente salió por persecución, más complicado se vuelve el caso pues la credibilidad de sus argumentos se debilitan con cada viaje.

La pregunta número 5 pide si ha llenado esta solicitud pasado un año de su ingreso en EE.UU. En caso de responder "Sí," deberá explicar por qué no la llenó dentro del año de su llegada. Como le expliqué anteriormente, aunque se debe someter la solicitud dentro del primer año en EE.UU., hay varias excepciones. Véase la página 180 para más información.

La pregunta número 6 pide saber si usted o cualquier miembro de su familia incluido en esta solicitud ha cometido algún delito y/o ha sido arrestado, se le ha formulado algún cargo, o ha sido convicto y sentenciado por cualquier delito en EE.UU. Al responder "Sí," especifique, por cada instancia, su responsabilidad en lo ocurrido y las circunstancias, fechas, duración de la sentencia recibida, lugar, tiempo en prisión, la razón de la convicción o detención o cualquier cargo formal que se hubiera instaurado contra usted o sus familiares incluidos en su solicitud y las razones por las cuales se les dejó en libertad. Es importante reconocer que algunos solicitantes de asilo cometen delitos en EE.UU. Si los mismos son clasificados como delitos menores, las posibilidades de que afecten su caso son pocas. Pero si el delito es catalogado como una felonía, es probable que su caso sea negado.

Parte D: La firma

Después de leer la información y una advertencia donde se le recuerda que el documento se certifica como verdadero y correcto bajo penalidad de perjurio, se firma abajo. Con ello se está autorizando a la verificación de cualquier información. Hay que colocar el nombre completo en letra de imprenta y escribir el nombre en el alfabeto nativo. A un lado hay una casilla para colocar la foto o la del miembro de la familia para ser incluido en la copia extra de la solicitud suministrada por el solicitante.

Parte E: Declaración de la persona que preparó el formulario si es una persona diferente a su cónyuge, padre o hijo(s)

El formulario I-589 pregunta si el solicitante de asilo recibió ayuda para completar el formulario. Tanto el solicitante como quien preparó el formulario son responsables por la veracidad del contenido de este documento. No hay excusas de no haber entendido lo que se firmó. Es esencial, por lo tanto, que antes de firmar, el solicitante haya entendido todo lo que el formulario dice para evitar sorpresas desagradables más adelante.

Recuerde no abusar del derecho que da este país al solicitar asilo. Los abusos sólo sirven para que los que vienen detrás sufran más de lo necesario y encuentren mayores barreras.

Parte F: Para ser llenado durante la entrevista o audiencia

Esta parte se completará durante su entrevista. Simplemente son firmas.

Cómo armar el paquete

A continuación ofrezco una lista completa de todos los requisitos que hay que cumplir en la solicitud, además de los formularios. No olvide que si falta algo (si dejó en blanco algunas respuestas, si no se firmó el formulario, si no lleva la foto requerida, si no hay el número de copias necesarias, etc.) su solicitud será retornada treinta días después de haber sido recibida por el DHS y de esta manera su proceso podría demorarse mucho más tiempo que el requerido por este trámite.

- **El formulario I-589:** un original y dos copias por el solicitante principal, más dos copias por cada dependiente con las páginas suplementarias anexas. Por esta solicitud no se paga nada.
- **Fotografía:** dos fotos a color tipo pasaporte (fondo blanco) por cada solicitante que se encuentre en EE.UU. Debe haber sido tomada no más de treinta días antes de suministrar la solicitud al DHS o EOIR (*Executive Office for Immigration Review*). Con un lápiz debe escribirse en el respaldo el nombre completo de cada persona y el número de extranjero del DHS (A#), si se sabe.
- **Documentos:** las partidas de nacimiento, matrimonio u otros documentos, traducidas al inglés. Tres copias de evidencias primarias (evidencia que lo conecta directamente con la persecución, como un recorte de periódico en que lo mencionan con relación a la persecución que ha experimentado) o secundarias (evidencia indirecta, como una carta de un cura que sabía que usted fue perseguido).
- **Pasaporte:** tres copias de todos sus pasaportes u otros documentos de viaje (tiene que copiar el pasaporte de cubierta a cubierta).
- **Tarjeta I-94** (si entró con inspección)
- **Pruebas:** todas las pruebas de que fue perseguido tal como las mencioné en la explicación correspondiente.

No olvide que si hay documentos en español tendrán que ser traducidos al inglés.

Dónde entregar la solicitud

Aunque el BCIS, una rama del DHS, le confirmará por escrito la recepción de su solicitud, usted puede enviar el formulario rellenado por correo registrado (con acuse de recibo) para guardar en su propio archivo.

A. Solicitud de la manera afirmativa: Si usted no está en un caso de Corte de Inmigración:

Usted enviará su solicitud diligenciada de Asilo y Abstención de Remoción, formulario I-589, y cualquier otra información adicional al Centro de Servicio de BCIS como se indica a continuación:

Si reside en Alabama, Arkansas, Colorado, Puerto Rico, District of Columbia, Florida, Georgia, Louisiana, Maryland, Mississippi, New Mexico, North Carolina, Tennessee, Texas, Virgin Islands, Utah, Virginia, West Virginia, Wyoming o los condados de Western Pennsylvania: Allegheny, Armstrong, Beaver, Bedford, Blair, Bradford, Butler, Cambria, Clarion, Clearfield, Crawford, Elk, Erie, Fayette, Forest, Greene, Indiana, Jefferson, Lawrence, McKean, Mercer, Somerset, Venango, Warren, Washington y Westmoreland, envíe su solicitud a:

BCIS Texas Service Center
Attn: Asylum
P.O Box 851892
Mesquite, TX 75185-1892

Si reside en Arizona, California, condados de Imperial, Los Ángeles, Orange, Riverside, San Bernardino, San Diego, Santa Barbara, San Luis Obispo; o Ventura, Guam, Hawaii; o Nevada, condados de Clark, Esmeralda, Nye o Lincoln, envíe su solicitud a:

BCIS California Service Center
P.O .Box 10589
Laguna Niguel, CA 92607-0589

Si reside en Alaska, Idaho, Illinois, Indiana, Iowa, Kansas, Kentucky, Michigan, Minnesota, Missouri, Montana, Nebraska, North Dakota, Ohio, Oregon, South Dakota, Washington, Wisconsin o un condado en California o Nevada que **no** esté mencionado arriba, envíe su solicitud a:

BCIS Nebraska Service Center
P.O. Box 87589
Lincoln, NE 68501-7589

Si reside en Connecticut, Delaware, Maine, Massachusetts, New
Hampshire, New Jersey, New York, Rhode Island, Vermont, o en un
condado en Pennsylvania que **no** esté mencionado arriba, envíe su solicitud a:

BCIS Vermont Service Center
Attn: Asylum
75 Lower Welden Street
St. Albans, VT 05479-0589

B. Si su caso está en una Corte de Inmigración:

Si en la actualidad su caso está en una Corte de Inmigración, usted
deberá enviar o presentar el formulario I-589 de Solicitud de Asilo
y Abstención de Remoción a la Corte de Inmigración que tenga jurisdicción sobre su caso con su acompañante EOIR-28, si es que tiene
abogado.

Después de entregar la solicitud: tipos de decisiones de asilo

Un solicitante de asilo generalmente recibirá una decisión de su solicitud, con ciertas excepciones, quince días después de haber tenido la
entrevista en un caso afirmativo, o ahí mismo frente al juez si es en la
defensiva. En algunos casos la decisión será enviada al solicitante por
correo con una de las siguientes decisiones:

Obtención del asilo. Un solicitante obtiene asilo cuando se ha determinado que él o ella es elegible de asilo en EE.UU. La decisión generalmente se da quince días después de la entrevista afirmativa, o el mismo
día si se gana en corte de manera defensiva. La recomendación es la

misma, pero sólo existe a nivel afirmativo y se da para darle tiempo al gobierno de poder verificar las huellas o los antecedentes penales de la persona antes de otorgar el asilo final. Eso tarda de uno hasta tres meses. Entonces recibirá un formulario I-94, Registro de Llegadas y Salidas, que indica que ha obtenido el estatus de asilado de acuerdo a la Ley de Inmigración y Nacionalidad. La obtención del asilo se extiende a los dependientes que estén presentes en EE.UU. si fueron incluidos en la petición de asilo del solicitante, siempre y cuando el solicitante pueda comprobar la relación con evidencia.

Un asilado puede solicitar ciertos beneficios, entre los que se incluyen:

1. Autorización de empleo (la tarjeta EAD)
2. Tarjeta de Seguro Social
3. Asistencia de empleo (seguro de desempleo)
4. Derivativos del estatus de asilo (los mismos beneficios para los familiares)
5. Ajuste de estatus (obtener residencia después de un año)
6. Documentos de viaje (utilizando el formulario I-131)

Recomendación de aprobación. Un solicitante recibe esta carta cuando un oficial de asilo está convencido de que su caso debe ser aprobado pero todavía queda pendiente el análisis de las huellas y la investigación de los antecedentes penales. Si el resultado de lo que queda pendiente revela una información derogatoria que afecta la elegibilidad del solicitante, el DHS puede negar el pedido de solicitud de asilo o referirlo a un juez de inmigración para su consideración.

Una recomendación de aprobación es válida para el período de tiempo necesario para obtener la información pendiente para aprobar el caso. La recomendación de aprobación incluye a los dependientes del solicitante que están presentes en EE.UU. y que fueron incluidos en la solicitud de asilo, siempre y cuando el solicitante pueda comprobar la relación con evidencia.

El solicitante de asilo y sus dependientes que fueron incluidos en la decisión de asilo son elegibles para una autorización de trabajo durante el proceso de inspección de los antecedentes penales. Para trabajar en EE.UU., el solicitante y cada miembro de su familia calificado debe solicitar y obtener un documento de Autorización de Empleo (EAD). (Generalmente se puede pedir un permiso de trabajo 150 días después de que se presentó la solicitud, o también cuando recibe una aprobación o una recomendación de aprobación). Si es autorizado, el solicitante puede aceptar empleo sujeto a cualquier restricción en las regulaciones o en la tarjeta.

El solicitante y sus miembros de familia calificados no requieren pagar una tarifa con el pedido o pedidos iniciales de Autorización de Empleo. Para obtener un EAD, el solicitante debe entregar el formulario I-765, Solicitud de Autorización de Empleo, al apropiado Centro de Servicio del USCIS.

Una recomendación de aprobación también se extiende al cónyuge del solicitante y a sus niños fuera de EE.UU. si estuvieron incluidos en la solicitud. Si alguno recibe estatus de asilo derivativo, es admitido en EE.UU. Si el solicitante recibe una aprobación final de asilo, la solicitud le dará derecho a pedir asilo derivativo (y de esa manera se convierte en asilado) a su cónyuge y a cualquier hijo, o hijastro, menor de 21 años dentro del tiempo de la solicitud con el formulario I-730, Petición de Refugiado y Asilo de Familiares.

Referir a una Corte de Inmigración. El caso del solicitante de asilo será referido a una Corte de Inmigración cuando el oficial de asilo no encuentra causas suficientes para otorgar el asilo, y "refiere" el caso a la Corte de Inmigración. Un referido no es una negación de una solicitud de asilo. El solicitante pide que sea considerado (sin reenvío adicional) cuando comparece ante un juez de inmigración en la fecha y hora señalada de un documento que recibirá.

Esta situación ocurre cuando el solicitante postula de forma afirmativa y no se encuentra en un estatus válido o cuando la persona peticiona de forma afirmativa después de haber estado dentro del país por más de doce meses, y el caso es enviado al juez para una decisión final después de una entrevista afirmativa. Es importante observar que si el oficial de asilo encuentra que la razón por haber peticionado después de doce meses es convincente de acuerdo a las excepciones, él mismo puede tomar la decisión sin referir el caso a una Corte de Inmigración. El asilo ganado en corte es una simple orden que otorga el juez después del juicio.

Notificación de Intento de Negación. A un solicitante que está en estatus legal y es considerado inelegible para obtener asilo le será enviado por correo una Notificación de Intento de Negación (NOID). La carta expresará la razón o razones por las cuales el solicitante fue considerado inelegible. Entonces tendrá dieciséis días para enviar una refutación o nuevas evidencias.

"Intento de Negación" es cuando a nivel afirmativo se le da una oportunidad al solicitante para aclarar cualquier contradicción en su solicitud. El término es de dieciséis días y la persona debió haber estado en estatus cuando envió la solicitud para poder recibir ese privilegio. Si el solicitante no responde dentro del tiempo establecido, el pedido de solicitud de asilo puede ser negado. Si el solicitante responde al NOID y contesta de manera convincente, el oficial le otorgará el asilo. Si no contesta de manera convincente y está en estatus legal, recibirá una Negación Final (véase la siguiente sección). En general, si un solicitante recibe una Negación Final no tendrá la oportunidad de volver a defender su caso frente a una corte.

Por otro lado, el solicitante que **no** se encuentra en estatus legal será referido de inmediato a la Corte de Inmigración cuando le llegue la NOID.

Negación Final. A un solicitante que recibe una Notificación de Intento de Negación (NOID) se le enviará una carta de Negación Final si no suministró una refutación de su caso dentro de los dieciséis días establecidos; o si el solicitante envió una refutación, pero la evidencia o el argumento ofrecido no logró vencer los motivos y argumentos por los cuales se le negó su caso en la NOID.

El solicitante no puede apelar la decisión de un oficial de asilo. La negación incluye a cualquier dependiente del solicitante que aparezca en la solicitud de asilo.

Preguntas frecuentes: después de la decisión

¿Qué pasa si pierdo mi caso de asilo?

Si usted está aquí legalmente y pierde su caso, se puede quedar legalmente con la visa que le mantiene legal siempre y cuando la denegación

UNA NOTA ACERCA DE LOS DÍAS REQUERIDOS
PARA REFUTAR O APELAR

Si a usted le deniegan una petición y usted tiene dieciséis días para refutar en el caso afirmativo o treinta días para apelar en el caso defensivo (en la corte), es importante señalar que el DHS tiene que **recibir** la refutación dentro del plazo de días que le dan. Es decir, no significa que usted puede mandar la refutación dieciséis días después de haberlo recibido, porque ya será muy tarde.

Pongamos un ejemplo. Samuel recibió una Notificación de Intento de Negación (NOID) con una fecha del 3 de enero de 2007. Ya que él solicitó el asilo afirmativo, esto significa que su refutación debe llegar al DHS antes del 19 de enero. Por ende, él tiene que mandar la carta de vuelta varios días antes del 19 de enero por correo certificado o por correo rápido (*express*) para asegurarse de que tenga la oportunidad de refutar su caso.

Le doy este ejemplo porque muchos hermanos inmigrantes pierden la oportunidad de refutar o apelar porque no mandan los documentos a tiempo. Entre buscar a alguien que les traduzca la carta, después encontrar un abogado que les ayude con su respuesta (en inglés) y mandarla de vuelta, se les pasa la fecha de entrega. Le ruego que tenga un plan de acción en caso de que esto le ocurra a usted. Asegúrese de que tiene a alguien que le pueda traducir los documentos si usted no domina el inglés, y pídale a amigos recomendaciones de abogados.

ocurra mientras su estatus anterior sea válido. Es decir, si la entrada original que se le dio en su I-94 fue de seis meses y la decisión del asilo cae dentro de esos seis meses, la persona no pierde su visa pero debe, ya sea salir del país, o renovar su estatus para no ser ilegal. Sin embargo, es justo decir que el DHS podría decir más adelante que la persona evidenció intención de quedarse aquí al haber solicitado asilo, lo que podría afectar al solicitante a la hora de querer cambiar su estatus.

Como expliqué anteriormente, si usted está aquí ilegalmente y pierde su caso ante la Corte de Inmigración, tiene treinta días para apelar la orden del juez. Esa apelación se envía a la Junta de Apelaciones de Inmigración. Durante todo ese proceso la persona está legal con derecho a solicitar permiso de trabajo.

Si la apelación ante la Junta de Apelaciones se pierde, la persona tiene treinta días para apelar de nuevo ante la Corte del Circuito Federal. Estas cortes son muy poderosas y sus jueces, gracias a Dios, son nombrados de por vida, lo que garantiza su imparcialidad y los releva de cualquier presión política. En Miami, el circuito es el 11. En Nueva York es el 2 y en California, el 9.

¿De verdad que me pueden remover del país si me niegan el asilo y sigo aquí ilegalmente?

No, si usted no ha agotado todos los recursos de asilo. Por ejemplo, si usted perdió frente a la Corte de Inmigración pero apeló su caso, puede permanecer en el país por la duración de la apelación.

Una vez perdido el caso ante la Junta de Apelaciones la persona queda con orden de remoción. Es decir, a menos que interponga otro remedio y el mismo sea aceptado, usted puede ser deportado de este país. El gobierno no tiene recursos ni mucho interés en remover a todos los solicitantes que pierden sus apelaciones ante la Junta de Apelaciones. Muchos se quedan en el país sin que pase nada. Sin embargo, el sistema se encarga de oprimirlos y aislarlos, pues al no tener nada pendiente ya no hay permiso de trabajo y las personas pierden sus empleos, no pueden renovar sus licencias, etc. Es decir, el gobierno sabe que la persona queda muy mal al perder su caso y confía en que muchos tomarán la decisión de marcharse por su propia voluntad. Pero se equivoca; el inmigrante lucha hasta el final por quedarse aquí y, en el pasado, el que opta por permanecer contra viento y marea, muchas veces termina resolviendo su situación.

¿Y qué pasa si pierdo mi última apelación?

Si pierde la última apelación dentro del círculo de inmigración —es decir, ante la Junta de Apelaciones de Inmigración—, el DHS puede enviar a sus agentes a removerle pues usted tendría ya en su contra una carta de remoción final del país.

¿Tendré que ir a la cárcel, si me envían a la Corte de Inmigración?

En la mayoría de los casos, no.

Si mi solicitud de asilo es aceptada, ¿cuáles son mis próximos pasos?

Si gana y es aceptado como asilado, tiene que esperar doce meses para solicitar su residencia. Este procedimiento de ajuste de estatus en la actualidad dura unos veinticuatro meses; antes eran casi sesenta meses. Usted tiene veinticuatro meses para pedir a su familia inmediata, ya sea que se encuentre en el país o fuera de EE.UU. (para traerlos utilice el formulario I-730).

¿Dónde seré notificado acerca de la decisión en mi petición de asilo?

En la oficina de asilo si es a nivel afirmativo, o en la corte si es defensivo.

¿Cuál será mi estatus después de que me hayan concedido el asilo? ¿Tengo que postular por un ajuste de estatus?

Sí, usted postula por su residencia después de doce meses con los formularios I-485 (ajuste de estatus), I-765 (permiso de trabajo), G-325 (información biográfica) y I-131 (permiso para viajar). Mientras, usted tiene el estatus de asilado y tiene todos los derechos que mencioné anteriormente en la página 182.

¿Qué beneficios puedo obtener después de recibir el asilo?

Los beneficios del asilo son todos los de un residente con la excepción de que no se puede viajar al país de donde se pidió asilo. Por ejemplo, se pueden obtener becas, *Medicaid,* cupones de comida y otros beneficios pero realmente esto se lo dejo a las oficinas federales que se encargan de estos menesteres. Para una lista más extensa, véase la página 206.

¿Puede el estatus de asilo ser revocado?

El asilo puede ser revocado si se prueba fraude en la solicitud de asilo o si, por ejemplo, la persona mintió en cuanto a su pasado criminal. También es revocable el asilo cuando la persona, como asilado o residente permanente, regresa a su país de origen (sólo se debe regresar a su país de origen cuando ya sea ciudadano).

¿Necesito notificar al DHS si me mudo?

Sí, hay que notificar al gobierno si se muda, con el formulario AR-11.

¿Cómo puedo obtener información acerca del estatus de mi caso?

La respuesta es visitando la Corte de Inmigración, si es que el caso está en corte, o esperando una decisión de la oficina de asilo, si es que el caso está a nivel afirmativo.

¿Puedo viajar fuera de EE.UU.?

Si ya es asilado (fue aprobado), usted puede solicitar un permiso de viaje para viajar fuera de EE.UU., con el formulario I-131.

¿Cómo asegura el programa de asilo la calidad y consistencia de sus decisiones de asilo?

El programa de asilo es constantemente evaluado en Washington por el DHS. Creo que funciona mil veces mejor que la Corte de Inmigración, pues en mi opinión está mejor organizado.

Conclusión

El asilo es un remedio inmigratorio que todos debemos atesorar, pues nos da la oportunidad de recibir beneficios y paz cuando venimos de nuestros países en busca de una oportunidad de ser libres y tener una mejor vida. Para mantenerlo, hay que solicitarlo sólo cuando realmente lo merezca. De lo contrario, corremos el riesgo de que sea eliminado para detrimento de todos.

Department of Homeland Security
U.S. Citizenship and Immigration Services

U.S. Department of Justice
Executive Office for Immigration Review

OMB No. 1615-0067; Expires 12/31/07

I-589, Application for Asylum and for Withholding of Removal

START HERE - Please type or print in black ink. See the Instructions for information about eligibilty and how to complete and file this application. There is NO filing fee for this application.

NOTE: Please check this box if you also want to apply for withholding of removal under the Convention Against Torture. ☐

Part A. I. Information about you.

1. Alien Registration Number(s) (A#s) *(If any)*

2. U.S. Social Security Number *(If any)*

3. Complete Last Name

4. First Name

5. Middle Name

6. What other names have you used? *(Include maiden name and aliases.)*

7. Residence in the U.S. *(Where you physically reside.)*

Telephone Number ( )

Street Number and Name

Apt. Number

City

State

Zip Code

8. Mailing Address in the U.S.
(If different than the address in No. 7)

In Care Of *(If applicable):*

Telephone Number ( )

Street Number and Name

Apt. Number

City

State

Zip Code

9. Gender: ☐ Male ☐ Female **10.** Marital Status: ☐ Single ☐ Married ☐ Divorced ☐ Widowed

11. Date of Birth *(mm/dd/yyyy)*

12. City and Country of Birth

13. Present Nationality *(Citizenship)*

14. Nationality at Birth

15. Race, Ethnic or Tribal Group

16. Religion

17. *Check the box, a through c, that applies:* **a.** ☐ I have never been in Immigration Court proceedings.

b. ☐ I am now in Immigration Court proceedings. **c.** ☐ I am **not** now in Immigration Court proceedings, but I have been in the past.

18. *Complete 18 a through c.*

a. When did you last leave your country? *(mmm/dd/yyyy)* _____ **b.** What is your current I-94 Number, if any? _____

c. Please list each entry into the U.S. beginning with your most recent entry.
List date (mm/dd/yyyy), place, and your status for each entry.(Attach additional sheets as needed.)

Date _____ Place _____ Status _____ Date Status Expires: _____

Date _____ Place _____ Status _____

Date _____ Place _____ Status _____

19. What country issued your last passport or travel document?

20. Passport # _____

Travel Document # _____

21. Expiration Date *(mm/dd/yyyy)*

22. What is your native language? *(Include dialect, if applicable.)*

23. Are you fluent in English? ☐ Yes ☐ No

24. What other languages do you speak fluently?

For EOIR use only.

Action:

Interview Date: _____

Asylum Officer ID#: _____

For USCIS use only. Decision:

Approval Date: _____

Denial Date: _____

Referral Date: _____

Form I-589 (Rev. 12/14/06) Y

TRADUCCIÓN DEL FORMULARIO I-589

Parte A.I. INFORMACIÓN ACERCA DE USTED

---

1. Número de extranjero (A#)   **2.** Número de Seguro Social

3. Apellidos completos   **4.** Primer nombre   **5.** Segundo nombre

6. ¿Qué otros nombres ha utilizado usted? (*Incluya nombre de soltera*)

7. Dirección de su lugar de residencia en EE.UU.   Número de teléfono

  Nombre y número de calle (Dirección)   Número de apartamento

  Ciudad   Estado   Código Postal

8. Dirección de correspondencia en EE.UU., si es diferente a la de residencia

  Número de teléfono   Calle y número (Dirección)

  Número de apartamento

  Ciudad   Estado   Código Postal

9. Género: ❑ Masculino   ❑ Femenino

10 Estado Civil: ❑ Soltero(a)   ❑ Casado(a)   ❑ Divorciado(a)   ❑ Viudo(a)

11. Fecha de Nacimiento (mm/dd/aaaa)   **12.** Ciudad y país de nacimiento

13. Nacionalidad actual (*Ciudadanía*)   **14.** Nacionalidad de nacimiento

15. Raza, Tribu/Grupo étnico   **16.** Religión

17. *Marque la casilla según aplique:*

  a. ❑ Nunca he estado en proceso de inmigración ante la Corte

  b. ❑ Ahora estoy en proceso de inmigración ante la Corte

  c. ❑ Ahora no estoy en proceso de inmigración ante la Corte, pero sí lo he estado en el pasado

18. *Complete las casillas de la a. a la c.*

  a. ¿En qué fecha salió por última vez de su país? (mm/dd/aaaa)

  b. ¿Cuál es el número de su I-94 (tarjeta de entrada), si tiene?

  c. Indique cada entrada a EE.UU., comenzando por la más reciente.

  Fecha_____   Lugar_____   Estatus_____   Fecha de Vencimiento_____

19. ¿Qué país le ha emitido su último pasaporte o documento de viaje?

20. Número de pasaporte/Documento de Viaje   **21.** Fecha de vencimiento (mm/dd/aaaa)

22. ¿Cuál es su idioma nativo?   **23.** ¿Habla inglés?   ❑ Sí   ❑ No

24. ¿Qué otros idiomas habla?

Part A. II. Information about your spouse and children.

Your spouse. ☐ I am not married. (Skip to **Your children**, below.)

1. Alien Registration Number (A#) *(If any)*	**2.** Passport/ID Card No. *(If any)*	**3.** Date of Birth *(mm/dd/yyyy)*	**4.** U.S. Social Security No. *(If any)*
5. Complete Last Name	**6.** First Name	**7.** Middle Name	**8.** Maiden Name

9. Date of Marriage *(mm/dd/yyyy)*	**10.** Place of Marriage	**11.** City and Country of Birth
12. Nationality *(Citizenship)*	**13.** Race, Ethnic or Tribal Group	**14.** Gender ☐ Male ☐ Female

15. Is this person in the U.S. ?

☐ Yes *(Complete Blocks 16 to 24.)*   ☐ No *(Specify location.)*

16. Place of last entry in the U.S.	**17.** Date of last entry in the U.S. *(mm/dd/yyyy)*	**18.** I-94 No. *(If any)*	**19.** Status when last admitted *(Visa type, if any)*
20. What is your spouse's current status?	**21.** What is the expiration date of his/her authorized stay, if any? *(mm/dd/yyyy)*	**22.** Is your spouse in Immigration Court proceedings? ☐ Yes ☐ No	**23.** If previously in the U.S., date of previous arrival *(mm/dd/yyyy)*

24. If in the U.S., is your spouse to be included in this application? *(Check the appropriate box.)*

☐ Yes *(Attach one photograph of your spouse in the upper right corner of Page 9 on the extra copy of the application submitted for this person.)*

☐ No

Your children. Please list **all** of your children, regardless of age, location or marital status.

☐ I do not have any children. *(Skip to Part A. III., **Information about your background.**)*

☐ I have children.   Total number of children: _____ .

(**NOTE:** *Use Supplement A Form I-589 or attach additional sheets of paper and documentation if you have more than four children.*)

1. Alien Registration Number (A#) *(If any)*	**2.** Passport/ID Card No. *(If any)*	**3.** Marital Status *(Married, Single, Divorced, Widowed)*	**4.** U.S. Social Security No. *(If any)*
5. Complete Last Name	**6.** First Name	**7.** Middle Name	**8.** Date of Birth *(mm/dd/yyyy)*
9. City and Country of Birth	**10.** Nationality *(Citizenship)*	**11.** Race, Ethnic or Tribal Group	**12.** Gender ☐ Male ☐ Female

13. Is this child in the U.S. ?

☐ Yes *(Complete Blocks 14 to 21.)*   ☐ No *(Specify location.)*

14. Place of last entry in the U.S.	**15.** Date of last entry in the U.S. *(mm/dd/yyyy)*	**16.** I-94 No. *(If any)*	**17.** Status when last admitted *(Visa type, if any)*
18. What is your child's current status?	**19.** What is the expiration date of his/her authorized stay, if any? *(mm/dd/yyyy)*	**20.** Is your child in Immigration Court proceedings? ☐ Yes ☐ No	

21. If in the U.S., is this child to be included in this application? *(Check the appropriate box.)*

☐ Yes *(Attach one photograph of your child in the upper right corner of Page 9 on the extra copy of the application submitted for this person.)*

☐ No

TRADUCCIÓN DEL FORMULARIO I-589

Parte A.II. INFORMACIÓN ACERCA DE SU ESPOSO(A) E HIJOS

Su Esposo(a) (Si no es casado(a), pase a la sección *Sus Hijos*)

1. Número de extranjero

2. Número de pasaporte/identificación

3. Fecha de nacimiento (mm/dd/aaaa)

4. Número de Seguro Social

5. Apellidos completos

6. Primer nombre

7. Segundo nombre

8. Nombre de soltera

9. Fecha de matrimonio (mm/dd/aaaa)

10. Lugar de matrimonio

11. Ciudad y país de nacimiento

12. Nacionalidad

13. Raza, Tribu/Grupo étnico

14. Género: ❏ Masculino   ❏ Femenino

15. ¿Está en EE.UU. esta persona?

❏ Sí (*complete las casillas de la 16 a la 24*)   ❏ No

16. Lugar de entrada a EE.UU.

17. Fecha de última entrada a EE.UU. (mm/dd/aaaa)

18. Número I-94 (si aplica)

19. Estatus en que fue admitido (tipo de visa, si aplica)

20. Estatus de su esposo(a)

21. Fecha vencimiento de entrada (mm/dd/aaaa)

22. ¿Está su esposo(a) en proceso de inmigración ante la corte?   ❏ Sí   ❏ No

23. Si ha estado anteriormente en EE.UU., fecha de entrada anterior (mm/dd/aaaa)

24. Si está su esposo(a) en EE.UU., ¿piensa incluirlo(a) en la solicitud?

   ❏ Sí (*Adjunte una (1) foto de su esposo(a) en la esquina superior derecha de la pág. 9 en la copia extra de la solicitud para esta persona.*)

   ❏ No

Sus Hijos. Nombre a **todos** sus hijos sin importar la edad, ubicación, o estado civil.

❏ No tengo ningún hijo (*pase a la sección A.III* **Información acerca de su pasado.**)

❏ Sí tengo hijos

Número total de hijos ___

(*Utilice el suplemento A del formulario I-589, o adjunte páginas o documentos adicionales si tiene más de 4 hijos.*)

1. Número de extranjero (A#)

2. Número de pasaporte/identificación

3. Estado Civil: Casado(a), Soltero(a), Divorciado(a), Viudo(a)

4. Número de seguro social

5. Apellidos completos

6. Primer nombre

7. Segundo nombre

8. Fecha de nacimiento (mm/dd/aaaa)

9. Ciudad y país de nacimiento

10. Nacionalidad

11. Raza, Tribu/Grupo étnico

12. Género: ❏ Masculino   ❏ Femenino

13. ¿Se encuentra este hijo en EE.UU.?

❏ Sí (complete las casillas de la 14 a la 21)   ❏ No

14. Lugar de última entrada a EE.UU.

15. Fecha de última entrada a EE.UU. (mm/dd/aaaa)

16. Número I-94 (si tiene)

17. Estatus en que fue admitido (tipo de visa, si aplica)

18. Estatus actual de su hijo(a)

19. Fecha vencimiento de entrada (mm/dd/aaaa)

20. ¿Está su hijo(a) en proceso de inmigración ante la corte?   ❏ Sí *(Adjunte una fotografía de su hijo/a en la esquina superior derecha de la página 9, en la copia adicional de la solicitud que usted sometió para esta persona).*   ❏ No

21. Si su hijo(a) está en EE.UU., ¿piensa incluirlo en la solicitud?

Part A. III. Information about your background.

1. Please list your last address where you lived before coming to the U.S. If this is not the country where you fear persecution, also list the last address in the country where you fear persecution. *(List Address, City/Town, Department, Province, or State and Country.)*
   (NOTE: *Use Supplement B, Form I-589 or additional sheets of paper, if necessary.)*

Number and Street *(Provide if available)*	City/Town	Department, Province or State	Country	Dates From *(Mo/Yr)* To *(Mo/Yr)*	

2. Provide the following information about your residences during the past five years. List your present address first.
   (NOTE: *Use Supplement B, Form I-589 or additional sheets of paper, if necessary.)*

Number and Street	City/Town	Department, Province or State	Country	Dates From *(Mo/Yr)* To *(Mo/Yr)*	

3. Provide the following information about your education, beginning with the most recent.
   (NOTE: *Use Supplement B, Form I-589 or additional sheets of paper, if necessary.)*

Name of School	Type of School	Location *(Address)*	Attended From *(Mo/Yr)* To *(Mo/Yr)*	

4. Provide the following information about your employment during the past five years. List your present employment first.
   (NOTE: *Use Supplement B, Form I-589 or additional sheets of paper, if necessary.)*

Name and Address of Employer	Your Occupation	Dates From *(Mo/Yr)* To *(Mo/Yr)*	

5. Provide the following information about your parents and siblings (brothers and sisters). Check the box if the person is deceased.
   (NOTE: *Use Supplement B, Form I-589 or additional sheets of paper, if necessary.)*

Full Name	City/Town and Country of Birth	Current Location	
Mother		☐ Deceased	
Father		☐ Deceased	
Sibling		☐ Deceased	
Sibling		☐ Deceased	
Sibling		☐ Deceased	
Sibling		☐ Deceased	

Parte A, III: Información acerca de su pasado

1. Por favor ponga su última dirección / residencia antes de entrar a EE.UU. Si no es el país donde teme persecución, también ponga su última dirección en el país donde temía ser perseguido.

(Nota: Utilice el Suplemento B del Formulario I-589 o un papel por separado si es necesario.)

| Número y calle | Ciudad | Provincia/Región | País | Fechas |
| | | | | Desde *mm/aa*   Hasta *mm/aa* |

2. Escriba la siguiente información sobre sus residencias por los últimos cinco años (calle, ciudad, país y las fechas que permaneció en cada dirección).

(Nota: Utilice el Suplemento B del Formulario I-589 o un papel por separado si es necesario.)

| Número y calle | Ciudad | Provincia/Región | País | Fechas |
| | | | | Desde *mm/aa*   Hasta *mm/aa* |

3. Escriba la siguiente información sobre su educación comenzando por la más reciente:

(Nota: Utilice el Suplemento B del Formulario I-589 o un papel por separado si es necesario.)

| Nombre de escuela | Tipo de escuela | Dirección | Tiempo de estudio |
| | | | Desde *mm/aa*   Hasta *mm/aa* |

4. Escriba la siguiente información sobre su empleo durante los últimos cinco años comenzando por el actual empleo.

(Nota: Utilice el Suplemento B del Formulario I-589 o un papel por separado si es necesario.)

| Nombre y dirección de empleador | Tipo de ocupación | Fechas de empleo |
| | | Desde *mm/aa*   Hasta *mm/aa* |

5. Escriba la siguiente información acerca de sus padres, hermanos y hermanas, ciudad y país de nacimiento. Marque la casilla si la persona ha fallecido.

(Nota: Utilice el Suplemento B del Formulario I-589 o un papel por separado si es necesario.)

Nombre completo	Ciudad y país de nacimiento	Ubicación actual
Madre		❑ Fallecida
Padre		❑ Fallecido
Hermano/a		❑ Fallecido/a
Hermano/a		❑ Fallecido/a
Hermano/a		❑ Fallecido/a
Hermano/a		❑ Fallecido/a

Part B. Information about your application.

(NOTE: Use Supplement B, Form I-589 or attach additional sheets of paper as needed to complete your responses to the questions contained in Part B.)

When answering the following questions about your asylum or other protection claim (withholding of removal under 241(b)(3) of the INA or withholding of removal under the Convention Against Torture) you should provide a detailed and specific account of the basis of your claim to asylum or other protection. To the best of your ability, provide specific dates, places and descriptions about each event or action described. You should attach documents evidencing the general conditions in the country from which you are seeking asylum or other protection and the specific facts on which you are relying to support your claim. If this documentation is unavailable or you are not providing this documentation with your application, please explain why in your responses to the following questions.

Refer to Instructions, Part 1: Filing Instructions, Section II, "Basis of Eligibility," Parts A - D, Section V, "Completing the Form," Part B, and Section VII, "Additional Evidence That You Should Submit," for more information on completing this section of the form.

1. Why are you applying for asylum or withholding of removal under section 241(b)(3) of the INA, or for withholding of removal under the Convention Against Torture? Check the appropriate box(es) below and then provide detailed answers to questions A and B below:

I am seeking asylum or withholding of removal based on:

☐ Race

☐ Religion

☐ Nationality

☐ Political opinion

☐ Membership in a particular social group

☐ Torture Convention

A. Have you, your family, or close friends or colleagues ever experienced harm or mistreatment or threats in the past by anyone?

☐ No   ☐ Yes

If "Yes," explain in detail:

(1) What happened;

(2) When the harm or mistreatment or threats occurred;

(3) Who caused the harm or mistreatment or threats; and

(4) Why you believe the harm or mistreatment or threats occurred.

B. Do you fear harm or mistreatment if you return to your home country?

☐ No   ☐ Yes

If "Yes," explain in detail:

(1) What harm or mistreatment you fear;

(2) Who you believe would harm or mistreat you; and

(3) Why you believe you would or could be harmed or mistreated.

Parte B: Información acerca de su solicitud

(Nota: Utilice el Suplemento B del Formulario I-589 o un papel por separado si es necesario para completar sus respuestas a estas preguntas.)

En esta parte hay una advertencia que expresa que cuando usted responda deberá proporcionar una cuenta detallada y específica de lo básico de su petición de asilo u otra protección. Debe expresar habilidad, suministrar fechas específicas, lugares y descripciones lo mejor posible acerca de cada acción. Debe adjuntar documentos que pueden comprobar las condiciones generales en el país que usted está huyendo y los hechos y eventos específicos que usted está usando para respaldar su caso. Si esta documentación no está disponible o si usted no está sometiendo esta documentación en su petición, por favor explique por qué en sus respuestas a las siguientes preguntas.

1. ¿Por qué causa está usted solicitando asilo o abstención de remoción bajo la sección 241(b)(3) del INA (la Ley de Inmigración y Naturalización), o para abstención de remoción bajo la convención contra la tortura? Marque la(s) casilla(s) que corresponde(n) y después describa con detalle las respuestas a las preguntas A y B.

Estoy solicitando asilo o abstención de remoción basado en (mi):

❑ Raza   ❑ Opinión política   ❑ Religión

❑ Membresía a un grupo social   ❑ Nacionalidad   ❑ Convención de tortura

A. ¿Usted, su familia, amigos cercanos o colegas ha experimentado en cualquier caso peligro, maltrato o amenaza en el pasado por parte de alguna persona?   ❑ No   ❑ Sí

Si la respuesta es "Sí", explique en detalle:

1. ¿Qué pasó?

2. ¿Cuándo ocurrió el daño, maltrato o amenaza?

3. ¿Qué causó el daño, maltrato o amenaza?

4. ¿Por qué cree que ocurrió el daño, maltrato o amenaza?

B. ¿Teme usted algún daño, maltrato o amenaza si regresa a su país de origen?   ❑ No   ❑ Sí

Si la respuesta es "Sí", explique en detalle:

1. El daño o maltrato que teme;

2. La(s) persona(s) quien(es) le haría daño o maltrataría;

3. La razón por la cual le harían o podrían hacer daño o maltratar.

Part B. Information about your application. (Continued.)

2. Have you or your family members ever been accused, charged, arrested, detained, interrogated, convicted and sentenced, or imprisoned in any country other than the United States?

☐ No   ☐ Yes

If "Yes," explain the circumstances and reasons for the action.

3.A. Have you or your family members ever belonged to or been associated with any organizations or groups in your home country, such as, but not limited to, a political party, student group, labor union, religious organization, military or paramilitary group, civil patrol, guerrilla organization, ethnic group, human rights group, or the press or media?

☐ No   ☐ Yes

If "Yes," describe for each person the level of participation, any leadership or other positions held, and the length of time you or your family members were involved in each organization or activity.

B. Do you or your family members continue to participate in any way in these organizations or groups?

☐ No   ☐ Yes

If "Yes," describe for each person your or your family members' current level of participation, any leadership or other positions currently held, and the length of time you or your family members have been involved in each organization or group.

4. Are you afraid of being subjected to torture in your home country or any other country to which you may be returned?

☐ No   ☐ Yes

If "Yes," explain why you are afraid and describe the nature of torture you fear, by whom, and why it would be inflicted.

Parte B: Información acerca de su solicitud (continuación)

2. ¿Ha sido usted o algún miembro de su familia acusado, arrestado, detenido, interrogado, declarado culpable y sentenciado o encarcelado en cualquier país fuera de EE.UU.?

❏ No   ❏ Sí

Si la respuesta es "Sí", debe explicar las circunstancias y razones de esta acción.

3A. ¿Ha pertenecido o ha sido asociado usted o algún miembro de su familia con algún partido político, grupo de estudiantes, sindicato, organización religiosa, militar, grupo paramilitar, de defensa civil, organización guerrillera, grupo étnico, grupo de derechos humanos o de prensa y medios de comunicación?

❏ No   ❏ Sí

Si la respuesta es "Sí", debe describir por cada persona el nivel de participación, liderazgo u otra posición y la cantidad de tiempo que usted o su familia estuvieron relacionados con cada organización o actividad.

B. ¿Continúa participando usted o algún miembro de su familia en cualquier sentido en esas organizaciones o grupos?

❏ No   ❏ Sí

Si la respuesta es "Sí", responda tal como se exigió en el punto anterior.

C. ¿Tiene usted miedo de ser expuesto a tortura en su país o en cualquier otro país al que regrese?

❏ No   ❏ Sí

Si la respuesta es "Sí", explique por qué tiene miedo, describa la naturaleza de la tortura que teme, por quién o quiénes y por qué esto podría suceder.

Part C. Additional information about your application.

(**NOTE:** *Use Supplement B, Form I-589 or attach additonal sheets of paper as needed to complete your responses to the questions contained in Part C.*)

1. Have you, your spouse, your child(ren), your parents or your siblings ever applied to the U. S. Government for refugee status, asylum or withholding of removal?

   ☐ No   ☐ Yes

   If "Yes," explain the decision and what happened to any status you, your spouse, your child(ren), your parents or your siblings received as a result of that decision. Please indicate whether or not you were included in a parent or spouse's application. If so, please include your parent or spouse's A-number in your response. If you have been denied asylum by an Immigration Judge or the Board of Immigration Appeals, please describe any change(s) in conditions in your country or your own personal circumstances since the date of the denial that may affect your eligibility for asylum.

2. **A.** After leaving the country from which you are claiming asylum, did you or your spouse or child(ren) who are now in the United States travel through or reside in any other country before entering the United States?   ☐ No   ☐ Yes

   B. Have you, your spouse, your child(ren) or other family members, such as your parents or siblings, ever applied for or received any lawful status in any country other than the one from which you are now claiming asylum?

   ☐ No   ☐ Yes

   If "Yes" to either or both questions (2A and/or 2B), provide for each person the following: the name of each country and the length of stay, the person's status while there, the reasons for leaving, whether or not the person is entitled to return for lawful residence purposes, and whether the person applied for refugee status or for asylum while there, and if not, why he or she did not do so.

3. Have you, your spouse or your child(ren) ever ordered, incited, assisted or otherwise participated in causing harm or suffering to any person because of his or her race, religion, nationality, membership in a particular social group or belief in a particular political opinion?

   ☐ No   ☐ Yes

   If "Yes," describe in detail each such incident and your own, your spouse's or your child(ren)'s involvement.

Parte C: Información adicional sobre su solicitud

1. ¿Han solicitado usted, su cónyuge, sus hijos, padres o hermanos al gobierno de EE.UU. el estatus de asilo o Abstención de Remoción?

❏ No   ❏ Sí

Si la respuesta es "Sí", debe explicar la decisión y qué pasó a cualquiera de los mencionados como resultado de esa decisión. Además incluya si fue o no incluido en la solicitud de su padre o cónyuge. Si hay parientes que han solicitado asilo en EE.UU. y se les ha otorgado, por favor incluya su número "A" de extranjero. Si fue denegado el asilo, por favor describa cualquier condición en su país o en su propia circunstancia personal desde la fecha de la denegación que pueda afectar su eligibilidad para obtener asilo.

2. A. Después de dejar su país en busca de asilo ¿han viajado o residido en otro país usted, su cónyuge, hijo o hijos — quienes ahora están en EE.UU.— antes de ingresar a EE.UU.?

❏ No   ❏ Sí

B. ¿Han recibido usted, su cónyuge, sus hijos u otro miembro de la familia (como sus padres o hermanos) algún estatus legal de residencia fuera del país del cual usted pide asilo?

❏ No   ❏ Sí

Si la respuesta es "Sí" a cualquiera de las dos preguntas (2A y 2B), escriba lo siguiente: el nombre de cada país y la cantidad de tiempo que permaneció ahí, su estatus durante la estadía ahí, las razones por las cuales se fue de ese país. También explique si la persona pidió asilo o estatus de refugiado ahí, y si no, por qué no lo pidió.

3. ¿Han ordenado, incitado, asistido o de cualquier forma participado en causas de amenazas o sufrimiento usted, su cónyuge, niño o niños a alguna persona por su raza, religión, nacionalidad, participación en un grupo social determinado u opinión política definida?

❏ No   ❏ Sí

Si la respuesta es "Sí", debe describir en detalle cada incidente personal o en que haya estado envuelto usted, su cónyuge o sus hijos.

Part C. Additional information about your application. (Continued.)

4. After you left the country where you were harmed or fear harm, did you return to that country?

☐ No   ☐ Yes

If "Yes," describe in detail the circumstances of your visit(s) (for example, the date(s) of the trip(s), the purpose(s) of the trip(s) and the length of time you remained in that country for the visit(s).)

5. Are you filing this application more than one year after your last arrival in the United States?

☐ No   ☐ Yes

If "Yes," explain why you did not file within the first year after you arrived. You should be prepared to explain at your interview or hearing why you did not file your asylum application within the first year after you arrived. For guidance in answering this question, see Instructions, Part 1: Filing Instructions, Section V. "Completing the Form," Part C.

6. Have you or any member of your family included in the application ever committed any crime and/or been arrested, charged, convicted and sentenced for any crimes in the United States?

☐ No   ☐ Yes

If "Yes," for each instance, specify in your response: what occurred and the circumstances, dates, length of sentence received, location, the duration of the detention or imprisonment, the reason(s) for the detention or conviction, any formal charges that were lodged against you or your relatives included in your application and the reason(s) for release. Attach documents referring to these incidents, if they are available, or an explanation of why documents are not available.

Parte C: Información adicional sobre su solicitud (continuación).

4. Después que abandonó el país en donde recibió el daño o temor de éste, ¿volvió usted a ese país?

❏ No   ❏ Sí

Si la respuesta es "Sí", debe describir los detalles, las circunstancias, fecha de viaje o viajes, el propósito, el tiempo de duración.

5. ¿Ha llenado esta solicitud pasado un año de su ingreso a EE.UU.?

❏ No   ❏ Sí

Si la respuesta es "Sí", debe explicar por qué no la llenó dentro del año de su llegada.

6. ¿Ha cometido usted o cualquier miembro de su familia incluido en esta solicitud algún delito y/o ha sido arrestado, se le ha formulado cargos, ha sido declarado culpable y sentenciado por cualquier delito en EE.UU.?

❏ No   ❏ Sí

Si la respuesta es "Sí", especifique, por cada instancia, su responsabilidad en lo ocurrido y las circunstancias, fechas, duración de la sentencia recibida, lugar, tiempo en prisión, la razón de la convicción o detención o cualquier cargo formal que se hubiera instaurado contra usted o sus familiares incluidos en su solicitud y las razones por las cuales se les dejó en libertad.

Part D. Your Signature.

I certify, under penalty of perjury under the laws of the United States of America, that this application and the evidence submitted with it are all true and correct. Title 18, United States Code, Section 1546(a), provides in part: Whoever knowingly makes under oath, or as permitted under penalty of perjury under Section 1746 of Title 28, United States Code, knowingly subscribes as true, any false statement with respect to a material fact in any application, affidavit, or other document required by the immigration laws or regulations prescribed thereunder, or knowingly presents any such application, affidavit, or other document containing any such false statement or which fails to contain any reasonable basis in law or fact - shall be fined in accordance with this title or imprisoned for up to 25 years. I authorize the release of any information from my immigration record that U.S. Citizenship and Immigration Services (USCIS) needs to determine eligibility for the benefit I am seeking.

Staple your photograph here or the photograph of the family member to be included on the extra copy of the application submitted for that person.

WARNING: Applicants who are in the United States illegally are subject to removal if their asylum or withholding claims are not granted by an asylum officer or an immigration judge. Any information provided in completing this application may be used as a basis for the institution of, or as evidence in, removal proceedings even if the application is later withdrawn. Applicants determined to have knowingly made a frivolous application for asylum will be permanently ineligible for any benefits under the Immigration and Nationality Act. You may not avoid a frivolous finding simply because someone advised you to provide false information in your asylum application. If filing with USCIS, unexcused failure to appear for an appointment to provide biometrics (such as fingerprints) and your biographical information within the time allowed may result in an asylum officer dismissing your asylum application or referring it to an immigration judge. Failure without good cause to provide DHS with biometrics or other biographical information while in removal proceedings may result in your application being found abandoned by the immigration judge. See sections 208(d)(5)(A) and 208(d)(6) of the INA and 8 CFR sections 208.10, 1208.10, 208.20, 1003.47(d) and 1208.20.

Print your complete name.	Write your name in your native alphabet.

Did your spouse, parent or child(ren) assist you in completing this application? ☐ No ☐ Yes *(If "Yes," list the name and relationship.)*

_____ _____ _____ _____
(Name) *(Relationship)* *(Name)* *(Relationship)*

Did someone other than your spouse, parent or child(ren) prepare this application? ☐ No ☐ Yes *(If "Yes,"complete Part E.)*

Asylum applicants may be represented by counsel. Have you been provided with a list of persons who may be available to assist you, at little or no cost, with your asylum claim? ☐ No ☐ Yes

Signature of Applicant *(The person in Part A.I.)*

[_____]   _____
Sign your name so it all appears within the brackets   Date *(mm/dd/yyyy)*

Part E. Declaration of person preparing form, if other than applicant, spouse, parent or child.

I declare that I have prepared this application at the request of the person named in Part D, that the responses provided are based on all information of which I have knowledge, or which was provided to me by the applicant, and that the completed application was read to the applicant in his or her native language or a language he or she understands for verification before he or she signed the application in my presence. I am aware that the knowing placement of false information on the Form I-589 may also subject me to civil penalties under 8 U.S.C. 1324c and/or criminal penalties under 18 U.S.C. 1546(a).

Signature of Preparer	Print Complete Name of Preparer	
Daytime Telephone Number ( )	Address of Preparer: Street Number and Name	
Apt. No.	City	State	Zip Code

Parte D. Firma

Yo certifico, bajo pena de perjurio y bajo las leyes de Estados Unidos de América, que esta solicitud y la evidencia suministrada es correcta y verdadera. El título 18 del Código de Estados Unidos, Sección 1546 (a), provee en parte: Bajo pena de perjurio y bajo la Sección 1746 del Título 28 del Código de Estados Unidos, cualquier persona conociendo de antemano jure, y subscriba información falsa como verdadera con respecto a un factor de material en cualquier solicitud, affidávit, u otro documento requerido por las leyes de inmigración, o presente cualquier solicitud, affidavit, u otro documento conteniendo un dato falso como verdadero o falle en contener base razonable en ley o factor —tendrá que ser multado en acuerdo con esto estipulado o puesto en prisión hasta 25 años. Yo autorizo cualquier información de mi historial de inmigración que el Servicio de Inmigración y Ciudadanía de Estados Unidos necesite para determinar eligibilidad para el beneficio que busco.

AVISO: Solicitantes que se encuentren en Estados Unidos ilegalmente son sujeto de remoción si su asilo o reclamos no son otorgados por un oficial de asilo o juez de inmigración. Cualquier información provista en completar esta solicitud puede ser usada como base para la institución de, o como evidencia en, procedimientos de remoción aun si la solicitud es removida. Aplicantes que sabiéndolo de antemano hagan una solicitud de asilo frívola serán permanentemente inelegibles para cualquier beneficio bajo el Acta de Nacionalidad e Inmigración. Usted no será libre de cargos sólo porque alguien le aconsejó de proveer información falsa en su solicitud de asilo. Si llena la solicitud con el Servicio de Inmigración y falla (sin excusa) en aparecer a una cita de biométricas, como por ejemplo huellas, y de proveer su información biográfica en el tiempo estipulado, esto podría dar como resultado que un oficial descarte su solicitud de asilo o que ésta sea referida a un juez de inmigración. Si falla sin buena causa de proveer al Departamento de Seguridad Interna con biométricos u otra información biográfica una vez ya en procedimientos de remoción, puede resultar que su solicitud sea encontrada abandonada por un juez de inmigración. Véase sección 208(d)(5)(A) y 208(d)(6) del INA y 8 CFR secciones 208.10, 1208.10, 208.20, 1003.47(d) y 1208.20.

Nombre completo   Nombre en lenguaje nativo

¿Le ayudó su esposo(a), padre o hijos(as) a preparar esta solicitud?

❑ No   ❑ Sí (*si responde "Sí", escriba sus nombres y la relación con usted*)

(*Nombre*)   (*Relación*)   (*Nombre*)   (*Relación*)

¿Preparó esta solicitud otra persona que no fuera su esposo(a), padres o hijos(as)?

❑ No   ❑ Sí (*Si responde "Sí", complete parte E.*)

Solicitantes de asilo pueden ser representados por un abogado. ¿Se le ha provisto con una lista de personas que le pueden ayudar a poco o ningún costo, con su reclamo de asilo?   ❑ No   ❑ Sí

Firma del solicitante (*La persona en la parte A.I.*)

Firme su nombre entero entre el paréntesis   Fecha (*mm/dd/aaaa*)

Parte E. Declaración de la persona que prepara este formulario si no es el solicitante, cónyuge, padre o hijo.

Yo declaro que he preparado esta solicitud de acuerdo con la persona en la parte D, que las respuestas provistas son basadas en la información de la cual yo tengo conocimiento, o de la que se me ha provisto por el solicitante, y que la solicitud completa fue leída al solicitante en su lenguaje nativo o lenguaje que él (ella) entiende para verificación antes de que él o ella firmen en mi presencia. Sé de antemano que si algún dato falso es dado por verdadero en el formulario I-589, me haría también sujeto(a) a pena civiles bajo 8 U.S.C. 1324c y/o pena criminales bajo 18 U.S.C. 1546 (a.).

Firma   Nombre completo en mayúsculas

Número de teléfono   Dirección: número y nombre de calle

Número de apartamento   Ciudad   Estado   Código postal

Part F. To be completed at asylum interview, if applicable.

NOTE: *You will be asked to complete this Part when you appear for examination before an asylum officer of the Department of Homeland Security, U.S. Citizenship and Immigration Services (USCIS).*

I swear (affirm) that I know the contents of this application that I am signing, including the attached documents and supplements, that they are ☐ all true or ☐ not all true to the best of my knowledge and that correction(s) numbered _____ to _____ were made by me or at my request. Furthermore, I am aware that if I am determined to have knowingly made a frivolous application for asylum I will be permanently ineligible for any benefits under the Immigration and Nationality Act and that I may not avoid a frivolous finding simply because someone advised me to provide false information in my asylum application.

Signed and sworn to before me by the above named applicant on:

_____   _____
Signature of Applicant   Date *(mm/dd/yyyy)*

_____   _____
Write Your Name in Your Native Alphabet   Signature of asylum officer

Part G. To be completed at removal hearing, if applicable.

NOTE: *You will be asked to complete this Part when you appear before an immigration judge of the U.S. Department of Justice, Executive Office for Immigration Review (EOIR), for a hearing.*

I swear (affirm) that I know the contents of this application that I am signing, including the attached documents and supplements, that they are ☐ all true or ☐ not all true to the best of my knowledge and that correction(s) numbered _____ to _____ were made by me or at my request. Furthermore, I am aware that if I am determined to have knowingly made a frivolous application for asylum I will be permanently ineligible for any benefits under the Immigration and Nationality Act and that I may not avoid a frivolous finding simply because someone advised me to provide false information in my asylum application.

Signed and sworn to before me by the above named applicant on:

_____   _____
Signature of Applicant   Date *(mm/dd/yyyy)*

_____   _____
Write Your Name in Your Native Alphabet   Signature of immigration judge

Parte F. Para ser completado en el momento de la entrevista de asilo, si es aplicable.

NOTA: Se le pedirá que complete esta parte cuando se presente a examinación ante un oficial del Departamento de Seguridad Interna de los Estados Unidos.

Yo juro (afirmo) que conozco el contenido de esta solicitud que estoy firmando, incluyendo los documentos y suplementos adjuntos, que son ❑ verdaderos o ❑ no todos verdaderos según mi entender y saber y que las correcciones enumeradas _____ al _____ fueron hechas por mí o a petición mía. Además, sé que si se determina que a sabiendas completé una solicitud frívola de asilo, seré permanentemente ilegible para cualquier beneficio bajo el Acta de Nacionalidad de Inmigración y que no seré libre de cargos sólo porque alguien me aconsejó de proveer información falsa en mi solicitud de asilo.

Firmó y juró ante mí el solicitante:

Firma del solicitante   Fecha (*mm/dd/aaaa*)

Escriba su nombre en su alfabeto nativo   Firma del oficial de asilo

Parte G. Para ser completado en la audición de remoción, si es aplicable.

NOTA: Se le pedirá llenar esta parte cuando comparezca ante un juez de inmigración del Departamento de Justicia de los Estados Unidos (EOIR), para una audiencia.

Yo juro (afirmo) que conozco el contenido de esta solicitud que estoy firmando, incluyendo los documentos y suplementos adjuntos, que son ❑ verdaderos o ❑ no todos verdaderos según mi entender y saber y que las correcciones enumeradas _____ al _____ fueron hechas por mí o a petición mía. Además, sé que si se determina que a sabiendas completé una solicitud frívola de asilo, seré permanentemente inelegible para cualquier beneficio bajo el Acta de Nacionalidad de Inmigración y que no seré libre de cargos sólo porque alguien me aconsejó de proveer información falsa en mi solicitud de asilo.

Firmó y juró ante mí el solicitante:

Firma del solicitante   Fecha (*mm/dd/aaaa*)

Escriba su nombre en su alfabeto nativo   Firma del juez de inmigración

Capítulo 4

Otras peticiones

La lotería de visas

La lotería de visas o el "programa de Visas de Diversificación" es un programa especial creado por el Departamento de Estado hace ya un buen tiempo con el propósito de equiparar la inmigración legal hacia EE.UU. Estas visas son realmente residencias permanentes regaladas al azar por sorteo computarizado a cierta cantidad de personas que califican. Actualmente se rifan 50.000 visas cada año; el Departamento de Estado determina el número de visas disponibles anualmente. Para solicitar no hay costo alguno, pero si usted gana una visa, tendrá que pagar los aranceles asociados con los formularios para obtener la residencia permanente, ya sea en EE.UU. o en el exterior vía el proceso consular.

Las visas se distribuyen entre seis regiones geográficas; el mayor número se concede a las regiones que tienen los índices más bajos de inmigración a EE.UU., y no se concede ninguna visa a los ciudadanos de aquellos países que hayan enviado a más de 50.000 inmigrantes a EE.UU. en los últimos cinco años. Los países que pertenecen a esta segunda categoría no califican para el sorteo —el resto sí reúne los requisitos. Por esta razón, países como El Salvador y México —los cuales reciben

---

PAÍSES LATINOAMERICANOS QUE NO REÚNEN LOS REQUISITOS PARA LA LOTERÍA DE 2008

Los países que pueden calificar para la lotería cambian cada año, según la cantidad de peticiones para visas en los últimos cinco años. Para la lotería de 2008 (cuyo período de registro fue a finales del 2006), los siguientes países latinoamericanos *no* son aptos para solicitar:

- Brasil
- Colombia
- El Salvador
- México
- Perú
- República Dominicana

En mi experiencia, México, El Salvador y la República Dominicana no califican casi nunca por la cantidad de visas que se otorgan a esos países cada año. Pero hace poco Brasil, Colombia y Perú sí eran aptos, así que es importante consultar la lista de países aptos en el sitio de Internet www.dvlottery.state.gov.

---

muchas visas vía peticiones familiares y Certificaciones Laborales— han sido excluidos en varios ciclos de estas loterías de visas.

Hay que cumplir con dos requisitos básicos para poder participar en la lotería:

1. **El solicitante debe ser "nativo" de uno de los países aptos.** Las reglas de la lotería dictan que usted es un "nativo" si:

- Nació en un país apto.
- Su cónyuge nació en un país apto (en este caso usted puede asumir el país de nacimiento de su cónyuge, siempre y cuando se expidan las visas al solicitante y al cónyuge al mismo tiempo).
- Es soltero y tiene menos de 21 años, y uno de sus padres nació en un

país apto (en este caso usted puede asumir el país de nacimiento de ese padre).

- Usted y sus padres nacieron en países diferentes, y ellos no residían en su país de nacimiento en el momento que usted nació (en este caso usted puede asumir el país de uno de ellos). Por ejemplo, si usted nació en México de padres venezolanos que en ese momento estaban de vacaciones en México, usted puede asumir el país de Venezuela para la lotería.

2. El solicitante debe cumplir con el requisito educativo/laboral. Hay dos formas de cumplir con este requisito:

- Usted tiene que haber completado por lo menos la educación secundaria o su equivalente. Ojo: Note que no se acepta lo que en EE.UU. se conoce como el examen de GED (equivalencia de la escuela superior).
- Si no completó la educación secundaria, no se asuste. Aún puede calificar si durante por lo menos dos de los últimos cinco años trabajó en una ocupación clasificada por el Departamento de Trabajo como un trabajo cuyo desempeño requiere al menos dos años de experiencia (para más información, visite http://online.onetcenter.org).

Obsérvese bajo el requisito número uno que si usted está casado y no proviene de un país apto pero su cónyuge sí, ambos pueden enviar su propia solicitud usando el país de su cónyuge. Si uno de los dos gana la lotería, el otro también podrá recibir su tarjeta verde al mismo tiempo. Para que esto ocurra, sólo asegúrese de incluir el nombre de su cónyuge en la solicitud (la solicitud explícitamente le pedirá esta información). Siempre recomiendo que cada uno presente su propia solicitud, para mejorar sus posibilidades de ganar la lotería.

> *Usted y su cónyuge deben presentar una solicitud para cada uno. Si uno de los dos gana la lotería, el otro también podrá recibir su tarjeta verde al mismo tiempo.*

La solicitud es sencilla y sólo se puede hacer por Internet directamente con el Departamento de Estado. La direccion es www.dvlottery.state.gov. Cuando se envía la solicitud le llegará una confirmación electrónica. Sólo se puede enviar una sola petición por persona. Si se envía más de una, la solicitud es declarada nula.

Los datos que se envían mediante la solicitud electrónica son:

1. Nombre completo
2. Fecha de nacimiento
3. Sexo
4. Ciudad/Pueblo de nacimiento
5. País de nacimiento
6. País de elegibilidad para la lotería de visas
7. Fotografía del solicitante (y de su cónyuge e hijos; una foto de frente para cada individuo)
8. Dirección postal
9. País donde vive actualmente
10. El más alto nivel de estudios que ha alcanzado hasta ahora
11. Estado civil
12. Información sobre el cónyuge e hijos (nombre y apellido, fecha de nacimiento, sexo, ciudad/pueblo de nacimiento, país de nacimiento, fotografía. Necesita listar a su cónyuge y a **todos** sus hijos menores de 21 años; de no hacerlo, su solicitud será descalificada)

Ojo con estos datos, pues la dirección denota dónde se encuentra usted físicamente y si usted pone que está en EE.UU. y no tiene estatus, aunque usted resulte ganador no obtendrá su visa por estar ilegalmente en el país. Por lo tanto, si usted no tiene estatus no solicite, pues está usted perdiendo su tiempo y potencialmente "gastando" visas que no podrán ser ejecutadas.

El ciclo de solicitación empieza en octubre y acaba en diciembre. Las fechas exactas varían cada año, así que por favor consulte www.dvlottery.state.gov para más información. Los ganadores son notificados entre mayo y junio del año siguiente. Si usted es ganador y se encuentra dentro de EE.UU., le llegará una notificación por correo del Departamento de Estado con su nombre y el de sus

> *Si gana una visa y se encuentra sin estatus legal en EE.UU., no podrá obtener esta visa.*

beneficiarios, los cuales pueden ser su esposa(o) y sus niños solteros menores de 21 años. Esa notificación contendrá además su número de visa. Ojo con esto: El haber sido seleccionado como ganador por el Departamento de Estado no garantiza automáticamente que recibirá una visa. No todos los ganadores podrán obtener la visa aunque califiquen, pues el Departamento de Estado inicialmente selecciona a más de 50.000 ganadores. Hacen esto porque saben que algunas de las personas seleccionadas no podrán reunir todos los requisitos para conseguir la visa, y por lo tanto seleccionan a más de 50.000 solicitantes para asegurar que se repartan todas las visas disponibles. Cuando le llegue su notificación con su número, ese número corresponde al lugar que usted ocupa (su turno) dentro de los números asignados a su país.

> *El haber sido seleccionado como ganador por el Departamento de Estado no garantiza que automáticamente recibirá una visa, aunque sí es probable que la reciba.*

Lea bien las instrucciones en su notificación, pues éstas le dejarán saber la fecha límite en que se expedirán las visas. Usted debe reunir **todos** los criterios para que le puedan expedir la visa para esa fecha; de lo contrario, pierde la visa. Por lo tanto, si está dentro del país legalmente y le notifican que es un ganador, proceda usted a reunir:

- El formulario I-485 (*vea* el Capítulo 5) para el ajuste de estatus (valor $930 más $80 por requisitos biométricos)
- El formulario G-325 que detalla su información biográfica (sin costo)
- 4 fotos de frente tamaño pasaporte
- Un examen médico de inmigración (el DHS o el consulado le puede dar una lista de médicos). Traiga consigo el formulario I-693. El médico se lo llenará y devolverá en un sobre sellado. **No abra el sobre;** sencillamente inclúyalo en el paquete.
- Partida de nacimiento
- Prueba de matrimonio
- Prueba de estadía legal (si se encuentra en EE.UU.)
- Prueba que usted aprobó al menos la educación secundaria, o que tiene dos años de experiencia laboral (de los últimos cinco años) en un oficio por el cual se requiere al menos dos años de experiencia

- Informe de policía de la ciudad en la que vive
- Un cheque o giro postal para cada uno de los aranceles mencionados

Si su cónyuge o sus hijos también quieren obtener visas cuando usted reciba la suya, cada uno de ellos debe enviar estos documentos. La solicitud de ajuste se envía al centro regional del DHS que se encarga de este tipo de ajuste, y dicho centro notificará a la oficina local de DHS para hacerle una entrevista con un oficial. En la entrevista de ajuste, el oficial de DHS comprobará todos los criterios que detallé aquí anteriormente.

Si la persona se encuentra fuera del país, se procede a llenar los formularios que requiere el Departamento de Estado para procesos consulares que implican una visa de inmigrante. Para ver cuáles son estos formularios, por favor véase el Capítulo 8. La persona es entrevistada por un cónsul, quien otorgará la visa de inmigrante si todos los documentos están en orden.

Latinoamérica recibe en realidad pocas de las 50.000 visas al año, ya que la mayoría de los países aptos se encuentran en Asia, África y Europa. Por lo tanto, la mayoría de las visas se las llevan los europeos, los africanos y los asiáticos. De todas maneras, si usted califica, complete bien su solicitud. Recuerde que no hay costo alguno para participar en el sorteo y los beneficios son enormes, pues la ansiada tarjeta verde le cae del cielo sin tener que emprender procesos de peticiones familiares o peticiones laborales. Finalmente, recuerde que las inhibiciones tales como arrestos, presencia ilegal, convicciones y/o enfermedades contagiosas aplican a este proceso. Por lo tanto, si usted resulta ganador y tiene problemas, consulte a un profesional.

La Ley de Ajuste Cubano

La Ley de Ajuste Cubano fue creada en 1966 como una respuesta de la administración Kennedy al fallido intento de Bahía de Cochinos. Es una ley muy amplia y concede residencia permanente a todo nativo o nacio-

artificio

nal de Cuba —y sus hijos menores de 21 años junto con su cónyuge— que entra en EE.UU. y es inspeccionado o admitido bajo lo que se conoce como *parole*. El *parole* es una ficción legal que permite que cubanos que hayan entrado sin inspección sean admitidos por una decisión administrativa del DHS. La persona debe permanecer en este país doce meses antes de solicitar por el ajuste de estatus. Los hijos y el cónyuge no tienen que ser nacionales o nativos de Cuba, pero sí tienen que haber entrado a EE.UU. legalmente, haber sido otorgados el *parole* y haber permanecido por 12 meses.

El proceso es sencillo: La persona entra con visa o se le concede *parole* si entra sin inspección, y espera doce meses en suelo americano. Durante este tiempo, si le dieron *parole,* recibe un permiso de trabajo hasta que pueda solicitar el ajuste a los doce meses. Si entró legalmente, debe esperar los doce meses sin permiso de trabajo y después solicitar el ajuste. La persona, si entró legalmente, puede solicitar el ajuste de estatus aun si en el momento que lo haga se le haya vencido su I-94 (Registro de Entrada y Salida).

Es importante observar que los nativos o nacionales de Cuba pueden solicitar la Ley de Ajuste Cubano aunque entren al país con pasaporte de otro país. Por ejemplo, hay muchos cubanos que entran al país como ciudadanos españoles y no tienen problemas de solicitar el ajuste después de estar aquí los doce meses. También observe que la estadía de doce meses en EE.UU. debe ser continua —no se puede salir de EE.UU. durante este tiempo.

> **Aun si un cubano entra a EE.UU. de manera ilegal, todavía puede solicitar la Ley de Ajuste Cubano si el DHS le concede parole.**

También es importante observar que el cónyuge y los hijos menores de un cubano que haya obtenido la residencia vía la Ley de Ajuste Cubano reciben su residencia vía un ajuste de estatus, usando el formulario I-485 (para más información acerca de la solicitud para la residencia y cómo llenar este formulario, véase el Capítulo 5). Es decir, no tienen que esperar ninguna cola, aun si el cubano es apenas residente. Así es la ley; simplemente es la residencia más especial que existe. Obviamente, para que el cónyuge y los hijos menores reciban el ajuste deben haber entrado

EL PAROLE Y LA ENTRADA ILEGAL

Si la persona entra al país de manera ilegal —o sea, sin inspección—, también puede solicitar la Ley de Ajuste Cubano si se presenta frente a los oficiales de DHS y éstos le dan *parole*. Últimamente EE.UU. ha implementado una política en la cual los cubanos que viajan por mar pueden quedarse en EE.UU. si llegan a las costas americanas y tocan tierra. Después de que se les haya concedido *parole* y hayan pasado los doce meses, estos cubanos pueden solicitar el ajuste de su estatus. Esto se llama la política de "pies secos, pies mojados". Los que no toquen tierra americana son devueltos a Cuba si después de una rápida entrevista se comprueba que no son perseguidos políticos, sino que son refugiados económicos.

legalmente, o estar con *parole* y haber permanecido aquí por doce meses o más. Sin embargo, esta habilidad de poder ajustar a los familiares de un cubano sólo trabaja dentro de EE.UU. Para peticiones familiares de residentes cubanos por sus parientes que se encuentran fuera de EE.UU., hay cola de espera.

En el paquete se debe enviar lo siguiente:

- El I-485 para el ajuste de estatus (valor $930), uno para cada miembro de la familia
- El I-765 para el permiso de trabajo (valor $340), uno para cada miembro de la familia que desea trabajar
- El G-325 para información biográfica (sin costo), uno para cada miembro de la familia
- $80 para las huellas dactilares, una para cada miembro de la familia mayor de 14 años
- La partida de nacimiento del solicitante (y de matrimonio y de nacimiento si trae a la familia)
- 4 fotos de frente
- Un cheque o giro postal para cada uno de los aranceles mencionados
- Prueba de cómo entró en el país (si con visa o *parole*)
- El examen médico de inmigración (el consulado o el DHS le puede dar una lista de médicos. Traiga consigo el formulario I-693. El médico se

lo llenará y devolverá en un sobre sellado. No abra el sobre; sencillamente mándelo en el paquete.

• Un informe de policía de la ciudad donde reside

No hay necesidad de someter una Declaración de Apoyo Económico
cuando se envía la solicitud de ajuste.

Se envía a:

USCIS
PO BOX 805887
Chicago, Illinois 60680-4120

Se espera de nueve a doce meses para un entrevista con el DHS. La
entrevista es simple y es conducida por un oficial del DHS. No dura más
de treinta minutos y es simplemente para revisar documentos como partidas de nacimiento, exámenes médicos, huellas, fotos, etc.

Los cubanos que solicitan la Ley de Ajuste Cubano no tienen que
demostrar que tienen miedo de regresar a Cuba por problemas políticos,
como es el caso cuando se aplica bajo asilo.
Si fueron miembros del partido comunista,
en general no hay problema si fue bajo
cualquiera de estas condiciones: la afiliación fue involuntaria, fue antes que cumpliera 16 años, fue para obtener empleo, o
fue por raciones de comida u otras esen-
cialidades de la vida. Bajo la ley estadounidense, si está solicitando la residencia
permanente usted no es considerado una
"amenaza" para el gobierno de este país de
acuerdo al FBI (*Federal Bureau of Investigation,* u Oficina Federal de
Investigación) si ha cesado su relación con el partido comunista hace dos
años para un país que no está controlado por el partido comunista y hace
cinco años para un país que sí está controlado por el partido comunista.

Para obtener la ciudadanía, el solicitante y su familia debe esperar
cinco años desde que entraron a EE.UU., que es el *rollback date.* Por
ejemplo, si entran el 1 de febrero de 2007 y solicitan la residencia lo

> *Los cubanos que solicitan estatus legal a través de la Ley de Ajuste Cubano no tie-nen que demostrar que tienen miedo de regresar a Cuba por problemas políticos.*

antes posible, que es exactamente doce meses después de esta fecha, el 1 de febrero de 2008, pueden solicitar la naturalización el 1 de febrero de 2012, cinco años después de haber llegado y cuatro años después de haber solicitado la residencia. Pero si esperan unos años para solicitar la residencia, igual pueden solicitar la naturalización cinco años después de la fecha de entrada a EE.UU. Esto es a diferencia de las solicitudes provenientes de cualquier otro país, donde tienen que solicitar la naturalización cinco años después de haber recibido la residencia, no cinco años desde que llegaron a EE.UU. Para más información acerca de la solicitud para la naturalización y cómo llenar el formulario N-400, véase el Capítulo 6.

VAWA: Remedio para las víctimas de violencia doméstica

La Ley de Violencia Contra la Mujer, o VAWA por sus siglas en inglés ("Violence Against Women Act"), es una ley muy fuerte creada por el Congreso de EE.UU. para proteger a aquellas mujeres indocumentadas víctimas de la violencia doméstica, que afecta a miles de individuos en este país. En general, este maltrato ocurre cuando el marido que es residente o ciudadano solicita una petición familiar por su esposa y abusa de ella física o emocionalmente durante el proceso. Sin embargo, la víctima también puede ser el marido o los hijos, o sea, contra los hijastros o hijastras del maltratador.

Para calificar para VAWA, la persona debe primero mostrar ante el DHS que hay o que existió una relación de matrimonio entre ella y el residente permanente o ciudadano que ahora la maltrata. Después, la persona maltratada debe mostrar que se inició un trámite inmigratorio; es decir, que por lo menos se envió alguna solicitud al DHS de parte del maltratador. Esto es para demostrar que sí hubo intención de derivar beneficios inmigratorios de parte del peticionario. También se tiene que demostrar que el matrimonio fue de buena fe, pero más importante es probar que la petición se haya hecho.

El próximo requisito es quizás el más difícil de cumplir, pues hay que probar que existió maltrato físico o emocional durante la relación. La definición de "maltrato" en este caso es el uso del poder y de la fuerza para controlar a otros y someter sus voluntades y su libertad. Hay varias maneras de poder probar este requisito. Por ejemplo, las regulaciones prevén por:

- La utilización de declaraciones juradas de testigos del maltrato
- Informes de policía
- Cartas de profesionales como psicólogos o trabajadores sociales
- Otras pruebas que expliquen el maltrato

Obviamente es más fácil probar el maltrato físico que el emocional, pues se puede demostrar con fotografías y/o informes gráficos describiendo lo que pasó. Lo difícil es probar el daño emocional, quizás más duro que el físico, que siempre existe en las víctimas de violencia doméstica. Aquí es donde se necesita tener mucho cuidado cuando se hacen estos casos, pues el profesional que los toma debe conocer cómo presentar eficientemente la solicitud. De lo contrario, la misma está condenada al fracaso. No se necesita que haya un informe de policía que acuse al maltratador. Si lo hay mejor, pero no es vital. Lo que sí es fundamental es un reporte de un profesional que describa el maltrato.

Es importante tener en cuenta que al solicitar bajo VAWA, el maltratador no necesariamente tendrá problemas. El solicitar bajo VAWA en nada afecta la situación del maltratador, al menos que el maltrato continúe o que la víctima lo acuse formalmente ante las autoridades locales de policía por los delitos cometidos. Lo que sí puede ocurrir es que la víctima puede reportar el abuso a la policía y el condado puede decidir si quiere iniciar un procedimiento criminal

> **No se necesita que haya un reporte de policía que acuse al maltratador.**

contra el maltratador. También el DHS puede decidir reportar el maltrato a las autoridades y contactar a la agencia estatal o a la policía local si considera que el maltrato continúa, o cuando así lo considere.

El DHS se entera que la víctima tuvo un maltratador cuando leen, por ejemplo, el informe de policía que acompaña la petición. Otra manera es cuando el informe de un profesional menciona al maltratador por nombre o finalmente, cuando la víctima presenta pruebas de que el maltratador hizo una petición familiar a favor suyo como, por ejemplo, el I-130.

La víctima no tiene que comparecer ante la corte o a una entrevista en que el maltratador esté presente. El maltratador solamente aparece mencionado en los documentos.

La víctima puede comenzar una petición bajo VAWA cuando se siente amenazada y exista algún tipo de evidencia de que una petición ya se inició. En la mayoría de los casos es una petición hecha a través del formulario I-130, aunque hay veces que se da cuando se somete el paquete entero de ajuste de estatus para obtener la residencia. Además, existe la posibilidad de que la víctima ya haya recibido la residencia condicional, que ocurre en los primeros dos años de su residencia, y el maltrato comenzó antes de iniciar la condicionalidad. En esos casos se completa el I-751, pidiendo un perdón por haber sido la persona maltratada. El formulario I-751 se usa tanto para iniciar la condicionalidad de la residencia permanente a través de un matrimonio como para remover la condicionalidad bajo VAWA. Tenga en cuenta además que no hay necesidad de que la víctima y el maltratador continúen casados durante el proceso (véase pág. 50 para más información.) Al contrario, en la mayoría de los casos la víctima se divorcia o se separa del maltratador y esto no trae consecuencias negativas para conseguir la residencia. Sin embargo, es vital solicitarla rápido si hay un divorcio, pues existen limitantes de tiempo.

> *El maltratador no necesariamente será maltratador criminalmente por sus actos; y la víctima no tendrá que encontrarse frente a él en persona durante el proceso.*

> *La víctima puede comenzar una petición bajo VAWA en cualquier punto del proceso inmigratorio —desde cuando se radica la petición hasta cuando el beneficiario está tratando de remover la residencia condicional.*

Situaciones típicas

La violencia doméstica casi siempre comienza cuando el peticionario ciudadano o residente de este país empieza a coaccionar a la víctima, condicionando el otorgamiento de la residencia permanente a la aceptación de situaciones humillantes y degradantes. Al principio la víctima soporta el maltrato pues tiene miedo de perder la residencia, pero después la situación se vuelve intolerable y es cuando el VAWA puede ayudar. Existen en cada estado de la nación clínicas o refugios para mujeres maltratadas que conocen la ley y están dispuestos a ayudar a las víctimas. Es aquí, casi siempre, el lugar donde la mayoría de estas personas se dan cuenta de que existe una protección para ellas sin perder la ansiada residencia.

Lo grave es cuando las víctimas no tienen ni idea de que hay protección para ellas y se han pasado años soportando situaciones realmente escalofriantes. Como abogado de inmigración me ha tocado defender muchas de estas víctimas, que por fin se enteran de que hay un remedio inmigratorio.

Recuerde que VAWA protege tanto a hombres como a niños. Me acuerdo que defendimos a un hombre originario de Colombia que era maltratado por su mujer ciudadana americana que lo obligaba a tener sexo todos los días a las 3:00 a.m. cuando ella regresaba de su trabajo como enfermera. Al negarse, ella lo golpeaba con una escoba hasta que el pobre hombre huía despavorido a refugiarse en una gasolinera en donde trabajaba un amigo. Al final el hombre obtuvo su residencia sin problemas. Generalmente, sin embargo, el maltrato es cometido en contra de mujeres que se ven humilladas, golpeadas y engañadas por maltratadores que se aprovechan de la vulnerabilidad de las víctimas.

Es típico que los maltratadores amenacen con "denunciar" a las víctimas ante el DHS. No tenga miedo porque no pueden hacer nada. Yo les digo a mis clientes que les ofrezcan a estos imbéciles pagarles el pasaje para que vayan al DHS y pongan la "denuncia", pues el DHS no hará nada en contra de las víctimas. Más bien el maltratador puede terminar preso si el DHS lo denuncia ante las autoridades locales.

El proceso y los formularios requeridos

El formulario a llenar es el I-360 y es bien simple. No tiene costo bajo una petición de VAWA. Esta es una petición para varias situaciones inmigratorias, incluyendo la de una persona maltratada. Se envía siempre al centro regional de Vermont:

USCIS Vermont Service Center
75 Lower Welden Street
St. Albans, VT 05479

Se adjuntan los siguientes documentos:

- 4 fotos de frente
- Todas las pruebas del maltrato
- Copia del recibo del DHS por la solicitud hecha por el maltratador/peticionario
- Evidencia de que hubo o hay una relación (partida de matrimonio)
- Partidas de nacimiento de la víctima e hijos menores que estén en EE.UU.
- El informe de policía de la víctima para demostrar que no tiene antecedentes penales

El centro del DHS en Vermont, si acepta la solicitud, enviará una carta que se titula "prima facie case under VAWA" que significa que la persona inicialmente ha demostrado que sí existió algún tipo de maltrato. Esta carta generalmente llega a los dos o tres meses después de enviada la solicitud. Con esta carta se puede solicitar un permiso de trabajo bajo el formulario I-765 (costo $340) y ya la persona tiene por lo menos cómo mantenerse mientras llega la aprobación.

La ansiada aprobación del formulario I-360 llega como a los seis meses. Una vez que el I-360 es aprobado se prosigue a efectuarse el ajuste de estatus llenando el formulario I-485 (véase el capítulo 5) que le dará a usted la residencia. El formulario I-485 tarda alrededor de nueve meses en ser adjudicado y al final la víctima es entrevistada por un oficial del DHS, quien pedirá las pruebas de maltrato y tomará la última decisión.

Una vez adquirida la residencia permanente por este recurso, el beneficiario tiene que esperar cinco años para hacerse ciudadano (en vez de los tres años que requiere una persona casada con un ciudadano).

Segunda Parte

⊂⊃

LA RESIDENCIA PERMANENTE
Y LA CIUDADANÍA

Capítulo 5

La residencia permanente

Ya que todas las visas de inmigrante culminan en el paso muy importante de obtener la muy anhelada tarjeta verde (*green card*) o residencia permanente, he dedicado un capítulo sobre cómo llenar el formulario I-485.

Cómo preparar el formulario I-485

El formulario I-485: Solicitud para registrar la residencia permanente o para ajustar el estatus *(Application To Register Permanent Residence or Adjust Status)*

Para ajustar su estatus y convertirse en un residente permanente en este país hay que llenar varios formularios. El I-485 es el más importante de todos y al final de este capítulo encontrará la traducción al español del formulario. Es sencillo pero hay que prestar atención. La primera página pregunta por datos biográficos, y por la manera en que usted ingresó al país. Fíjese bien que preguntan por su última entrada al país y no por las anteriores. También preguntan cómo entró, si fue como visitante, estudiante, prometido, etc. Si la persona entró sin documentos y no fue inspeccionada por un oficial del DHS, entonces es calificado como EWI o persona que entró sin inspección. Por favor véase el recuadro enseguida "Un poco más acerca de EWI" para más información.

UN POCO MÁS ACERCA DE EWI (ENTRADA SIN INSPECCIÓN)

Es imprescindible entender que la persona que entró en el país EWI tiene un sinfín de problemas para ajustar su estatus. Uno de los principales es el hecho de que si está físicamente en el país ilegalmente nunca podrá, salvo en el caso de estar amparado por la sección 245(i), ajustar su estatus al de residente permanente. Otro es el estar sujeto a expulsión del país por el DHS en cualquier momento. Obviamente el DHS no tiene los recursos para expulsar a todos aquellos que ingresan en el país sin inspección, pero sería un error minimizar la violación y pensar que todo está bien porque todo el mundo lo hace. En estos tiempos, es simplemente imposible ajustar su estatus si usted entró EWI, punto.

Distinto es el caso de la persona que ha entrado al país con visa, se ha quedado más tiempo de lo que le permitía la visa y después se casa con un ciudadano estadounidense. En esta situación, como la petición es de un familiar inmediato, no importa que la persona esté en el país ilegalmente; en este caso el ajuste será posible. Peticiones de familiares inmediatos son aquellas hechas por padres ciudadanos pidiendo a sus hijos menores de 21 años solteros, esposos ciudadanos pidiendo a sus cónyuges, e hijos ciudadanos pidiendo a sus padres. Pare de contar, no hay más peticiones de ese tipo. Volviendo entonces al I-485, la misma no necesita de la 245(i) cuando es hecha por una petición de familiar inmediato si entró con visa.[1]

En el I-485, la segunda página pregunta si tiene hijos, dónde se expidió la visa, por dónde entró, cómo entró, el nombre de sus padres, etc. Nada del otro mundo. Al final de la segunda página preguntan si usted ha pertenecido a alguna organización política o social aquí o en su país. Ojo con esto. Si usted ha pertenecido a algún grupo que este país considera terrorista, se complican las cosas.

---

1 Hay una excepción a la existencia de la 245(i) antes de hacer un ajuste inmediato y esa es la de las peticiones de cubanos ajustados bajo la Ley de Ajuste Cubano (CU6) por sus cónyuges e hijastros si los mismos fueron inspeccionados o admitidos bajo *parole* y tienen más de doce meses en EE.UU. antes de presentar la petición.

Por ejemplo, supongamos que usted fue miembro de la Juventud Comunista en Chile. Al declararlo, usted no podría solicitar un ajuste hasta que hayan pasado más de diez años desde su separación de dicho grupo y eso con tal de que su asociación con el mismo no fuera voluntaria.

Se lo pongo más fácil: digamos que en Cuba usted fue miembro de los Comités de Defensa de la Revolución (CDR). Si su participación fue voluntaria habrá problemas, pero si se puede demostrar que usted fue obligado a ser miembro de dicha organización, las cosas se hacen más fáciles. No se puede evadir esta respuesta, porque es clave y muchas veces la gente se olvida de lo que pone en la solicitud para la residencia permanente y luego, años después cuando solicitan la ciudadanía, empiezan los llantos.

Ahora ¿qué pasa cuando usted, para poder estudiar, se metió en la Juventud Comunista de Cuba? La cosa es más difícil puesto que usted escogió eso y no fue forzado. En situaciones como las descritas anteriormente, es necesario contratar a un buen abogado que le ayude a navegar estas aguas, de lo contrario va a naufragar; son aguas muy difíciles de navegar.

Esa misma pregunta busca averiguar si el solicitante de ajuste de estatus fue un perseguidor en su país. Por ejemplo, usted fue militar en Argentina en tiempos de Videla y declara su membresía en la Fuerzas Armadas Argentinas. Si usted, a los ojos de este país, fue causante de alguna tortura, no podrá ajustar su estatus en EE.UU. En este punto el gobierno americano es bastante inflexible. En muchas ocasiones, militares sudamericanos emigraron a este país después de distintos cambios de gobierno. Por esta razón hay que tener cuidado contestando estas preguntas, pues no pensar las respuestas puede ser fatal en el ajuste o en el proceso de ciudadanía.

La tercera página del I-485 hace un sinnúmero de preguntas cortas destinadas a averiguar si la persona ha sido arrestada, ha participado en actividades ilícitas, ha sido terrorista, polígamo, comunista o miembro de un régimen totalitario, si ha consumido o vendido drogas, si le ha mentido al gobierno para obtener beneficios inmigratorios y otras preguntas más.

La mayoría de las preguntas acerca de actos criminales, aunque el solicitante las conteste afirmativamente, tienen la posibilidad de dispensas conocidas como "perdones" (*waivers*). Éstas, sin embargo, son bien difíciles de obtener porque están sujetas a la discreción del oficial del DHS o el juez de inmigración además de la demostración que la expulsión del solicitante le causaría penuria extrema a un familiar inmediato que sea residente o ciudadano de este país. Ya hablaremos de las dispensas en el capítulo titulado "Usted y la Corte de Inmigración", pero es importante que el lector sepa que no todo está perdido. Que hay luz, aunque tenue, al final del túnel. Hay, sin embargo, violaciones como el fraude matrimonial, el terrorismo y el hacerse pasar por ciudadano americano, que no admiten dispensa. Ni Mandrake el mago nos podría ayudar en esas situaciones.

Finalmente, la última parte del formulario I-485 es la de la firma, tanto del solicitante como la del que preparó la misma.

¿HAY QUE CONTARLES TODO?

Por el amor de Dios, conteste las preguntas con calma. Por ejemplo: usted fue detenido por conducir con licencia suspendida, lo multaron, no lo esposaron, no lo metieron al carro de la policía y lo dejaron ir con una cita de corte criminal. Fue a la corte criminal y pagó su multa y según usted todo está bien y no tiene que decir qué fue lo que pasó. Amigo, usted fue *arrestado*. Sí, así como lo lee. A usted le dieron un documento que además de ser una citación criminal es una declaración de arresto (*arrest affidavit*). El hecho de que a usted no lo hayan esposado o mandado preso no significa que usted no fue arrestado. Dígalo y muerto el pollo, nada le va a pasar. Escóndalo y verá como le complican la vida por mentir. Yo sé que en su país (y también en el que yo nací) eso no es un arresto, pero aquí sí lo es. Hay que decirlo y mostrar el arresto certificado y la disposición del caso.

Otra situación: Supongamos que usted fue arrestado por un pleito, lo metieron preso un día, fue a corte y lo sentenciaron a la cárcel o le dieron probatoria. Hay estados que legalmente permiten que usted selle su caso y de hecho no le aparece el incidente en su ficha policial. Para efectos estatales, en Florida por ejemplo, usted podría decir que nunca fue arrestado cuando solicita un empleo, por ejemplo[2]. Para efectos de inmigración usted sí tiene que decir lo que pasó con lujo de detalles. La ignorancia de esto no es excusa.

Seguimos. Pongamos que a usted no lo metieron preso, y sólo lo sentenciaron a horas comunitarias. Nada de esconderlo; dígalo porque siempre es considerado un arresto aunque nunca haya estado en la cárcel. ¿Qué pasa si sólo le dieron probatoria y usted alega que no fue convicto de nada, que su abogado criminalista le dijo que usted, por haber logrado la probatoria en vez de tiempo en la cárcel, no tenía convicción? Pues sí la tiene para propósitos de inmigración. Así es el asunto. Créame que no es de otro modo.

La manera de poder resolver una situación como ésta es buscar cómo atacar el crimen en sí. Es decir, contratar un abogado criminalista que vuelva a la corte que dictó la sentencia y trate de eliminarla bajo, por ejemplo, la premisa que el juez no advirtió a la persona de las consecuencias inmigratorias emanadas de la disposición del caso criminal.[3] Si la corte emite un veredicto desechando la sentencia anterior, entonces el solicitante de ajuste podría decir lo que pasó sin mayores consecuencias.[4]

2 Hay excepciones, como la compra de armas y otras gestiones.
3 No todos los estados permiten esto.
4 Desgraciadamente el DHS siempre puede negar la petición basado en "discreción" que es el arma más grande al servicio de esta agencia.

OMB No. 1615-0023; Expires 09/30/08

I-485, Application to Register Permanent Residence or Adjust Status

Department of Homeland Security
U.S. Citizenship and Immigration Services

START HERE - Please type or print in black ink.	**For USCIS Use Only**

Part 1. Information about you.

Family Name	Given Name	Middle Name

Address- C/O

Street Number and Name	Apt. #

City

State	Zip Code

Date of Birth *(mm/dd/yyyy)*	Country of Birth:
	Country of Citizenship/Nationality:

U.S. Social Security #	A # *(if any)*

Date of Last Arrival *(mm/dd/yyyy)*	I-94 #

Current USCIS Status	Expires on *(mm/dd/yyyy)*

For USCIS Use Only

Returned	Receipt
Resubmitted	
Reloc Sent	
Reloc Rec'd	
Applicant Interviewed	

Part 2. Application type. *(Check one.)*

I am applying for an adjustment to permanent resident status because:

a. ☐ an immigrant petition giving me an immediately available immigrant visa number has been approved. (Attach a copy of the approval notice, or a relative, special immigrant juvenile or special immigrant military visa petition filed with this application that will give you an immediately available visa number, if approved.)

b. ☐ my spouse or parent applied for adjustment of status or was granted lawful permanent residence in an immigrant visa category that allows derivative status for spouses and children.

c. ☐ I entered as a K-1 fiancé(e) of a United States citizen whom I married within 90 days of entry, or I am the K-2 child of such a fiancé(e). (Attach a copy of the fiancé(e) petition approval notice and the marriage certificate.)

d. ☐ I was granted asylum or derivative asylum status as the spouse or child of a person granted asylum and am eligible for adjustment.

e. ☐ I am a native or citizen of Cuba admitted or paroled into the United States after January 1, 1959, and thereafter have been physically present in the United States for at least one year.

f. ☐ I am the husband, wife or minor unmarried child of a Cuban described above in (e) and I am residing with that person, and was admitted or paroled into the United States after January 1, 1959, and thereafter have been physically present in the United States for at least one year.

g. ☐ I have continuously resided in the United States since before January 1, 1972.

h. ☐ Other basis of eligibility. Explain. If additional space is needed, use a separate piece of paper.

Section of Law
☐ Sec. 209(b), INA
☐ Sec. 13, Act of 9/11/57
☐ Sec. 245, INA
☐ Sec. 249, INA
☐ Sec. 1 Act of 11/2/66
☐ Sec. 2 Act of 11/2/66
☐ Other

Country Chargeable

Eligibility Under Sec. 245
☐ Approved Visa Petition
☐ Dependent of Principal Alien
☐ Other
☐ Special Immigrant

Preference

Action Block

I am already a permanent resident and am applying to have the date I was granted permanent residence adjusted to the date I originally arrived in the United States as a nonimmigrant or parolee, or as of May 2, 1964, whichever date is later, and: *(Check one)*

i. ☐ I am a native or citizen of Cuba and meet the description in (e) above.

j. ☐ I am the husband, wife or minor unmarried child of a Cuban, and meet the description in (f) above.

To be Completed by
Attorney or Representative, **if any**
☐ Fill in box if G-28 is attached to represent the applicant.

VOLAG #

ATTY State License #

Form I-485 (Rev. 07/24/06)Y

TRADUCCIÓN DEL FORMULARIO I-485

Parte 1. Información sobre usted

Apellido [Apellido en mayúscula]   **Primer nombre**   **Segundo nombre**

Dirección [Número y calle]   **Número de apartamento**   **Ciudad**

Estado   **Código postal**

Fecha de nacimiento [mm/dd/aaaa]   **País de nacimiento**

                                                  País de ciudadanía

Número de Seguro Social   **Número de extranjero (A#)**

Última fecha de entrada   **Número de entrada/salida (I-94)**

Estatus inmigratorio actual   **Fecha de vencimiento** [mm/dd/aaaa]

Parte 2. Tipo de solicitud [*Seleccione sólo uno*]

Estoy solicitando para un ajuste como residente permanente porque:

   a. ❏ Una petición inmigratoria me da de manera inmediata la disponibilidad de una visa que ha sido aprobada. [Adjunte copia del documento aprobado]

   b. ❏ Mi esposa o familiar inmediato solicitó ajuste de residencia o le fue otorgada una residencia permanente que le permite a sus derivados [esposo(a) e hijos] ajustarse

   c. ❏ Entré con visa K-1, prometido(a) de un ciudadano americano con el cual me casaré dentro de los noventa días de mi ingreso o entré con visa K-2, hijo(a) de prometido(a). [Adjuntar copia del documento de aprobación y acta de matrimonio].

   d. ❏ Me aprobaron asilo o soy beneficiario derivado de un asilo como el esposo(a) e hijo del asilado y soy elegible para ajustarme como residente.

   e. ❏ Soy ciudadano cubano y entré con protección después del 1 de enero, 1959 y desde entonces he estado físicamente presente en Estados Unidos por al menos un año.

   f. ❏ Soy esposo, esposa o hijo soltero del ciudadano cubano mencionado en el punto anterior [e.] y estoy viviendo con esa persona, fui admitido o con protección en Estados Unidos después del 1 de enero, 1959 y desde entonces he estado físicamente presente en Estados Unidos por al menos un año.

   g. ❏ He vivido continuamente en Estados Unidos desde el 1 de enero, 1972.

   h. ❏ Otras razones elegibles. Explique. Si se requiere espacio adicional, use una hoja de papel aparte.

Ya soy residente permanente y estoy solicitando cambiar la fecha en la que me otorgaron la residencia a la fecha de mi ingreso inicial a Estados Unidos como no-inmigrante o con permiso o antes del 2 de mayo, 1964, cualquiera que sea la última, y seleccione una:

   i. ❏ Soy ciudadano cubano y cumplo con la descripción en el punto [e.].

   j. ❏ Soy el esposo, esposa o hijo menor de edad soltero de un ciudadano cubano y cumplo con la descripción en el punto [f.].

Part 3. Processing information.

A. City/Town/Village of Birth	Current Occupation
Your Mother's First Name	Your Father's First Name

Give your name exactly as it appears on your Arrival/Departure Record (Form I-94)

Place of Last Entry Into the United States *(City/State)*	In what status did you last enter? *(Visitor, student, exchange alien, crewman, temporary worker, without inspection, etc.)*
Were you inspected by a U.S. Immigration Officer? ☐ Yes ☐ No	
Nonimmigrant Visa Number	Consulate Where Visa Was Issued

Date Visa Was Issued (mm/dd/yyyy)	Gender: ☐ Male ☐ Female	Marital Status: ☐ Married ☐ Single ☐ Divorced ☐ Widowed

Have you ever before applied for permanent resident status in the U.S.?   ☐ No ☐ Yes. If you checked "Yes," give date and place of filing and final disposition.

B. List your present husband/wife, all of your sons and daughters (If you have none, write "none." If additional space is needed, use separate paper).

Family Name	Given Name	Middle Initial	Date of Birth *(mm/dd/yyyy)*
Country of Birth	Relationship	A #	Applying with you? ☐ Yes ☐ No
Family Name	Given Name	Middle Initial	Date of Birth *(mm/dd/yyyy)*
Country of Birth	Relationship	A #	Applying with you? ☐ Yes ☐ No
Family Name	Given Name	Middle Initial	Date of Birth *(mm/dd/yyyy)*
Country of Birth	Relationship	A #	Applying with you? ☐ Yes ☐ No
Family Name	Given Name	Middle Initial	Date of Birth *(mm/dd/yyyy)*
Country of Birth	Relationship	A #	Applying with you? ☐ Yes ☐ No
Family Name	Given Name	Middle Initial	Date of Birth *(mm/dd/yyyy)*
Country of Birth	Relationship	A #	Applying with you? ☐ Yes ☐ No

C. List your present and past membership in or affiliation with every organization, association, fund, foundation, party, club, society or similar group in the United States or in other places since your 16th birthday. Include any foreign military service in this part. If none, write "none." Include the name(s) of organization(s), location(s), dates of membership, from and to, and the nature of the organization(s). If additional space is needed, use a separate piece of paper.

_____

_____

_____

_____

_____

_____

Form I-485 (Rev. 07/24/06)Y Page 2

TRADUCCIÓN DEL FORMULARIO I-485

Parte 3. Información para el proceso

A. Ciudad de nacimiento | Ocupación actual

Primer nombre de su madre | Primer nombre de su padre

Escriba su nombre tal y como aparece en su tarjeta de Entrada/Salida (Formulario I-94):

Lugar de su última entrada en Estados Unidos (Ciudad/Estado) | ¿En que estatus entró en el país? (inmigrante, visitante, sin inspección (ilegal), trabajador temporal)

¿Lo inspeccionó un oficial de inmigración a su entrada? (Sí/No)

Número de visa de no-inmigrante | Consulado donde su visa fue otorgada

Fecha en que la visa fue expedida (mm/dd/aaaa) | Género: ❑ Masculino ❑ Femenino | Estado civil: ❑ Casado(a) ❑ Soltero(a) ❑ Divorciado(a) ❑ Viudo(a)

¿Ha solicitado alguna vez para la residencia permanente en Estados Unidos?
❑ No   ❑ Sí: Si respondió "Sí", dé la fecha, lugar y decisión

B. Inscriba a su esposo(a) actual y todos sus hijos(as). Si no tiene ninguno, por favor escriba "*none*". Si requiere de espacio adicional, use una hoja de papel aparte.

Apellido	Primer nombre	Inicial del segundo nombre	Fecha de nacimiento (mm/dd/aaaa)
País de nacimiento	Relación	Número de extranjero (A#)	¿Solicitando con usted? ❑ Sí ❑ No
Apellido	Primer nombre	Inicial del segundo nombre	Fecha de nacimiento (mm/dd/aaaa)
País de nacimiento	Relación	Número de extranjero (A#)	¿Solicitando con usted? ❑ Sí ❑ No
Apellido	Primer nombre	Inicial del segundo nombre	Fecha de nacimiento (mm/dd/aaaa)
País de nacimiento	Relación	Número de extranjero (A#)	¿Solicitando con usted? ❑ Sí ❑ No

C. Inscriba a su afiliaciones, membresías pasadas o presentes a cada organización, asociación, fundación, partido, club, sociedad o similar dentro o fuera de Estados Unidos desde los 16 años de edad. Incluya el servicio militar. Si no tiene, escriba "*none*". Incluya los nombres, lugares, fechas de membresía (desde-hasta) y la naturaleza de la organización. Si requiere de espacio adicional, use una hoja de papel aparte.

Part 3. Processing information. *(Continued)*

Please answer the following questions. (If your answer is **"Yes"** on any one of these questions, explain on a separate piece of paper. Answering **"Yes"** does not necessarily mean that you are not entitled to adjust status or register for permanent residence.)

1. Have you ever, in or outside the United States:

    a. knowingly committed any crime of moral turpitude or a drug-related offense for which you have not been arrested? ☐ Yes ☐ No

    b. been arrested, cited, charged, indicted, fined or imprisoned for breaking or violating any law or ordinance, excluding traffic violations? ☐ Yes ☐ No

    c. been the beneficiary of a pardon, amnesty, rehabilitation decree, other act of clemency or similar action? ☐ Yes ☐ No

    d. exercised diplomatic immunity to avoid prosecution for a criminal offense in the United States? ☐ Yes ☐ No

2. Have you received public assistance in the United States from any source, including the United States government or any state, county, city or municipality (other than emergency medical treatment), or are you likely to receive public assistance in the future? ☐ Yes ☐ No

3. Have you ever:

    a. within the past ten years been a prostitute or procured anyone for prostitution, or intend to engage in such activities in the future? ☐ Yes ☐ No

    b. engaged in any unlawful commercialized vice, including, but not limited to, illegal gambling? ☐ Yes ☐ No

    c. knowingly encouraged, induced, assisted, abetted or aided any alien to try to enter the United States illegally? ☐ Yes ☐ No

    d. illicitly trafficked in any controlled substance, or knowingly assisted, abetted or colluded in the illicit trafficking of any controlled substance? ☐ Yes ☐ No

4. Have you ever engaged in, conspired to engage in, or do you intend to engage in, or have you ever solicited membership or funds for, or have you through any means ever assisted or provided any type of material support to any person or organization that has ever engaged or conspired to engage in sabotage, kidnapping, political assassination, hijacking or any other form of terrorist activity? ☐ Yes ☐ No

5. Do you intend to engage in the United States in:

    a. espionage? ☐ Yes ☐ No

    b. any activity a purpose of which is opposition to, or the control or overthrow of, the government of the United States, by force, violence or other unlawful means? ☐ Yes ☐ No

    c. any activity to violate or evade any law prohibiting the export from the United States of goods, technology or sensitive information? ☐ Yes ☐ No

6. Have you ever been a member of, or in any way affiliated with, the Communist Party or any other totalitarian party? ☐ Yes ☐ No

7. Did you, during the period from March 23, 1933 to May 8, 1945, in association with either the Nazi Government of Germany or any organization or government associated or allied with the Nazi Government of Germany, ever order, incite, assist or otherwise participate in the persecution of any person because of race, religion, national origin or political opinion? ☐ Yes ☐ No

8. Have you ever engaged in genocide, or otherwise ordered, incited, assisted or otherwise participated in the killing of any person because of race, religion, nationality, ethnic origin or political opinion? ☐ Yes ☐ No

9. Have you ever been deported from the United States, or removed from the United States at government expense, excluded within the past year, or are you now in exclusion, deportation, removal or recission proceedings? ☐ Yes ☐ No

10. Are you under a final order of civil penalty for violating section 274C of the Immigration and Nationality Act for use of fraudulent documents or have you, by fraud or willful misrepresentation of a material fact, ever sought to procure, or procured, a visa, other documentation, entry into the United States or any immigration benefit? ☐ Yes ☐ No

11. Have you ever left the United States to avoid being drafted into the U.S. Armed Forces? ☐ Yes ☐ No

12. Have you ever been a J nonimmigrant exchange visitor who was subject to the two-year foreign residence requirement and have not yet complied with that requirement or obtained a waiver? ☐ Yes ☐ No

13. Are you now withholding custody of a U.S. citizen child outside the United States from a person granted custody of the child? ☐ Yes ☐ No

14. Do you plan to practice polygamy in the United States? ☐ Yes ☐ No

TRADUCCIÓN DEL FORMULARIO I-485

Parte 3. Información para el proceso (*continuación*)

1. ¿Alguna vez, usted dentro o fuera de Estados Unidos, ha:
  a. cometido un crimen moral a conciencia o relacionado con drogas por el cual no haya sido arrestado?
  b. estado detenido, citado, procesado, multado o encarcelado por romper o violar una ley o estatuto, excluyendo violaciones de tráfico?
  c. sido beneficiario de perdón, amnistía, decreto de rehabilitación, otro acto de clemencia o acción similar?
  d. ejercido inmunidad diplomática para evitar persecución por una ofensa criminal en Estados Unidos?

2. ¿Ha recibido asistencia pública de Estados Unidos de alguna forma incluyendo el estado, la comunidad (aparte de algún tratamiento médico de emergencia), o actualmente podría recibir asistencia en el futuro?

3. Alguna vez:
  a. En los últimos 10 años, ¿ha ejercido la prostitución o ha estado involucrado de alguna manera en prostitución antes o lo va estar en el futuro?
  b. ¿He estado involucrado en cualquier vicio, incluyendo, pero no limitándose a los juegos de azar ilegales?
  c. Con conocimiento ¿ha usted animado, inducido, ayudado, instigado a algún extranjero para entrar ilegalmente?
  d. ¿Ha traficado ilícitamente con cualquier sustancia controlada, o con conocimiento ha asistido, instigado o conspirado en el tráfico ilícito de cualquier sustancia controlada?

4. ¿Ha estado involucrado usted alguna vez, o ha confabulado para involucrar, o tiene la intención usted de involucrarse, o ha solicitado alguna vez ingresos o fondos, por algún medio alguna vez ha asistido o proporcionado algún tipo del apoyo material a alguna persona u organización que ha estado involucrada alguna vez o ha confabulado en sabotaje, secuestro, asesinato político, secuestrando o alguna otra forma de actividad terrorista?

5. ¿Tiene usted la intención de practicar en EE.UU.:
  a. espionaje?
  b. alguna actividad, objetivo de oposición o el control o derrocamiento del gobierno de Estados Unidos?
  c. alguna actividad para violar o evadir cualquier ley que prohíba la exportación de bienes, tecnología o información sensible fuera de los Estados Unidos?

6. ¿Alguna vez ha sido miembro o ha estado afiliado con el partido comunista u otro partido totalitario?

7. Entre el período comprendido entre el 23 de marzo, 1933 y el 8 de mayo, 1945 ¿tuvo alguna participación o alianza con el gobierno nazi o alemán, y alguna vez ordenó, incitó o participó en la persecución de alguna persona por su raza, religión, nacionalidad u opinión política?

8. ¿Ha estado usted involucrado en actividades relacionadas con genocidio, o ha ordenado, incitado, asistido o participado en el asesinato de cualquier persona debido a raza, religión, nacionalidad, origen étnico u opinión política?

9. ¿Ha sido alguna vez deportado o removido de los Estados Unidos bajo los gastos del gobierno, menos en el último año, o se encuentra en proceso de exclusión, deportación o retiro?

10. ¿Tiene usted una orden de penalización civil por violar la sección 274C del Acto de Nacionalidad e Inmigración por el uso de documentos fraudulentos o falsos para obtener una visa u otro documento para ingresar a Estados Unidos o tener un beneficio migratorio?

11. ¿Ha salido usted de EE.UU. para evitar la llamada a filas del ejército estadounidense?

12. ¿Alguna vez ha tenido una visa J de no-inmigrante la cual está sujeta a dos años de residir en el exterior y aun no ha completado dicho requerimiento u obtenido el permiso?

13. ¿Tiene usted la retención de custodia de un niño ciudadano americano fuera de Estados Unidos la cual fue otorgada a otra persona?

14. ¿Tiene usted planeado ejercer la bigamia en Estados Unidos?

Part 4. Signature. *(Read the information on penalties in the instructions before completing this section. You must file this application while in the United States.)*

YOUR REGISTRATION WITH THE U.S. CITIZENSHIP AND IMMIGRATION SERVICES."I understand and acknowledge that, under section 262 of the Immigration and Nationality Act (Act), as an alien who has been or will be in the United States for more than 30 days, I am required to register with the U.S. Citizenship and Immigration Services. I understand and acknowledge that, under section 265 of the Act, I am required to provide USCIS with my current address and written notice of any change of address within **ten** days of the change. I understand and acknowledge that USCIS will use the most recent address that I provide to USCIS, on any form containing these acknowledgements, for all purposes, including the service of a Notice to Appear should it be necessary for USCIS to initiate removal proceedings against me. I understand and acknowledge that if I change my address without providing written notice to USCIS, I will be held responsible for any communications sent to me at the most recent address that I provided to USCIS. I further understand and acknowledge that, if removal proceedings are initiated against me and I fail to attend any hearing, including an initial hearing based on service of the Notice to Appear at the most recent address that I provided to USCIS or as otherwise provided by law, I may be ordered removed in my absence, arrested by USCIS and removed from the United States."

SELECTIVE SERVICE REGISTRATION. The following applies to you if you are a male at least 18 years old, but not yet 26 years old, who is required to register with the Selective Service System: "I understand that my filing this adjustment of status application with the U.S. Citizenship and Immigration Services authorizes USCIS to provide certain registration information to the Selective Service System in accordance with the Military Selective Service Act. Upon USCIS acceptance of my application, I authorize USCIS to transmit to the Selective Service System my name, current address, Social Security Number, date of birth and the date I filed the application for the purpose of recording my Selective Service registration as of the filing date. If, however, USCIS does not accept my application, I further understand that, if so required, I am responsible for registering with the Selective Service by other means, provided I have not yet reached age 26."

APPLICANT'S CERTIFICATION. I certify, under penalty of perjury under the laws of the United States of America, that this application and the evidence submitted with it is all true and correct. I authorize the release of any information from my records that the U.S. Citizenship and Immigration Services (USCIS) needs to determine eligibility for the benefit I am seeking.

Signature	*Print Your Name*	*Date*	*Daytime Phone Number*

NOTE: *If you do not completely fill out this form or fail to submit required documents listed in the instructions, you may not be found eligible for the requested document and this application may be denied.*

Part 5. Signature of person preparing form, if other than above. (sign below)

I declare that I prepared this application at the request of the above person and it is based on all information of which I have knowledge.

Signature	*Print Your Name*	*Date*	*Daytime Phone Number*

Firm Name and Address	*E-mail Address (if any)*

TRADUCCIÓN DEL FORMULARIO I-485

Parte 4. Firma. (*Lea la información sobre las penalizaciones y las instrucciones antes de completar esta sección. Esta solicitud debe ser diligenciada estando dentro de Estados Unidos.*)

SU REGISTRO CON EL SERVICIO DE INMIGRACIÓN Y CIUDADANÍA. "Yo entiendo y reconozco que, bajo la sección 262 del Acta de Ciudadanía e Inmigración, como un extranjero que ha estado o estará en Estados Unidos por más de 30 días, debo registrarme ante el Servicio de Inmigración y Ciudadanía de Estados Unidos. Yo entiendo y reconozco que bajo la sección 265 del Acta, debo proveer al Servicio de Ciudadanía e Inmigración de Estados Unidos con mi dirección actual y una notificación escrita de cualquier cambio de dirección dentro de los 10 días siguientes al cambio de dirección. Yo entiendo y reconozco que el Servicio de Ciudadanía e Inmigración de Estados Unidos utilizará la dirección más reciente que yo le provea en cualquier formulario que contenga estos datos, para ser utilizado para cualquier propósito, incluyendo la 'Noticia de Comparecencia' en caso de que el Servicio de Ciudadanía e Inmigración de Estados Unidos (USCIS) inicie el proceso de remoción en contra mía. Adicionalmente yo entiendo y reconozco que si se inicia un proceso de remoción en mi contra y falto a cualquier audición, incluyendo la inicial otorgada en la 'Noticia de Comparecencia' con la última dirección provista al Servicio de Ciudadanía e Inmigración de los Estados Unidos (USCIS) u otra requerida por la ley, se me puede ordenar la remoción en mi ausencia, ser arrestado y removido por el Servicio de Ciudadanía e Inmigración de Estados Unidos."

REGISTRO AL SERVICIO SELECTIVO. Lo siguiente se aplica a usted si es un hombre de al menos 18 años de edad pero menor de 26, el cual debe registrarse con el Sistema de Servicio Selectivo:

"Yo entiendo que al diligenciar esta solicitud de ajuste de estatus con el Servicio de Ciudadanía e Inmigración de Estados Unidos (USCIS) lo autorizo a proveer determinada información del registro al Sistema del Servicio Selectivo de acuerdo con el Acta del Servicio Militar Selectivo. Una vez que el Servicio de Inmigración acepte mi solicitud, yo autorizo que divulgue al Sistema de Servicio Selectivo mi nombre, dirección actual, número de Seguro Social, fecha de nacimiento y la fecha en la que diligencié la solicitud con el propósito de registrarme con el Servicio Selectivo con la misma fecha de registro. Si por algún motivo el Servicio de Ciudadanía e Inmigración de Estados Unidos (USCIS) no acepta mi solicitud, entiendo que soy responsable de registrarme con el Servicio Selectivo si no he cumplido la edad de los 26 años.

CERTIFICACIÓN DEL SOLICITANTE. Yo certifico bajo pena de perjurio y bajo las leyes de Estados Unidos de América, que esta solicitud y la evidencia suministrada es en todo momento correcta y verdadera. Yo autorizo el obtener cualquier información de mi registro que el Servicio de Inmigración necesite para determinar elegibilidad para el beneficio que busco.

| Firma | Nombre en letra de molde | Fecha | Teléfono |

NOTA: Si usted no llena este formulario en su totalidad o falla en suministrar los documentos requeridos en las instrucciones, puede que no califique para el documento requerido y esta solicitud puede ser negada.

Parte 5. Firma de la persona que prepara este formulario, si no es el solicitante.

Yo declaro que preparé este formulario a petición de la persona en la Parte 4 y que se basa en la información de la cual yo tengo conocimiento.

| Firma | Nombre en letra de molde | Fecha | Número de teléfono |

Nombre y dirección de la empresa   Correo electrónico (si tiene)

Capítulo 6

La naturalización

La naturalización es el proceso por el cual un residente permanente puede solicitar hacerse ciudadano de este bello país. En la mayoría de los casos, se tiene que esperar cinco años después de ser residente permanente para poder solicitar la naturalización, pero si se obtuvo la residencia permanente a través del matrimonio, sólo demorará tres años. También hay casos especiales para los militares, pero esto lo explicaremos en detalle más adelante.

Hay dos maneras de conseguir la ciudadanía: si la persona ha nacido en EE.UU. o por naturalización. Si nació en EE.UU., es ciudadano automáticamente y podrá solicitar la residencia de sus familiares cuando cumpla 21 años. Si, en cambio, nació fuera de este país, la persona se postulará para obtener la naturalización a través del formulario N-400 y hay varios requisitos que iré explicando en este capítulo.

Si se hace ciudadano por naturalización, tendrá los mismos derechos de un ciudadano nacido en EE.UU. salvo la posibilidad de ser presidente o vicepresidente de este país.

La ciudadanía tiene muchos beneficios, incluso más que la residencia permanente, incluyendo:

• **Votar:** Los ciudadanos tienen el derecho de votar en las elecciones, pero los residentes no.

- **Darle la residencia a un familiar:** Es mucho más rápida una petición familiar si el peticionario es ciudadano porque el familiar se puede cambiar a una cola de espera más corta o hasta la puede evitar (para más información, véase el capítulo 1).

- **Remoción:** Como residente a usted lo pueden remover (deportar) si comete una felonía con agravante (delito mayor), en cambio como ciudadano es mucho más difícil que esto ocurra a menos que usted, por ejemplo, haya mentido en su petición de ciudadanía, haya sido nazi o se convierta en traidor a EE.UU.

- **No puede perder residencia por vivir fuera de EE.UU.:** Como residente permanente, si usted permanece fuera de EE.UU. por más de un año, el DHS puede asumir que usted ha abandonado su intención de ser un residente permanente y cuando regrese podrá iniciar el proceso de remoción contra usted. Esto no sucede cuando se es ciudadano, ya que puede vivir fuera de EE.UU. sin perder la ciudadanía.

- **Ciertos trabajos del gobierno:** Los residentes no pueden trabajar en la mayoría de los empleos del gobierno federal y tampoco en varios trabajos a nivel municipal (como ser bombero o policía). Los ciudadanos sí.

- **Viajar fuera del país con más facilidad:** Muy pocos países piden que los ciudadanos americanos tengan visas para entrar a su país. Pero si el solicitante de ingreso es residente de EE.UU. y ciudadano de un país latinoamericano, es mucho más probable que tenga que obtener visa para entrar a otro país.

> *Si un inmigrante se hace ciudadano por la naturalización, tendrá los mismos derechos de un ciudadano nacido en el país salvo la posibilidad de ser presidente o vicepresidente de EE.UU.*

- **Servicios públicos de asistencias:** Es mucho más probable poder obtener asistencia médica o social del gobierno si la persona es ciudadano estadounidense.

Requisitos básicos

He aquí los requisitos para ser ciudadano:

• Un período de residencia continua en EE.UU. por cinco años (tres años si está casado con un ciudadano) desde que le otorgaron la tarjeta de residencia permanente

• Residencia en un distrito del DHS por lo menos tres meses antes de presentar la solicitud

• Poder hablar, escribir y leer inglés

• Conocimiento de la historia y el gobierno de EE.UU.

• Solvencia moral o buena conducta

• Adherencia a la Constitución de EE.UU.

He aquí una descripción más detallada de cada requisito:

La residencia continua. Una residencia continua significa que usted ha vivido en EE.UU. por los tres o cinco años requeridos, dependiendo de la circunstancia, y que usted no ha estado fuera del país por más de la mitad de este tiempo. La manera en la cual se calcula su estadía dentro y fuera del país es en ciclos de doce meses. Si usted ha estado más de seis meses fuera en un ciclo de doce meses, usted ha "interrumpido" su estadía en EE.UU. y debe esperar estar en el país dos años y medio sin haber estado fuera más de seis meses en cada ciclo para poder solicitar. Si usted solicita y dice que ha salido por más de seis meses de un año, es probable que su solicitud sea rechazada.

Por ejemplo, si usted necesita cinco años para obtener la residencia, usted no puede estar fuera del país dos años seguidos y después estar en EE.UU. por tres años. Aunque estuvo en EE.UU. por más de la mitad del tiempo, no cumple con la residencia continua, porque se monitora en ciclos de doce meses.

He aquí otro ejemplo de alguien que necesita cinco años para hacerse ciudadano. Aunque ha salido por más de un año en total, nunca estuvo fuera por más de seis meses dentro de un ciclo de doce meses así que en este caso sí podrá solicitar la ciudadanía a finales de esos cinco años.

Cómo funcionan los ciclos de residencia continua:

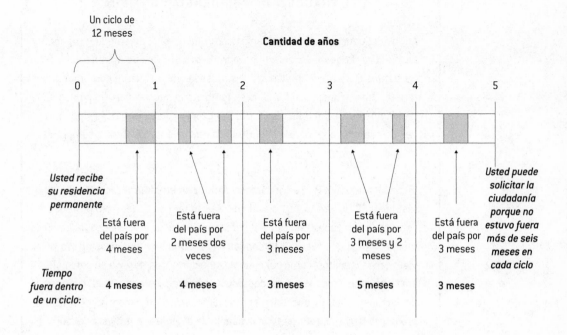

Lo importante de este gráfico radica en que no son el número de salidas lo que inhibe al solicitante de ciudadanía la aprobación de su solicitud, sino la cantidad de días en un ciclo de doce meses que la persona permaneció fuera del país. Es también importante notar que el entrevistador se fija muchísimo en las ausencias del país durante la última mitad del tiempo requerido (el último año y medio para los que tienen que esperar tres años y los últimos dos años y medio para los que tienen que esperar cinco años), porque es el período clave para cumplir con la presencia física continua. Esto es porque el DHS quiere ver una tendencia a quedarse en EE.UU. de forma permanente en la última parte de su espera.

Residencia en un distrito del DHS. Este requisito es para solicitar el beneficio en el lugar donde se reside. No se puede tramitar una solicitud en cualquier estado, sino en uno en el cual el solicitante haya vivido por tres meses antes de enviar su solicitud.

EL FRAUDE Y LA RESIDENCIA CONTINUA

Aunque el concepto de la residencia continua es fácil de entender y poner en práctica, la gente se enreda de puro gusto. No es cuestión de venir al país antes de que se cumplan los seis meses como residente para "marcar" tarjeta. Eso no funciona. El DHS no es tonto. No lo subestimen. Hay miles de residentes que viven fuera de EE.UU. Esa es la verdad. Y entonces vienen de vez en cuando como para que el DHS vea que viven aquí. Tarde o temprano les quitarán las tarjetas.

Si usted quiere preservar su derecho para pedir su naturalización, debe de residir en EE.UU. Punto. Es normal que viaje, pero no puede usted pretender venir cada 5 meses, estar aquí 2 semanas, regresar en 5 meses, hacer lo mismo y después tener la temeridad de solicitar la naturalización. Yo he visto casos insólitos, como por ejemplo, una dama que no vivía en este país, era residente, quería ser ciudadana, y trató de inventar declaraciones de impuestos como que trabajaba de empleada doméstica (para probar presencia física), y todavía tuvo la osadía de llegar a la entrevista de ciudadanía llena de joyas y con un reloj marca Rolex de oro. Por favor, ¡a quién engaña!

Poder hablar, escribir y leer inglés. Mucha gente se preocupa por el hecho de que tienen que hablar suficiente inglés para la entrevista; esto forma parte de los requisitos para obtener la ciudadanía. Pero, ¿qué es suficiente según el oficial del DHS que le entrevistará? Lo más importante es poder contestar las preguntas en inglés relacionadas con el formulario N-400 que le haga dicho funcionario. No es necesario poder tener una conversación extensa en inglés. En otras palabras, no se exige un dominio perfecto de este idioma, pero el solicitante debe por lo menos poder hablar de su trabajo, de cuántos hijos tiene, cuándo se hizo residente, cómo se hizo residente, cuándo se casó, cuántos viajes ha hecho al exterior, entender las preguntas de historia y gobierno y mantener un mínimo de conversación en el idioma inglés. La entrevista siempre empieza con un *"Please raise your right hand. Do you swear to tell the truth, the whole truth, and nothing but the truth?"* (Traducción: "Por favor, levante su mano derecha. ¿Jura usted decir la verdad, toda la verdad y nada más que la verdad?"). Si el pobre solicitante no entiende esta pregunta ya vamos mal, pues el entrevistador va a pensar que no tiene el mínimo dominio del inglés.

Hay algunas excepciones al requerimiento de hablar inglés: si usted es mayor de cincuenta y cinco años y tiene más de quince años como residente, o si es mayor de cincuenta años y más de veinte años de ser residente, usted puede tener la entrevista en su idioma natal. También hay una excepción con los discapacitados mentales o físicos. Para esta excepción se usa el formulario N-648. Si el DHS comprueba y acepta que el formulario N-648 está genuinamente completado los discapacitados mentales o físicos serán exceptuados del examen en inglés o en español siempre y cuando su discapacidad les prevenga el poder entender el propósito del examen.

Su inglés será probado de las siguientes maneras:

1. **Hablar.** Como ya mencioné, más que nada lo que le interesa al oficial del DHS que hace la entrevista es que la persona conteste en inglés las preguntas relacionadas con el formulario N-400. Por ejemplo, si le pregunta en inglés cuál es su dirección y la persona no entiende, se acabó el show pues obviamente, sin más, la persona no podrá pasar el resto del examen. Lo importante es entonces aprenderse muy bien lo escrito en la solicitud y las preguntas del cuestionario para de esa manera pasar el examen.

2. **Escribir.** Para probar su competencia de escribir, el funcionario del DHS le pedirá que escriba una o dos oraciones sencillas (vea los ejemplos de oraciones que se encuentran en el Apéndice D). Las frases son muy sencillas, no pasan de más de dos líneas. Es importante observar que se debe escribir en letra cursiva.

> *Lo más importante es poder contestar las preguntas en inglés relacionadas con el formulario N-400 que le haga el oficial de DHS. No es necesario poder tener una conversación amplia en inglés.*

3. **Leer.** Realmente casi nunca piden que la persona lea.

Conocimiento de la historia y el gobierno de EE.UU. Durante la entrevista, el examinador (oficial del DHS) le puede hacer hasta 20 preguntas acerca de la historia y gobierno de EE.UU. En el Apéndice C, se encuentran ejemplos de las preguntas (pero recuérdese que el DHS está cambiando las preguntas).

Solvencia moral. Se refiere a conducta personal. Significa que el solicitante de beneficios inmigratorios no ha cometido crímenes que las leyes definan como acciones que demuestren irrespeto por las normas morales de la sociedad.

Según el DHS, algunos ejemplos que pueden demostrar una falta de solvencia moral son:

- Cualquier delito contra una persona con la intención de hacerle daño
- Cualquier delito contra bienes o contra el gobierno que conlleve "fraude" o intención maliciosa
- Dos o más delitos para los cuales las sentencias en conjunto fueron de cinco años o más años
- La violación de cualquier ley contra estupefacientes (sustancias controladas) de EE.UU., cualquier estado o cualquier país extranjero
- Embriaguez habitual o conducir bajo la influencia del alcohol, si la persona es alcohólica
- Prostitución
- Mentir para obtener beneficios de inmigración
- Fallas en hacer pagos de pensión para el sustento de hijos o pensión alimenticia
- Confinamiento en la cárcel, una prisión o una institución similar, si el total de la prisión fue de 180 días o más durante los últimos cinco años (o tres años si usted hace la solicitud porque está casado con un ciudadano americano)
- Si se le ordenó recientemente que fuera deportado o removido, usted no podrá optar a la ciudadanía. Si está sometido a un proceso de remoción, no podrá solicitar la ciudadanía hasta que se haya completado el proceso y se le permita quedarse en el país como residente permanente.
- Si ha participado en actos terroristas
- La persecución de cualquier persona debido a su raza, religión, origen nacional, opinión política o grupo social

Adherencia a la Constitución de EE.UU. Todos los solicitantes por naturalización deben estar dispuestos a defender la Constitución de EE.UU. Usted proclama su adherencia y respeto por la Constitución cuando toma el Juramento de Lealtad. De hecho, hasta antes de este juramento nadie se convierte en ciudadano americano.

El juramento requiere prometer lo siguiente[1]:

1. Renunciar todas sus lealtades a países extranjeros
2. Respetar la Constitución: usted tiene que estar dispuesto a defender los principios de la Constitución y las leyes de EE.UU.
3. Servir a EE.UU.:
    a. Estar dispuesto a defender y enrolarse en las fuerzas armadas de EE.UU. (cuando sea requerido por la ley)
    b. Participar en funciones de no-combate en las fuerzas armadas de EE.UU.
    c. Participar en funciones civiles con las fuerzas armadas de EE.UU.

Una disposición favorable frente a EE.UU. Es la disposición de acatarse a las leyes y respetar la integridad de la democracia de este país.

Los tres casos diferentes para obtener la ciudadanía

Como mencioné anteriormente, hay tres casos diferentes para obtener la ciudadanía. La mayoría de las personas la obtienen en cinco años, salvo las que han solicitado a través de un matrimonio, en cuyo caso sólo tienen que esperar tres años, y casos especiales como los militares que lo pueden obtener inmediatamente bajo cier-

> *He aquí los tiempos de demora para hacerse ciudadano, dependiendo de la situación:*
> - *Ciudadanía inmediata: En casos especiales de militares y por derivación (hijos)*
> - *En tres años: si obtuvo la residencia a través de un matrimonio*
> - *En cinco años: para todos los otros casos (la mayoría de los casos)*

1 Hay excepciones de juramento por razones religiosas, como por ejemplo para los Testigos de Jehova.

tas condiciones. Por ejemplo, hay disposiciones recientes en las cuales el Presidente George W. Bush ordenó el aceleramiento de la ciudadanía para aquellos residentes que están prestando servicios en la guerra de Irak. El período de tres y cinco años se obvia y se les concede la ciudadanía en doce meses.

Información general

Cuando se presenta la solicitud: Usted puede postular para la ciudadanía cinco o tres años desde la fecha en su tarjeta de residencia permanente, dependiendo de su situación. Esta fecha se encuentra en el lado posterior de la tarjeta y tiene ocho dígitos, empezando con el año, después el mes y finalmente el día en el formato AAMMDD. Por ejemplo, 060730 significa que usted se hizo residente en 2006, en el séptimo mes (julio) y en el día 30; o sea, el 30 de julio de 2006. Sin embargo, la fecha de comienzo para los cubanos que solicitan bajo la Ley de Ajuste Cubano es diferente (véase el Capítulo 4 para más información).

Recuerde que su tarjeta de residencia permanente tiene una fecha de vencimiento de diez años desde el día que se la otorgaron (a menos que haya obtenido la residencia por matrimonio; véase "residencia condicional" más adelante). Usted puede renovar su tarjeta por medio del formulario I-90 y así permanecer residente por el resto de su vida si no abusa de su derecho. Pero muchos inmigrantes desean hacerse ciudadanos porque tienen más beneficios, como expliqué anteriormente.

Solicitación noventa días antes de que se cumpla el tiempo requerido. Usted puede enviar la solicitud noventa días antes de que se cumplan los tres o cinco años. Ahora el proceso es bastante rápido y, por ejemplo, en Miami lo que antes era un período de espera de doce meses ha disminuido a seis para la entrevista ante el DHS. La cita para la juramentación una vez que la entrevista haya sido concluida dura entre uno y tres meses. Las juramentaciones generalmente las hacen en auditorios grandes o en las cortes federales.

Residencia condicional. Si usted obtuvo la residencia a través de un matrimonio, el proceso de naturalización se acelera y el tiempo de espera es de sólo de tres años. Pero si desea postular para la residencia dentro de los primeros dos años de su matrimonio, el DHS le otorgará una tarjeta condicional por dos años que será tenido en cuenta al momento de hacerse ciudadano. Y aunque la tarjeta diga *Permanent Resident* (residente permanente) en la portada, en vez de tener una fecha de vencimiento de diez años, la tarjeta tendrá una fecha de vencimiento de dos años.

Es importantísimo observar que si usted recibe la residencia condicional por dos años, noventa días antes de que terminen estos dos años de residencia con la tarjeta condicional, la pareja debe solicitar la residencia permanente con el formulario 1-751, que es una petición para remover la condición provisional de la tarjeta de residencia. Cuando usted haga la solicitud para la residencia sin condición, el DHS le mandará un documento que le extenderá su residencia por un año más, y después usted podrá postularse para la ciudadanía. Observe que el tiempo bajo la residencia condicional sí cuenta para obtener ciudadanía, así que si se mantiene casado y esperó dos años condicionalmente, sólo esperará un año más ya que demora tres años en obtener la ciudadanía a través de un matrimonio con un ciudadano. Si usted no solicitó la residencia permanente en este tiempo, podría ser puesto en proceso de remoción por el DHS que asumirá que usted dejó de tener interés en ser residente de este país.

Por ejemplo, imaginemos que Dolores se casa con John. A la semana siguiente ella solicita la residencia, y luego de la entrevista ella recibe una tarjeta provisional de dos años. Si la tarjeta demuestra que su residencia empezó el 6 de septiembre de 2007, ella tendrá que postular para la residencia normal dentro de los últimos noventa días de esos dos años subsiguientes (entre el 11 de junio de 2009 y el 8 de septiembre de 2009). Ella puede utilizar el formulario I-751 para remover la condición provisional de su tarjeta y recibir una tarjeta normal de residencia, la cual durará por un año hasta que postule para la ciudadanía:

> *Es importantísimo solicitar la eliminación de la condicionalidad de su residencia. Si usted no solicita a tiempo, podrá ser removido del país.*

El proceso para la residencia condicional a través de un matrimonio:

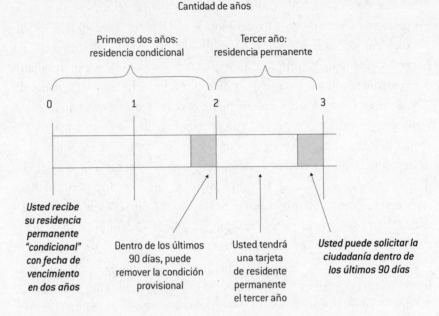

Cantidad de años

Primeros dos años:
residencia condicional

Tercer año:
residencia permanente

0   1   2   3

Usted recibe su residencia permanente "condicional" con fecha de vencimiento en dos años

Dentro de los últimos 90 días, puede remover la condición provisional

Usted tendrá una tarjeta de residente permanente el tercer año

Usted puede solicitar la ciudadanía dentro de los últimos 90 días

Naturalización en casos especiales con tiempos de procesamiento acelerados

Naturalización acelerada por servicio militar. Si la persona es residente, ha servido en las fuerzas armadas por lo menos doce meses y solicita su ciudadanía durante ese tiempo, puede completar el formulario N-400 y el procesamiento de su ciudadanía se hará de forma acelerada. Los períodos de presencia física no son aplicables.

Naturalización por derivación. Esto ocurre con los hijos menores de 18 años de ciudadanos que por lo general nacieron en el exterior. Observe que esta vía es mucho más rápida que una petición familiar, pero esta situación ocurre con mucho menos frecuencia que una petición familiar. Se usa el formulario N-600 para la naturalización por derivación en vez del N-400, o en algunos casos no se tiene que usar ningún formulario para obtener el derecho —ya que es automático.

He aquí algunos ejemplos:

- Los ciudadanos americanos en el exterior "registran" a sus hijos nacidos en el exterior en la embajada americana. Si el ciudadano americano cumple con un sinnúmero de reglas —como haber residido por una cantidad de tiempo específico en EE.UU. y otros, puede pasar la ciudadanía a sus hijos a través de un "certificado de nacimiento en el exterior" que le otorga la ciudadanía americana al igual que un "certificado de naturalización", que es lo que se obtiene al terminar con buen éxito la solicitud hecha a través del formulario N-600.
- Dos padres naturalizados americanos no tienen que solicitar la ciudadanía de hijos que sean residentes permanentes con menos de 18 años, ya que el privilegio se les deriva automáticamente. Pueden ir tranquilamente a la oficina de pasaportes adonde le expedirán su pasaporte americano y eso es suficiente prueba de su ciudadanía.

Ya que la derivación es mucho menos común y hay muchos requerimientos, le sugiero consultar con un abogado para este tipo de solicitud.

Preguntas frecuentes

¿Necesito un abogado para hacer los trámites para la naturalización?

En general no, al menos que usted tenga problemas para probar su presencia física continua (descrita anteriormente), haya tenido antecedentes criminales, su solicitud haya sido negada o esté solicitando la ciudadanía por derivación.

¿Qué pasa si necesito salir del país por más de seis meses?

Usted puede obtener un permiso de reentrada (*re-entry permit*) que le permitirá estar fuera hasta por doce meses. Sin embargo, aunque tenga permiso del DHS para estar fuera eso interrumpirá la presencia física necesaria para poder solicitar la ciudadanía.

El permiso de reentrada se hace enviando el formulario I-131 con dos fotos y un cargo de $305. Hay que enviar copia de su tarjeta de residencia. El tiempo para que el proceso transcurra es alrededor de tres a cuatro meses.

Por ejemplo, si usted sale de EE.UU. por un año después de haber sido residente por dos años, ese tiempo que usted estuvo en EE.UU. sí cuenta hacia la ciudadanía, pero el tiempo que estuvo fuera por un año no cuenta. Así que tendrá que esperar para postular para la ciudadanía seis años después de haber recibido la residencia en vez de cinco años.

> *El permiso de reentrada no congela su tiempo para su solicitud de ciudadanía.*

El ejemplo anterior funciona porque la persona que salió lo hizo dentro de la primera mitad del tiempo de espera para ser residente. Es importante notar que si usted necesita cinco años para obtener la ciudadanía y sale en el período de dos años y medio antes de solicitar la ciudadanía, sus probabilidades de ser aprobado son menores. Esto es así porque los meses más importantes son los treinta meses anteriores a la solicitud de la ciudadanía para alguien que necesita cinco años de residencia continua. En el caso de la persona que está solicitando ciudadanía por tres años, se cuentan los últimos dieciocho meses. El mejor consejo es que el solicitante no debe haber roto su residencia continua en la segunda mitad del requerimiento de presencia física, o sea, que postule después de haber estado en EE.UU. de regreso por más de dos años.

**Si usted sale por más de seis meses seguidos,
ese tiempo no cuenta hacia la residencia continua**

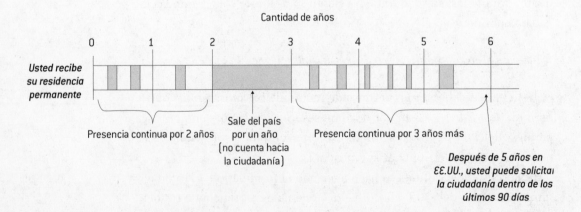

Cantidad de años

Usted recibe su residencia permanente

Presencia continua por 2 años

Sale del país por un año (no cuenta hacia la ciudadanía)

Presencia continua por 3 años más

Después de 5 años en EE.UU., usted puede solicitar la ciudadanía dentro de los últimos 90 días

¿El permiso de reentrada me congela el tiempo para la solicitud?

No es cierto que el obtener un permiso de reentrada congela el tiempo para la solicitud. Eso sólo le da el derecho de entrar al país como residente después de haber estado más de doce meses fuera de EE.UU.

Hay varias excepciones que sirven para congelar el tiempo con miras a la ciudadanía. Una de ellas es cuando la persona trabaja para el gobierno americano o una de sus agencias como la AID (*Agency for International Development,* o Agencia para el Desarrollo Internacional), el Departamento de Estado, agencias religiosas o empresas públicas en las cuales el gobierno americano tiene intereses. En esos casos, el tiempo que la persona pasa en el exterior no se cuenta en contra del tiempo requerido para solicitar la ciudadanía. De lo contrario, y no es que sea pesimista, hay que probar que existe la presencia física continua. De cualquier otra forma, tendrá problemas a la hora de la entrevista.

El formulario N-470 se usa para preservar el tiempo que usted va a estar fuera, para que no le afecte para propósitos de la ciudadanía. Tiene un costo de $305. Sin embargo, como lo expliqué anteriormente, sólo se puede preservar ese derecho si usted trabaja para una de las agencias o dependencias mencionadas. El tiempo para que el proceso transcurra es alrededor de tres a cuatro meses.

Alguien me dijo que tardó tres años en procesar su solicitud para la ciudadanía. ¿Es verdad?

A veces se tarda mucho tiempo por la verificación de los antecedentes. El DHS no aprueba ningún N-400 sin que la revisión esté completa. Y sí, es cierto que a veces se tarda demasiado. Si a usted se le tarda demasiado su solicitud, debe llamar al número que aparece en el recibo que el DHS le envió cuando hizo llegar su primera solicitud, o visitar la oficina del DHS más cercana a su localidad.

¿Qué pasa si mi cónyuge es ciudadano y mi matrimonio dura sólo dos años y después me divorcio?

Igual podrá obtener la ciudadanía si puede comprobar que su matrimonio fue por amor. Si usted obtuvo su residencia a través de esa persona lo más probable es que su tarjeta de residencia sea condicional y tenga un vencimiento de dos años. Usted debe llenar el mismo formulario en que se remueve la residencia condicional, el I-751, para remover la condicionalidad y seguir siendo residente. El formulario sólo se completa por el residente, quien tendrá que demostrar que su matrimonio fue de buena fe. Para eso se debe enviar documentación que demuestre que cuando se casó lo hizo por amor. Son ejemplos de esta última: fotos de boda, cartas de personas que conocieron a la pareja, recibos a nombre de ambos hasta la fecha de separación y demás.

El precio del formulario I-751 es de $545. Se envían dos fotos de frente y la anterior evidencia. Ya una vez divorciados, no podrá solicitar la ciudadanía a los tres años, sino que tendrá que esperar los cinco años normales que se necesitan.

Pero tenga cuidado después del divorcio. Si usted tiene responsabilidad de la manutención de sus hijos y pagos de soporte conyugal y no ha cumplido, el DHS puede negarle la ciudadanía a causa de esto.

¿Hay una edad mínima para obtener la naturalización?

La persona necesita tener 18 años de edad para poder solicitar la ciudadanía. Pero hay varias excepciones. Por ejemplo, si los dos padres son ciudadanos y el hijo es residente, se puede obtener un pasaporte americano automáticamente sin necesidad de solicitar formalmente la ciudadanía. Otra excepción es si el padre ciudadano es divorciado o separado y tiene custodia del niño residente menor de 18 años, también le deriva ciudadanía directamente sin necesidad de solicitarla.

¿Pierdo la ciudadanía de mi país de origen o puedo tener doble ciudadanía?

Usted puede tener doble ciudadanía si su país de origen la acepta como tal. Países como Colombia y México aceptan que sus ciudadanos tengan doble nacionalidad. Al gobierno de EE.UU. no le gusta, pero nadie niega que existe.

¿Puedo cambiar mi nombre cuando me hago ciudadano?

Sí, lo puede hacer mediante una orden de la corte del estado en donde usted reside.

¿Qué pasa si mi tarjeta de residencia está a punto de expirar?

No importa, pues usted no deja de ser residente por la mera expiración de su tarjeta (a menos que fue una tarjeta condicional con vencimiento de dos años). Sin embargo, si usted quisiera salir al exterior no podrá hacerlo sin su tarjeta válida. Se puede renovar su tarjeta con el formulario I-90. Le aconsejo que nunca deje expirar su tarjeta aun en casos en que usted está solicitando su naturalización.

¿Hay que declarar cualquier tipo de detención, así sea un delito menor sin expediente?

Sí. Esto es vital pues después de los ataques terroristas de 9/11 todo delito, por menor que sea, sale en la verificación de sus huellas dactilares. El no declararlo puede resultar en la negación del N-400. El hecho de haber solicitado la eliminación de su expediente (*expungement*), en el contexto de un problema criminal, no le ayuda para su proceso de naturalización, pues todos los delitos deben ser considerados por el DHS al revisar su solicitud. El poder de discreción (o criterio propio) que tiene el DHS para adjudicar el N-400 es enorme.

Si ha sido un infractor de mantenimiento infantil, ¿es considerado falta de buena conducta?

Sí. Y el DHS se toma muy en serio estas violaciones. Si usted ha tenido problemas de este tipo, debe obtener informes de la agencia reguladora que se encarga de estos casos en el estado donde reside. La evidencia debe indicar claramente que usted ya no tiene problemas con los pagos de la manutención de sus hijos. Sin embargo, aunque demuestre que usted ya no está atrasado en sus pagos o que ya los canceló, el DHS puede siempre negarle el N-400 por haber cometido ese error.

¿Me van a preguntar si alguna vez registré para votar en EE.UU.?

El hecho de haberse registrado es un problema, pero la verdad es que muchos estados registran a las personas por el mero hecho de solicitar una licencia de conducir. Si usted recibe por correo una tarjeta de votación, devuélvala inmediatamente y asegúrese de que le den un recibo confirmando que la devolvió, para evitar que lo acusen en la entrevista de haber votado sin ser ciudadano. El DHS considera un delito mayor haber votado sin ser ciudadano. Si usted ha votado, lo más probable es que su naturalización sea negada.

¿Qué hay con la declaración de impuestos?

Usted debe haber declarado sus impuestos, a menos que no haya ganado lo suficiente de acuerdo a las tablas del IRS. Consulte con esa agencia para más información. El no haber declarado impuestos por haber estado fuera del país es un problema pues usted estaría demostrando que su presencia física dentro de EE.UU. no ha sido completa.

¿Tengo que haber pagado mis impuestos? ¿Qué pasa si no gano lo suficiente para pagarlos?

Sí, usted debe demostrar que pagó impuestos. Si no gana lo suficiente, igual se debe hacer una declaración de rentas.

¿Y qué hay sobre el servicio selectivo (Selective Service)?

Todo solicitante masculino debe demostrar que se registró como residente permanente para el servicio selectivo, el servicio para llamar a filas cuando haya una guerra. La única excusa es que no lo haya hecho por razones de ignorancia de ese requisito. Dicha ignorancia no puede ser irracional; en otras palabras, el DHS asume que todo joven mayor de dieciocho años debe hacerlo, pero a veces nadie les informa en la escuela superior. En esa situación, una carta bien detallada que dé la razón por la cual no se registró funciona muy bien.

Después de mi naturalización, ¿puedo vivir fuera de EE.UU. sin perderla?

Sí, sin ningún problema.

¿Qué pasa si, ya naturalizado, vivo fuera y quiero pedir un familiar?

No lo puede hacer porque su domicilio no se encuentra dentro de EE.UU.

Cómo preparar su solicitud para la naturalización

En la página siguiente le doy una tabla con todos los formularios necesarios (y sus gastos asociados) para completar la solicitud para la naturalización.

El proceso

Un resumen del proceso de solicitud para la naturalización:

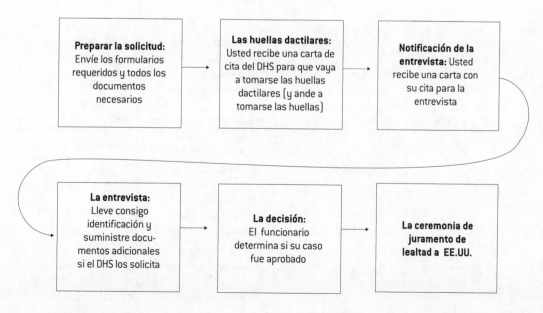

Preparar la solicitud: Envíe los formularios requeridos y todos los documentos necesarios

Las huellas dactilares: Usted recibe una carta de cita del DHS para que vaya a tomarse las huellas dactilares (y ande a tomarse las huellas)

Notificación de la entrevista: Usted recibe una carta con su cita para la entrevista

La entrevista: Lleve consigo identificación y suministre documentos adicionales si el DHS los solicita

La decisión: El funcionario determina si su caso fue aprobado

La ceremonia de juramento de lealtad a EE.UU.

Formulario	Concepto	¿Requerido?	Costo
N-400	Solicitud para Naturalización	Sí, si el solicitante es mayor de 18 años.	$675 (incluye los requisitos biométricos)
N-445	Aviso de Ceremonia de Juramento de Naturalización	Si se le aprueba para la naturalización, debe contestar antes de inscribirse para la ceremonia.	$0
I-131	Permiso de reentrada	Si necesita salir de EE.UU. por más de 6 meses.	$305
N-470	Solicitud para preservar y congelar residencia continua cuando está fuera del país	Si usted quiere preservar su tiempo para que le cuente para su solicitud de ciudadanía	$305
N-565	Si se le extravía su Certificado de Naturalización o su Certificado de Ciudadanía	Si se le pierden estos documentos. Este proceso puede tomar hasta 1 año	$380
N-600	Para los menores de 18 años en casos especiales: naturalización por derivación	Si el solicitante menor de 18 años califica para este remedio inmigratorio	$460 para un hijo biológico o $420 para un hijo adoptado
N-648	Certificado Médico para Excepciones por Incapacidad	Si usted tiene una incapacidad médica aceptable que impide que cumpla con el requisito de inglés y conocimiento de la forma del gobierno y la historia de EE.UU.	$0

Preparar la solicitud. Primero usted debe armar el paquete con el formulario N-400 y cualquier otro formulario necesario en su situación. Con estos formularios necesita(n) incluir las dos fotos de frente (en color) y todos los documentos necesarios que detallé anteriormente. Recuerde que si los documentos están en español, deben estar traducidos al inglés. También debe incluir el cheque o giro postal a nombre del DHS al centro de DHS que le corresponde.

Las huellas dactilares. Entre treinta y cinco y noventa días usted recibirá una carta de cita del DHS para tomarse las huellas. En general son dactilares, pero a veces las huellas se toman con tinta. En general va a ser en un Centro de Apoyo de Solicitudes o un cuartel de la policía. Traiga con usted la carta con la cita, su tarjeta de residencia permanente, y una forma de identificación con su foto (como su licencia de conducir). Sus huellas serán mandadas al FBI para hacer una investigación criminal de su pasado. Si le faltó algún documento en su paquete, será informado cuando le tomen las huellas.

Notificación de una entrevista. Aproximadamente noventa días después de haber tomado sus huellas, recibirá la notificación de una entrevista. Si usted no puede asistir a la entrevista, tendrá que notificar al DHS por escrito la razón de no acudir y ellos le enviarán otra cita. Intente no faltar nunca a una cita, pues sólo le causará problemas en el futuro.

La entrevista. Preséntese a su oficina local a la hora especificada y lleve consigo los siguientes documentos:

- Su tarjeta de residente permanente o registro de extranjero
- Su pasaporte (aunque esté vencido)
- Cualquier permiso de reingreso que tenga
- Documentos adicionales, si el DHS los solicita

Durante la entrevista, el oficial del DHS le hará preguntas acerca de su solicitud y antecedentes. También tendrá que tomar el examen de inglés donde tendrá que escribir algunas frases simples en inglés que le dictará el oficial. Finalmente el oficial le hará algunas preguntas de la historia y gobierno de EE.UU. (véase las preguntas en el Apéndice C) en voz alta. Usted debe estar solo en la entrevista, a menos que tenga un abogado o usted está incapacitado y necesite asistencia.

La decisión. Usted será notificado de la decisión ahí mismo si fue aprobado; si no, le enviarán la notificación de su aprobación y la cita de juramentación al mismo tiempo. Si fue aprobado, le darán la cita para la ceremonia de juramento de lealtad.

La ceremonia de juramento de lealtad a EE.UU. Esta ceremonia es una reafirmación de lo que usted dijo en la solicitud: que usted sí está dispuesto a honrar a este país y a defenderlo. En esta ceremonia usted estará con muchos otros residentes que se convertirán en ciudadanos ese mismo día. Traiga con usted su tarjeta de residente permanente, porque la va a tener que devolver. También podrá traer a dos o tres familiares.

Quizás tendrá que contestar preguntas sobre lo que ha hecho desde su entrevista. La cita de la juramentación contiene en la parte de atrás una corta lista de preguntas relevantes respecto a si ha cambiado algo desde su entrevista de naturalización. Ejemplos: Ha sido arrestado, ha salido del país, se ha divorciado o casado, etc. Uno marca sí o no en unos círculos y se acabó. La hoja de la citación se presenta en la ceremonia y se firma enfrente del oficial del DHS que le recibe.

Después se sentarán todos en una sala grande donde un juez o un oficial del DHS va a hacer un breve discurso y hará el juramento. Usted recibirá su Certificado de Naturalización ahí mismo.

Si usted no puede asistir a la ceremonia, tiene que llenar el formulario N-445 (*Notice of Naturalization*) y mandarlo a la oficina local del DHS con una carta diciendo por qué no puede asistir. La oficina le mandará una nueva cita. Es grave no asistir porque aunque le enviarán una nueva cita, se puede tardar hasta seis meses.

Cómo preparar los formularios

El formulario N-400: Solicitud de Naturalización (*Application for Naturalization*)

A finales de este capítulo encontrará la traducción al español del formulario N-400.

Partes 1 y 2: Información básica

Las primeras secciones le piden información básica acerca de usted. Por ejemplo, la primera parte tiene que ver con sus datos biográficos y si usted quiere aprovechar la ocasión para cambiarse el nombre.[2] La segunda parte tiene que ver con sus direcciones aquí, sus trabajos, sus matrimonios y divorcios, sus hijos y lo demás.

Partes 3 y 4: Información básica

En la tercera parte, le preguntan su número de Seguro Social y desde cuándo ha sido un residente permanente. Ojo con esto —no puede solicitar la ciudadanía hasta que le falte noventa días para que se cumplan los tres o cinco años requeridos. La cuarta parte le pregunta acerca de su dirección para poder mandarle correspondencia relacionada con su solicitud. Si usted se va a cambiar de casa, es mejor dar la dirección de su trabajo. Si no puede, llame al centro de servicio nacional al 1-800-375-5283 para contarles que se ha mudado. Es importante que usted mantenga al DHS informado acerca de su dirección. La forma AR-11 se utiliza para cambios de dirección. No cuesta nada y se puede obtener del sitio web del DHS en www.uscis.gov.

Parte 5: Información para su expediente judicial (Criminal Records Search)

En esta parte le preguntan acerca de sus características físicas como el color de su cabello y ojos, etc., para hacer un chequeo de sus antecedentes penales. En la parte 10 hay más preguntas acerca de actividades delictivas. El mejor consejo es que el solicitante de naturalización acuda a un abogado si alguna vez ha sido arrestado.

Parte 6: Su residencia y trabajos

Estas preguntas son relevantes para probar que físicamente, usted ha estado en EE.UU. el tiempo necesario, pero no porque la ausencia de trabajo sea considerada como una carga pública.

Parte 7: Viajes fuera de EE.UU.

Esta sección hace referencia a los viajes que el solicitante ha hecho desde que se hizo residente de este país. Aquí el DHS va a calcular si

---

2 Para cambio total de nombre —es decir, si el cambio no es sólo quitarse el segundo nombre o algo así— se necesita una orden judicial.

MÁS ACERCA DEL FRAUDE

Hay muchos hermanos inmigrantes, que mal aconsejados, utilizan su residencia para residir en el exterior y no en este país. Cuando la tarjeta está por vencerse, a pesar de no vivir aquí, son atrevidos y simplemente la renuevan. Bueno, pues, ahora la cosa es más difícil. Antes, cuando se llenaba el formulario I-90 (para renovar o reemplazar la tarjeta verde), no se hacían muchas preguntas y esto desgraciadamente ayudó a que se cometiera mucho fraude. Hoy el DHS, en la mayoría de los casos, pide huellas nuevas y una entrevista con la persona. Además se centralizó para todo el país el lugar adonde se envía el formulario I-90. Es para tener más control. Lo menciono porque si el DHS comprueba que la persona no residió aquí, no solamente le puede negar la solicitud por residencia, sino que también puede iniciar un proceso de remoción en contra de esa persona por fraude. Es por eso que no se puede tomar la solicitud de naturalización a la ligera.

usted ha estado fuera del país por más de seis meses en cada ciclo de doce meses. ¡Por el amor de Dios no trate de inventar la rueda! La pregunta es simple: ¿cuántos viajes de más de veinticuatro horas ha hecho usted desde que obtuvo su residencia? No es que no me acuerdo, no es que se me perdió el pasaporte, no es que no me sellaron el pasaporte cuando entré al país. Simplemente diga cuántas veces ha salido, después sume los días que ha estado fuera para ver si es apto para solicitar la naturalización.

Como dijimos anteriormente, si sumamos todos los días —sobre todo en los treinta meses anteriores a su solicitud— y resulta que usted ha estado en total (en cada ciclo de doce meses) fuera más de seis meses, usted tiene que empezar de nuevo a contar, pues la solicitud será denegada por falta de presencia física continua.

Parte 8: Sus matrimonios

Primero le preguntan por el estatus de inmigración de su cónyuge y después hacen otras preguntas acerca de su matrimonio. En esta sección, el DHS quiere saber de todos los matrimonios anteriores del solicitante y su cónyuge (si es que está obteniendo la ciudadanía a través del matrimonio). O sea, el DHS desea saber cómo usted y sus cónyuges anteriores obtuvieron la residencia permanente en EE.UU. El riesgo principal en esta sección es que si usted o su ex esposo(a) obtuvo los papeles mediante un matrimonio anterior, va a parecer sospechoso que mediante su matrimonio actual también alguien se va a beneficiar de recibir los papeles. Esto luce muy mal.

Observe que si usted se casó con alguien con estatus ilegal, el hecho de que su esposo(a) no tenga estatus no es un problema, pues el DHS no va a usar esa situación para removerlo.

Parte 9: Sus hijos

La parte 9 le pide una lista de sus hijos. Hay personas que temen dar el estatus de sus hijos y cónyuges (asumiendo que estén indocumentados) por temor a represalias del DHS. Hasta hoy no tengo evidencia que demuestre que el DHS haya removido a alguien porque su nombre apareció en el N-400. Lo mejor es poner el estatus que tienen aunque estén sin estatus. Si niega que tiene un familiar aquí, cuando el solicitante de naturalización obtenga su codiciado certificado y solicite beneficios inmigratorios para esa persona, puede tener problemas.

Parte 10: Preguntas adicionales

Aunque estas preguntas puedan parecer inofensivas, tenga mucho cuidado, pues podrían poner en peligro su solicitud. Si contesta "sí" a cualquiera de estas preguntas, le recomiendo que solicite la opinión de un experto que lo pueda aconsejar. A continuación le explicaré en más detalle.

Parte 10A: Preguntas generales

La primera parte pregunta si usted ha actuado como ciudadano (como, por ejemplo, haber votado en elecciones americanas). También le pregunta si ha presentado sus formularios de impuestos, y si algún formulario de impuestos está atrasado (*overdue*). Y como ya expliqué, el haber votado sin ser ciudadano es gravísimo pues lo inhibe automáticamente de ser ciudadano. El que le hayan enviado una tarjeta de votación por error (muchos estados lo hacen cuando se solicitan licencias de conducir) no es problema siempre y cuando no se haya votado. En cuanto a los impuestos, el pagar los impuestos es importante para demostrar presencia física y buena conducta moral. Generalmente no los requieren a menos que el DHS tenga dudas acerca de su actual domicilio o presencia física.

Parte 10B: Afiliaciones

En esta parte hay varias preguntas que tratan de averiguar si la persona perteneció a algún grupo u organización en el pasado. Cuidado. Mucha gente de Centroamérica perteneció a partidos políticos en el pasado durante las cruentas guerras civiles que flagelaron estas naciones. Muchos fueron encarcelados por cuestiones puramente políticas, y cuando vinieron aquí solicitaron asilo y les fue concedido. Ahora el DHS, cuando recibe solicitudes de naturalización de estas personas, está preguntando por qué fueron arrestados, dónde están esos papeles, cuál fue la función de ellos dentro del grupo político al que pertenecieron y otras preguntas totalmente absurdas, pero que el DHS las justifica dentro del marco de los ataques terroristas de 9/11.

Otros muchos, como nuestros hermanos cubanos, pertenecieron al partido comunista y/o alguna otra organización ligada al mismo. Estas personas deben demostrar que su participación fue involuntaria, de lo contrario su solicitud de naturalización puede ser denegada. Esto es delicado, pues hay muchas personas que realmente no tuvieron otra opción más que ser parte del partido comunista para poder estudiar o progresar. El DHS decide estos casos uno por uno. Deben haber transcurrido diez años desde la última participación de esta persona en el partido comunista y además, su participación en el mismo tuvo que haber ocurrido obviamente antes de que la persona solicitase su residencia permanente.

Además la persona debió haber mencionado esta participación cuando solicitó su residencia permanente. De lo contrario, le pueden negar la solicitud, no por su participación, sino porque no se dijo eso antes en el formulario I-485, que se usa para ajustar el estatus y obtener la residencia. Si el solicitante del N-400 ha sido miembro de alguna organización totalitaria o del partido comunista, tiene que estar preparado para demostrar que se retiró a tiempo y que su participación fue forzada. De lo contrario corre el riesgo de que su solicitud de ciudadanía sea negada.

> *Deben haber transcurrido diez años desde la última participación del solicitante de naturalización en el partido comunista y además su vinculación en el mismo tuvo que haber sido declarada cuando solicitó su residencia permanente.*

También es cierto que muchas veces no preguntan nada, pero el propósito de este libro es desnudar los "por si acasos", para de esa manera orientar, en lo que se pueda, a aquellos hermanos inmigrantes que desean coronar la ciudadanía americana. Conozco muchos casos de personas que fueron detenidas en sus países por acusaciones políticas, que han tenido problemas demostrando realmente que no son ni fueron criminales. Pero simplemente describieron (en sus solicitudes de asilo) lo que sufrieron como parte de la odisea que vivieron al ser víctimas de las barbaridades que tanto la derecha como la izquierda cometieron en Centroamérica.

Es una lástima que el DHS despierte estas heridas ahora, precisamente, cuando estos hermanos lo que quieren es ser parte de este país y no ser una vez más castigados por lo que opinaron hace más de veinte años. Por lo tanto, al llenar el N-400, si usted cae dentro de los escenarios descritos, busque ayuda profesional para poder tener una mejor opción a la hora de luchar por sus derechos.

Parte 10C: Residencia continua

En esta parte le preguntan si ha declarado que es un "no-residente" en un formulario de impuestos. Ojo con esto, porque si su respuesta es "Sí" no va a ser aceptado, ya que no permaneció en EE.UU. el tiempo requerido.

Parte 10D: Solvencia moral

Esta sección le pregunta si ha cometido algún delito. Si usted cometió un delito y aun así le dieron su residencia, no asuma que le darán su ciudadanía, sobre todo si el delito ocurrió en los últimos 5 años antes de solicitar su ciudadanía. Por ejemplo, supóngase que usted recibió una condena de probatoria por doce meses. En su estado eso es considerado una felonía y usted piensa que como el DHS le dio su residencia y por ende sabe y supo de su problema, no habrá mayores sobresaltos cuando solicite su naturalización. Grave error. El DHS puede iniciar un proceso de remoción en contra suya para quitarle su tarjeta verde si considera que su delito fue cometido con "agravantes". Ese es un término legal que generalmente indica que en el incidente hubo violencia mayor o conducta claramente depravada. En la página 289 le daré ejemplos de estas acciones.

SELLAR SU CASO NO SIGNIFICA QUE SE HAYA BORRADO DE SU HISTORIA CRIMINAL

Otro error de cálculo cometido muchas veces es pensar que el "sellar" (*expunge,* en inglés) el caso criminal "borra" para siempre el informe de su expediente ante las autoridades, y por lo tanto usted ni lo tiene que decir, ni tiene que preocuparse. Es verdad que sellar un caso lo borra ante el público general —por ejemplo, dependiendo del estado, si postula para un trabajo no-federal, no tiene que declarar un delito si fue sellado—, pero el gobierno no es el público general. El DHS es una agencia federal y como tal tiene acceso a todo, especialmente después de 9/11. Tenemos que entender que el "sellar" el caso solamente trae problemas para trámites de inmigración, pues la agencia le pedirá al solicitante que "reabra" el caso, y tendrá que ir a juez estatal que le "selló" el caso para poder obtener tanto el informe de arresto, como la disposición oficial del delito.

Así que si se ha encontrado culpable de haber cometido un delito, pero el mismo ha sido eliminado de sus antecedentes, igual es necesario indicar eso en su solicitud. Usted debe ser siempre honesto con el DHS acerca de todos los arrestos (aun cuando no se le haya acusado o encontrado culpable), las condenas (aun cuando hayan sido eliminadas de su ficha) y delitos que cometió respecto a los cuales a usted ni se le arrestó ni se le condenó. Aun si cometió un crimen menor, el DHS podrá denegar su solicitud si usted no le informa el incidente al funcionario del DHS.

No estoy diciendo que el "sellar" el caso no tenga sus ventajas. Las tiene, pero no para trámites de inmigración, sino para propósitos puramente locales o estatales. Por ejemplo, en la Florida usted puede sellar su caso, y si es la primera vez que usted comete un delito y el mismo no es con agravante, usted puede sellar su caso y hasta decir en muchas situaciones que no tiene informe. La filosofía detrás de esto es el pensamiento anglosajón de siempre dar un perdón la primera vez, un nuevo comienzo. El DHS, sin embargo, no piensa así. Lo quiere saber todo y ahora después de los ataques de 9/11 lo puede saber todo.

Una manera de "quitarse" el problema después de haber cometido un delito y haber salido mal parado del mismo, es comparecer de nuevo ante el juez que lo sentenció y tratar de argumentar que cuando se expidió la sentencia, a usted no se le explicaron las consecuencias inmigratorias de la pena expedida. La razón es simple: si la persona hubiese sido puesta en alerta que la imposición de su sentencia le traería consecuencias graves para su estatus inmigratorio, lo más probable es que no hubiera aceptado la oferta hecha por la fiscalía (*plea bargain*) para terminar con el proceso criminal. Hay varios estados que todavía permiten este ataque (generalmente hecho mucho tiempo después de que la persona cometió el delito) y el mismo es efectivo, pues aminora el peso del delito y en varias situaciones hasta lo puede eliminar. Esta estrategia no es tan popular como antes y la mayoría de los estados ya no la permite. Hay que consultar con un abogado penalista para más detalles.

Otra manera es "reabrir" el caso criminal para desecharlo (*dismiss*) y esperar que el fiscal estatal esté de acuerdo. A lo contrario de sellar, el desechar un caso sí es como borrarlo o anularlo desde el punto de vista del DHS. Casi nunca ocurre, pero la verdad es que se han cometido muchas injusticias en contra de nuestros hermanos inmigrantes, y un buen abogado criminalista pudiera hacer el milagro. Si el juez estatal reabre el caso y lo desecha o por lo menos disminuye la disposición final del crimen, entonces ya la cosa cambia pues el DHS no puede tratar de negar la solicitud de naturalización basada sólo en el resultado final de la acción judicial. El DHS pudiera negarla, sin embargo, basado en "su discreción" que como expliqué anteriormente, es un arma poderosísima que siempre puede utilizar el gobierno para negar un caso inmigratorio. Por ejemplo, aunque la persona pudiera "desechar" el caso criminal convenciendo al mismo juez que lo sentenció años atrás, el DHS puede argumentar que niega la solicitud de naturalización, no por la sentencia sino por haber cometido el acto. En otras palabras, el DHS, lo puede negar por la sola conducta, por el solo hecho de haber cometido la acción. Ese es el poder de la discreción.

He aquí algunas acciones que son consideradas como delitos con agravantes:

- Abuso doméstico con prueba de violencia física
- Robo en mayor cuantía
- Todo lo que tenga que ver con drogas (excepto la mera tenencia para uso personal de 30 gramos o menos de marihuana)
- Maltrato infantil y/o sexual
- Fraude contra el estado
- Y muchas más

Aunque no hay una regla en sí, en general si el delito es castigado por la ley con más de doce meses de cárcel, es un delito grave que perjudicará al solicitante de naturalización. Eso es así porque esos delitos en la mayoría de los estados son categorizados como una felonía. Otra regla es que si el crimen tiene que ver con violencia o con drogas (más de treinta gramos de marihuana o posesión de cualquier otra droga ilegal), será difícil que la persona pueda solicitar su naturalización.

El solicitante piensa que todo está bien, porque el DHS le dio su tarjeta de residencia permanente y ahí esta el error. Sucede especialmente si el delito se cometió durante los cinco años anteriores al término de enviar la solicitud de naturalización. Si usted ha cometido un delito, consulte a un abogado antes de llenar su N-400. Si el delito es menor —por ejemplo un DUI (conducir ebrio) y no hubo accidentes—, usted probablemente no tendrá problemas y podrá solicitar aun durante los cinco últimos años. Sin embargo, si usted tiene varios DUI, entonces sí tendrá problemas pues lo podrían considerar alcohólico. En este caso consulte con un abogado y no solicite hasta después de los cinco años, pues podría tener problemas graves. Si el delito cometido es una felonía, no se le aconseja solicitar ni después de los cinco años pues el DHS puede tratar de quitarle su residencia cuando usted solicite la ciudadanía.

En la parte del N-400 que cubre haber cometido delitos antes de solicitar la ciudadanía, se pregunta el porqué fue arrestado y el resultado de la disposición final. El "informe de arresto" es lo que el policía dijo en el informe cuando la persona fue detenida en el instante del incidente. La "disposición final" es lo que la corte con jurisdicción del caso dictaminó. El formulario pregunta por el cargo específico hecho en contra de la persona, la fecha, lugar, número de caso y la pena. Es bueno siempre adjuntar copias certificadas del "informe de arresto" y la "disposición final" con el N-400 para que el DHS tenga una historia completa acerca de la solicitud y no se atrase el proceso.

Partes 10E, F, G, H

Finalmente, estas partes le preguntan si alguna vez ha sido deportado de los Estados Unidos, y también le preguntan sobre su historial militar y el grado de lealtad que usted siente hacia Estados Unidos.

Cómo armar el paquete

A continuación ofrezco una lista completa de todos los elementos que hay que incluir en la solicitud, además de los formularios y el cheque (para registro biométrico). No olvide que si falta algo (si faltan algunas respuestas, si no se firmó, si no lleva la foto requerida, si no hay el número de copias necesarias, etc.) su solicitud le será devuelta quince días después de haber sido recibida por el BCIS y de esta manera su proceso podría demorarse mucho más tiempo que el requerido por este trámite.

Documentos requeridos para someter el formulario N-400:

- **El formulario N-400**
- **Fotografías**: se envían 2 fotos de pasaporte, en color, de frente. No se ponga anteojos o aretes para la fotografía. Agregue su nombre y su número "A" escrito ligeramente con lápiz en el dorso de cada una.
- **Copia de tarjeta de residencia.** Una fotocopia de su residencia (no la tarjeta original) de ambos lados (portada y contraportada). Si se le extravía la tarjeta, remita una fotocopia del recibo de su formulario I-90, Solicitud para Reemplazar Tarjeta de Recibo de Registro de Extranjero.
- **Alguna evidencia de su permanencia física en EE.UU.** Es aconsejable incluir esto por si hay dudas. Digo esto porque hay personas que viajan mucho como residentes y el DHS puede pensar que la persona no vive aquí sino en el exterior. Por eso es importante enviar por lo menos copias de las últimas dos declaraciones de impuestos y/o algunos recibos de pago de agua o luz para demostrar presencia física continua.
- **Cheque o giro postal** de $675 a nombre del "Deparment of Homeland Security". Escriba su número "A" en el lado posterior del cheque o giro postal. (El DHS no acepta dinero en efectivo.)

Documentos opcionales. Para someter el formulario N-400, dependiendo de la situación, según el DHS, usted debe enviar fotocopias de los siguientes documentos, a menos que soliciten un original:

- **Si un abogado o representante acreditado actúa en su nombre,** envíe un original completado del Formulario G-28, "Aviso de Registro de Comparecencia de Apoderado o Representante".
- **Si su nombre legal actual es diferente al nombre que aparece en su tarjeta de residente permanente,** envíe el o los documentos que cambiaron legalmente su nombre (partida de matrimonio, decreto de divorcio o documento de tribunal).
- **Si solicita la naturalización porque está casado con un ciudadano americano,** envíe las siguientes cuatro cosas:
  1. Constancia de que su cónyuge ha sido ciudadano americano durante los últimos tres años. Necesita someter uno de los siguientes:
     - Partida de nacimiento (si su cónyuge nunca perdió la ciudadanía desde su nacimiento)
     - Certificado de naturalización
     - Certificado de ciudadanía
     - La parte de adentro de la portada y la página de firma del pasaporte americano actual de su cónyuge
     - Formulario FS-240, "Informe de Nacimiento en el Exterior de un Ciudadano de Estados Unidos de América"
  2. Su partida de nacimiento actual
  3. Constancia de terminación de TODOS los matrimonios anteriores de su cónyuge (decreto(s) de divorcio, anulación(es) o partida(s) de defunción)
  4. Documentos que tengan que ver con usted y su cónyuge. Necesita someter uno de los siguientes:
     - Declaraciones de impuestos, cuentas bancarias, alquileres, hipotecas o partidas de nacimiento de hijos
     - Copias certificadas por el IRS de las declaraciones del impuesto sobre la renta que ambos han presentado durante los últimos tres años
     - Una transcripción de las declaraciones de impuestos de los últimos tres años

- **Si usted estuvo casado anteriormente,** envíe constancia de que TODOS sus vínculos matrimoniales anteriores están rotos (decreto(s) de divorcio, anulación(es) o partida(s) de defunción).

- **Si usted estuvo previamente en las Fuerzas Armadas de EE.UU.,** envíe el formulario G-325B, "Información Biográfica" original completo.

- **Si actualmente usted está en las Fuerzas Armadas de EE.UU., y solicita la ciudadanía sobre la base de ese servicio,** envíe: el formulario N-426, "Solicitud para Certificación de Servicio Militar o Naval", original completo; y un formulario G-325B, "Información Biográfica", original completo.

- **Si usted ha hecho algún viaje fuera de EE.UU. que haya durado seis meses o más desde que se convirtió en residente permanente,** envíe constancia de que usted (y su familia) siguieron viviendo, trabajando y/o manteniendo vínculos con EE.UU., tales como:

1. Una "transcripción" de las declaraciones de impuestos del IRS o una declaración de impuestos certificada por el IRS indicando información de impuestos de los últimos cinco años (o de los últimos tres años si hace la solicitud porque está casado con un ciudadano americano)

2. Pagos y comprobantes de alquileres e hipotecas

- **Si usted tiene un cónyuge o hijos dependientes que no viven con usted,** envíe:

1. Cualquier orden judicial o gubernamental para proveer apoyo financiero

2. Constancia del apoyo financiero suyo (incluso constancia de que ha cumplido con cualquier orden judicial o gubernamental), tal como:

    - Cheques cancelados
    - Recibos de giros postales
    - Una lista de pagos de pensión para el sustento de hijos emitida por un tribunal o una agencia
    - Constancia de embargos de salarios
    - Una carta notariada del padre o guardián que cuida de sus hijos

- **Si usted contestó "sí" a cualquiera de las preguntas de la 1 a la**

15 en la Parte 7, envíe: Una explicación por escrito en una hoja de papel por separado.

- **Si usted ha sido arrestado o detenido alguna vez por cualquier agente del orden público por cualquier motivo, y no se le acusó o procesó,** envíe una declaración oficial original emitida por la agencia que lo arrestó o el tribunal pertinente confirmando que no se le procesó o enjuició.

- **Si usted ha sido arrestado o detenido alguna vez por cualquier agente del orden público por cualquier motivo, y se le inició proceso judicial,** envíe un original, o una copia certificada por el tribunal, del expediente de arresto completo y la resolución de cada incidente (orden de declarar sin lugar, expediente de condena u orden de absolución).

- **Si usted ha sido alguna vez condenado o colocado en un programa de sentencia alternativa o programa de rehabilitación (tal como un programa de tratamiento de drogas o servicio a la comunidad),** envíe:

1. Un original, o una copia certificada por el tribunal, del expediente de emisión de la sentencia para cada incidente
2. Constancia de que usted completó su sentencia:
    - Un original o una copia certificada de su expediente de libertad a prueba o libertad bajo palabra
    - Constancia de que usted completó un programa de sentencia alternativa o un programa de rehabilitación

- **Si alguna vez un arresto o una condena suya ha sido anulada, declarada sin lugar, sellada, borrada o de otra forma eliminada de su expediente,** envíe uno de los siguientes:

1. Un original o una copia certificada por el tribunal de la orden judicial que anuló, declaró sin lugar, selló, borró o de otra forma eliminó el arresto o la condena
2. Una declaración original del tribunal de que no existe ningún registro de su arresto o condena

- **Si usted alguna vez faltó en presentar una declaración de impuestos desde que se convirtió en residente permanente,** envíe toda la correspondencia con el IRS con respecto a su falta en presentar la declaración.

- **Si usted tiene cualquier impuesto federal, estatal o local que esté sobrevencido,** envíe:

1. Un acuerdo firmado del IRS o de la oficina de impuestos estatal o local mostrando que usted ha presentado una declaración de impuestos y ha hecho arreglos para pagar los impuestos que debe

2. Documentación del IRS o de la oficina de impuestos estatal o local mostrando el estado de su programa de reintegro

- **Si usted solicita una excepción por incapacidad para el requisito de exámenes,** envíe un formulario N-648, "Certificado Médico para Excepciones por Incapacidad" original, completado hace menos de seis meses por un médico, osteópata con licencia o un psicólogo clínico con licencia.

- **Si usted no se registró ante el servicio selectivo y 1) es hombre, 2) tiene por lo menos 26 años de edad y 3) vivió en EE.UU. cuando estaba entre las edades de 18 y 26 años con una clasificación distinta a la de no-inmigrante lícito entre,** envíe una "Carta de Información sobre Clasificación" del servicio selectivo (llame al 1-847-688-6888 para mayor información).

Dónde entregar la solicitud

Si vive en Alaska, California, Hawaii, Nevada, el territorio de Guam o el Estado Libre Asociado de las Islas de Mariana del Norte, envíe su solicitud a:

California Service Center
P.O. Box 10400
Laguna Niguel, CA 92607-0400

Si vive en Colorado, Idaho, Illinois, Indiana, Iowa, Kansas, Michigan, Minnesota, Missouri, Montana, Nebraska, North Dakota, Ohio, Oregon,

South Dakota, Utah, Washington, Wisconsin o Wyoming, envíe su solicitud a:

Nebraska Service Center
P.O. Box 87400
Lincoln, NE 68501-7400

Si vive en Alabama, Arkansas, Florida, Georgia, Kentucky, Louisiana, Mississippi, New Mexico, North Carolina, Oklahoma, South Carolina, Tennessee o Texas, envíe su solicitud a:

Texas Service Center
P.O. Box 851204
Mesquite, TX 75185-1204

Si vive en Connecticut, District of Columbia, Delaware, Maine, Maryland, Massachusetts, New Hampshire, New Jersey, New York, Pennsylvania, Rhode Island, Vermont, Virginia, West Virginia, el Estado Libre Asociado de Puerto Rico o las Islas Vírgenes de los EE.UU., envíe su solicitud a:

Vermont Service Center
75 Lower Weldon Street
St. Albans, VT 05479-0001

Después de entregar la solicitud: preguntas frecuentes

¿Cuánto tiempo tarda el proceso entero?

Ahora es bien rápido, todo el proceso se tarda seis meses de principio a fin.

Han pasado muchos días y no he sabido nada. ¿Qué hago?

¿DEBO APELAR O POSTULAR DE NUEVO?

Si usted fue rechazado, tiene dos opciones: puede apelar dentro de los primeros treinta días después de ser rechazado o puede volver a presentar una
solicitud más adelante. Su decisión debe depender de la razón por el rechazo.
Si usted fue rechazado por algo que puede ser corregido o arreglado dentro
del tiempo que usted tiene para apelar, entonces debe apelar. Por ejemplo,
suponga que le niegan su N-400 por no haber entregado una información
que usted tenía cuando fue a su entrevista pero no se le ocurrió presentarla.
Usted puede apelar y tratar de insertar esa información (informe de policía
por un delito menor, documento del servicio selectivo, un divorcio, etc.).

En cambio, si usted fue rechazado por algo que no se puede remediar en un
tiempo corto, es mejor esperar un tiempo y resolicitar. Ejemplos de esto son
si usted fue rechazado por no hablar inglés, mejor aprender un poco y volver a solicitar. Si usted fue rechazado porque cometió un delito en los últimos cinco años y éste no es tan grave como para que le quiten su
residencia (véase explicación arriba) es mejor que usted espere el tiempo y
re-solicite. Pero, si fue rechazado, siempre es bueno consultar a un abogado.

Usted puede llamar al (800) 375-5283, pero lo mejor es enviar una
carta por correo certificado al Supervisor de Naturalización de su área
geográfica.

¿Qué es la ceremonia del juramento de lealtad a EE.UU.?

Una afirmación de lo que usted dijo en la solicitud: que usted está dispuesto a honrar a este país y a defenderlo.

¿Qué puedo hacer si el DHS rechaza mi solicitud?

Si usted considera que su solicitud de naturalización fue rechazada
injustamente, puede apelar su caso al DHS dentro de los treinta días des-

pués de recibir su carta de rechazo. La carta de rechazo explicará breve-
mente por qué usted fue rechazado y cómo solicitar una audiencia e
incluirá el formulario que usted necesita. El formulario para presentar
una apelación es la "Solicitud para una Audiencia sobre una Decisión en
el Proceso de Naturalización conforme a la Sección 336 de la Ley"
(Formulario N-336). Usted debe enviar el formulario con el pago del
arancel indicado. Esto se conoce como una apelación interna para ver si
el DHS cambia de opinión referente a su denegación. El proceso tarda
de 120 a 300 días y quien revisa la apelación es un supervisor del DHS.
A usted le llegará una cita y se presentará para discutir si la decisión de
la denegación del caso es afirmada o no.

Es importante observar que usted tiene una apelación nada más para
solicitar la ciudadanía de nuevo. La probabilidad de ser aprobado esta vez
depende de la razón por la cual usted fue rechazado la primera vez. Por
ejemplo, si usted fue rechazado porque el gobierno no podía confirmar sus
pagos de mantenimiento infantil, pero ahora sí se los pueden comprobar,
entonces usted tendrá una buena posibilidad de ser aprobado en su apelación. Pero si usted fue arrestado en los últimos cinco años mientras que
ha sido residente permanente y por eso le rechazaron la solicitud la primera vez, será difícil ganar la apelación. Lo que yo sugiero, ya que sólo
tiene una oportunidad de presentar su caso, es consultar con un abogado.
Si no gana la apelación, usted podrá volver a presentar una nueva solicitud (y pagar los aranceles otra vez) en el futuro.

¿Puedo volver a solicitar la naturalización si el DHS rechaza mi solicitud?

En muchos casos, puede volver a presentar una solicitud. Si vuelve a
presentar una solicitud, tendrá que completar y volver a presentar un
nuevo N-400 y volver a pagar el arancel. También se le tendrán que volver a tomar las huellas digitales y las fotos. Si se rechaza su solicitud, la
carta de rechazo debe indicar la fecha en que puede volver a solicitar la
ciudadanía.

Si se le rechazó porque fracasó la prueba de inglés o de conocimiento
de la forma del gobierno y la historia de EE.UU., puede volver a presentar una solicitud para la naturalización cuando quiera. Debe volver a hacer
la solicitud cuando crea que ha aprendido suficiente inglés o conoci-

miento de la forma del gobierno y la historia de EE.UU. para aprobar las pruebas.

¿Cómo puedo viajar?

Una vez obtenida lo ciudadanía, usted puede viajar con un pasaporte, que se puede obtener en muchos correos y agencias de pasaportes. El proceso dura entre seis y diez semanas.

OMB No. 1615-0052; Expires 10/31/07

N-400 Application for Naturalization

Department of Homeland Security
U.S Citizenship and Immigration Services

Print clearly or type your answers using CAPITAL letters. Failure to print clearly may delay your application. Use black ink.

Part 1. Your Name. *(The Person Applying for Naturalization)*

Write your USCIS "A"- number here:
A

A. Your current legal name.

Family Name *(Last Name)*

Given Name *(First Name)*   Full Middle Name *(If applicable)*

B. Your name **exactly** as it appears on your Permanent Resident Card.

Family Name *(Last Name)*

Given Name *(First Name)*   Full Middle Name *(If applicable)*

C. If you have ever used other names, provide them below.

Family Name *(Last Name)*	Given Name *(First Name)*	Middle Name

D. Name change *(optional)*

Please read the Instructions before you decide whether to change your name.

1. Would you like to legally change your name?   ☐ Yes   ☐ No

2. If "Yes," print the new name you would like to use. Do not use initials or abbreviations when writing your new name.

Family Name *(Last Name)*

Given Name *(First Name)*   Full Middle Name

For USCIS Use Only

Bar Code	Date Stamp

Remarks

Action Block

Part 2. Information About Your Eligibility. *(Check Only One)*

I am at least 18 years old **AND**

A. ☐ I have been a Lawful Permanent Resident of the United States for at least five years.

B. ☐ I have been a Lawful Permanent Resident of the United States for at least three years, **and** I have been married to and living with the same U.S. citizen for the last three years, **and** my spouse has been a U.S. citizen for the last three years.

C. ☐ I am applying on the basis of qualifying military service.

D. ☐ Other *(Please explain)* _____

TRADUCCIÓN DEL FORMULARIO N-400

Parte 1. Su nombre   Escriba su número "A" aquí: A

A. **Apellido** (Apellido en mayúscula)

Primer nombre   **Segundo nombre**

B. Escriba su nombre tal y como aparece en su tarjeta de residente permanente

Apellido (Apellido en mayúscula)

Primer nombre   **Segundo nombre**

C. ¿Ha utilizado alguna vez otros nombres? Escríbalos a continuación:

Apellido (Apellido en mayúscula)

Primer nombre   **Segundo nombre**

D. Cambio de nombre (opcional)

Por favor lea las instrucciones antes de decidir si quisiera cambiar su nombre.

1. ¿Le gustaría legalmente cambiar su nombre?   ❏ Sí   ❏ No

2. Si responde "Sí", escriba en mayúsculas el nombre nuevo que quisiera usar. No utilice abreviaciones o iniciales al escribir su nombre.

Apellido

Primer Nombre   **Segundo nombre**

Parte 2. Información sobre su elegibilidad. *(Escoga sólo una respuesta)*

Tengo mínimo 18 años y además:

A. ❏ He sido residente permanente de Estados Unidos por al menos 5 años.

B. ❏ He sido residente permanente de Estados Unidos por al menos 3 años, y he estado casado(a) con el mismo ciudadano americano durante los últimos 3 años y mi esposo(a) ha sido ciudadano americano por los últimos 3 años.

C. ❏ Estoy solicitando sobre la base de la calificación del servicio militar.

D. ❏ Otros (por favor explique)

Part 3. Information About You.

Write your USCIS "A"- number here:

A

A. U.S. Social Security Number   **B.** Date of Birth *(mm/dd/yyyy)*   **C.** Date You Became a Permanent Resident *(mm/dd/yyyy)*

D. Country of Birth   **E.** Country of Nationality

F. Are either of your parents U.S. citizens? *(if yes, see Instructions)*   ☐ Yes   ☐ No

G. What is your current marital status?   ☐ Single, Never Married   ☐ Married   ☐ Divorced   ☐ Widowed

☐ Marriage Annulled or Other *(Explain)* _____

H. Are you requesting a waiver of the English and/or U.S. History and Government requirements based on a disability or impairment and attaching a Form N-648 with your application?   ☐ Yes   ☐ No

I. Are you requesting an accommodation to the naturalization process because of a disability or impairment? *(See Instructions for some examples of accommodations.)*   ☐ Yes   ☐ No

If you answered "Yes," check the box below that applies:

☐ I am deaf or hearing impaired and need a sign language interpreter who uses the following language: _____

☐ I use a wheelchair.

☐ I am blind or sight impaired.

☐ I will need another type of accommodation. Please explain: _____

_____

_____

Part 4. Addresses and Telephone Numbers.

A. Home Address - Street Number and Name *(Do **not** write a P.O. Box in this space)*   Apartment Number

City   County   State   ZIP Code   Country

B. Care of   Mailing Address - Street Number and Name *(If different from home address)*   Apartment Number

City   State   ZIP Code   Country

C. Daytime Phone Number *(If any)*   Evening Phone Number *(If any)*   E-mail Address *(If any)*

(   )   (   )

TRADUCCIÓN DEL FORMULARIO N-400

Parte 3. Información acerca de usted   Escriba su número "A" aquí: A

A. Número de Seguro Social

B. Fecha de nacimiento (mm/dd/aaaa)

C. Fecha en la que obtuvo su residencia permanente (mm/dd/aaaa)

D. País de nacimiento

E. País de ciudadanía

F. ¿Alguno de sus padres es ciudadano americano?   ❑ Sí   ❑ No

G. ¿Cuál es su estado civil?   ❑ Soltero(a)   ❑ Casado(a)   ❑ Divorciado(a)   ❑ Viudo(a)

❑ Matrimonio fue anulado (explique) _____

H. ¿Está usted solicitando una exención de los requerimientos de inglés y/o la historia estadounidense basadas en una invalidez o impedimento anexando a su solicitud el formulario N-648?   ❑ Sí   ❑ No

I. ¿Requiere usted de una acomodación especial para el proceso de ciudadanía debido a una invalidez o impedimento?

❑ Sí   ❑ No

Si respondió "Sí", escoga la opción que le corresponde:

❑ Soy sordo o tengo impedimentos para hablar y necesito un intérprete del lenguaje de señas del idioma:

❑ Uso silla de ruedas

❑ Soy ciego o tengo problemas de vista

❑ Requiero de otro tipo de acomodación. Por favor explique:

Parte 4. Direcciones y números telefónicos

A. Dirección de residencia (No utilice P.O. BOX)	Número de apartamento	Ciudad
Condado Estado	Código postal	País
B. Dirección de correspondencia (diferente a la anterior)	Número de apartamento	Ciudad
Condado Estado	Código postal	País
C. Teléfono durante el día Teléfono durante la noche	Correo electrónico	

Part 5. Information for Criminal Records Search.	Write your USCIS "A"- number here: A

NOTE: The categories below are those required by the FBI. See Instructions for more information.

A. Gender
☐ Male ☐ Female

B. Height
| Feet | Inches |

C. Weight
| Pounds |

D. Are you Hispanic or Latino?   ☐ Yes ☐ No

E. Race *(Select one or more.)*

☐ White ☐ Asian ☐ Black or African American ☐ American Indian or Alaskan Native ☐ Native Hawaiian or Other Pacific Islander

F. Hair color

☐ Black ☐ Brown ☐ Blonde ☐ Gray ☐ White ☐ Red ☐ Sandy ☐ Bald (No Hair)

G. Eye color

☐ Brown ☐ Blue ☐ Green ☐ Hazel ☐ Gray ☐ Black ☐ Pink ☐ Maroon ☐ Other

Part 6. Information About Your Residence and Employment.

A. Where have you lived during the last five years? Begin with where you live now and then list every place you lived for the last five years. If you need more space, use a separate sheet(s) of paper.

Street Number and Name, Apartment Number, City, State, Zip Code and Country	Dates *(mm/dd/yyyy)*	
	From	To
Current Home Address - Same as Part 4.A		Present

B. Where have you worked (or, if you were a student, what schools did you attend) during the last five years? Include military service. Begin with your current or latest employer and then list every place you have worked or studied for the last five years. If you need more space, use a separate sheet of paper.

Employer or School Name	Employer or School Address *(Street, City and State)*	Dates *(mm/dd/yyyy)*		Your Occupation
		From	To	

TRADUCCIÓN DEL FORMULARIO N-400

Parte 5. Información para búsqueda de registros criminales Nota: La información solicitada a continuación es requerida por el FBI.   **Escriba su número "A" aquí: A**

A. Género   ❑ Masculino   ❑ Femenino

B. Estatura _____ pies _____ pulgadas

C. Peso _____ libras

D. ¿Es usted hispano o latino?   ❑ Sí   ❑ No

E. Raza:

❑ Blanca   ❑ Asiática   ❑ Afroamericana   ❑ Amerindio

❑ Natural de Alaska   ❑ Natural de Hawaii- Isleño Pacífico

F. Color de cabello

❑ Negro   ❑ Café   ❑ Rubio   ❑ Gris

❑ Blanco   ❑ Rojo   ❑ Calvo (Sin pelo)

G. Color de los ojos

❑ Castaño   ❑ Azul   ❑ Verde   ❑ Miel

❑ Gris   ❑ Rosado   ❑ Negro   ❑ Otro

Parte 6. Información sobre su residencia y empleos

A. ¿Dónde ha vivido usted en los últimos 5 años? Empiece con la dirección actual y enumere cada lugar donde ha vivido en los últimos 5 años. Si necesita espacio adicional, utilice una hoja aparte.

Dirección, No. Apartamento, Ciudad, Estado, Código Postal y País	Fechas (mm/dd/aaaa)	
	Desde	Hasta
Dirección actual- según Parte 4.A.		Presente

B. ¿Dónde ha trabajado (o estudiado) durante los últimos 5 años? Incluya el servicio militar. Empiece con el más reciente y enumere cada trabajo o escuela en los últimos 5 años. Si necesita espacio adicional, utilice una hoja aparte.

Nombre de Empleador Escuela	Dirección (Calle, Ciudad, Estado)	Fechas (mm/dd/aaaa)		Ocupación
		Desde	Hasta	

Part 7. Time Outside the United States. *(Including Trips to Canada, Mexico and the Caribbean Islands)*	Write your USCIS "A"- number here: A

A. How many total days did you spend outside of the United States during the past five years?   [   ] days

B. How many trips of 24 hours or more have you taken outside of the United States during the past five years?   [   ] trips

C. List below all the trips of 24 hours or more that you have taken outside of the United States since becoming a Lawful Permanent Resident. Begin with your most recent trip. If you need more space, use a separate sheet(s) of paper.

Date You Left the United States *(mm/dd/yyyy)*	Date You Returned to the United States *(mm/dd/yyyy)*	Did Trip Last Six Months or More?	Countries to Which You Traveled	Total Days Out of the United States
		☐ Yes ☐ No		
		☐ Yes ☐ No		
		☐ Yes ☐ No		
		☐ Yes ☐ No		
		☐ Yes ☐ No		
		☐ Yes ☐ No		
		☐ Yes ☐ No		
		☐ Yes ☐ No		
		☐ Yes ☐ No		
		☐ Yes ☐ No		

Part 8. Information About Your Marital History.

A. How many times have you been married (including annulled marriages)?   [   ]   If you have **never** been married, go to Part 9.

B. If you are now married, give the following information about your spouse:

1. Spouse's Family Name *(Last Name)*   Given Name *(First Name)*   Full Middle Name *(If applicable)*

2. Date of Birth *(mm/dd/yyyy)*   **3.** Date of Marriage *(mm/dd/yyyy)*   **4.** Spouse's U.S. Social Security #

5. Home Address - Street Number and Name   Apartment Number

City   State   Zip Code

TRADUCCIÓN DEL FORMULARIO N-400

Parte 7. Tiempo fuera de Estados Unidos   Escriba su número "A" aquí: A

(*Incluye viajes a Canadá, México y las islas del Caribe*)

A. ¿Cuántos días en total en los últimos 5 años ha permanecido fuera de Estados Unidos?_____ días

B. ¿Cuántos viajes de 24 horas o más ha realizado fuera de Estados Unidos durante los últimos 5 años?_____ viajes

C. Enumere todos los viajes de 24 horas o más que ha realizado fuera de Estados Unidos desde que es residente permanente. Empiece con el viaje más reciente. Si necesita espacio adicional, use una hoja aparte.

Fecha de Salida de EE.UU. (mm/dd/aaaa)	Fecha de Entrada de EE.UU. (mm/dd/aaaa)	El viaje duró 6 meses o más		Países visitados	Total de días fuera de EE.UU.
		Sí	No		
		Sí	No		

Parte 8. Información sobre su historial marital

A. ¿Cuántas veces se ha casado (incluyendo anulaciones de matrimonio)? _____

Si nunca se ha casado, pase a la Parte 9.

B. Si está casado(a) actualmente, responda las siguientes preguntas respecto a su esposo(a)

1. Apellido (Mayúscula)   Primer nombre   Segundo nombre

2. Fecha de nacimiento (mm/dd/aaaa)

3. Fecha de matrimonio (mm/dd/aaaa)

4. Número del Seguro Social del esposo(a)

5. Dirección de residencia (No utilice P.O. BOX)   Número de apartamento

Ciudad   Estado   Código postal

Part 8. Information About Your Marital History. *(Continued)*

Write your USCIS "A"- number here:
A

C. Is your spouse a U.S. citizen?   ☐ Yes   ☐ No

D. If your spouse is a U.S. citizen, give the following information:

   1. When did your spouse become a U.S. citizen?   ☐ At Birth   ☐ Other

    If "Other," give the following information:

   2. Date your spouse became a U.S. citizen

   3. Place your spouse became a U.S. citizen *(Please see Instructions)*

                                         City and State

E. If your spouse is **not** a U.S. citizen, give the following information :

   1. Spouse's Country of Citizenship

   2. Spouse's USCIS "A"- Number *(If applicable)*
   A

   3. Spouse's Immigration Status

   ☐ Lawful Permanent Resident   ☐ Other _____

F. If you were married before, provide the following information about your prior spouse. If you have more than one previous marriage, use a separate sheet(s) of paper to provide the information requested in Questions 1-5 below.

   1. Prior Spouse's Family Name *(Last Name)*   Given Name *(First Name)*   Full Middle Name *(If applicable)*

   2. Prior Spouse's Immigration Status

   ☐ U.S. Citizen

   ☐ Lawful Permanent Resident

   ☐ Other _____

   3. Date of Marriage *(mm/dd/yyyy)*

   4. Date Marriage Ended *(mm/dd/yyyy)*

   5. How Marriage Ended

   ☐ Divorce   ☐ Spouse Died   ☐ Other _____

G. How many times has your current spouse been married (including annulled marriages)? _____

If your spouse has **ever** been married before, give the following information about **your spouse's** prior marriage.
If your spouse has more than one previous marriage, use a separate sheet(s) of paper to provide the information requested in Questions 1 - 5 below.

   1. Prior Spouse's Family Name *(Last Name)*   Given Name *(First Name)*   Full Middle Name *(If applicable)*

   2. Prior Spouse's Immigration Status

   ☐ U.S. Citizen

   ☐ Lawful Permanent Resident

   ☐ Other _____

   3. Date of Marriage *(mm/dd/yyyy)*

   4. Date Marriage Ended *(mm/dd/yyyy)*

   5. How Marriage Ended

   ☐ Divorce   ☐ Spouse Died   ☐ Other _____

TRADUCCIÓN DEL FORMULARIO N-400

Parte 8. Información sobre su historial marital (*continuación*)   **Escriba su número "A" aquí: A**

C. ¿Es su esposo(a) ciudadano americano?   ❑ Sí   ❑ No

D. Si su esposo(a) es ciudadano americano, responda lo siguiente:

   1. ¿Cuándo se volvió ciudadano americano?   ❑ Por nacimiento   ❑ Otro

     Si la respuesta es "Otro" dé la siguiente información:

   2. Fecha en la que su esposo(a) se convirtió en ciudadano americano

   3. Lugar en que su esposo(a) se convirtió en ciudadano americano

E. Si su esposo(a) **no es** ciudadano americano, responda lo siguiente:

   1. País de ciudadanía de su esposo(a)

   2. Número de extranjero (si aplica) A#

   3. Estatus migratorio de su esposo(a)   ❑ Residente permanente   ❑ Otro

F. Si usted se había casado anteriormente, facilita la siguiente información de su(s) esposos(as) anteriores.

   1. Apellido (Mayúscula)   Primer nombre   Segundo nombre

   2. Estatus migratorio de su esposo(a)

     ❑ Ciudadano americano   ❑ Residente permanente   ❑ Otro

   3. Fecha de matrimonio (mm/dd/aaaa)

   4. Fecha de terminación de matrimonio (mm/dd/aaaa)

   5. Cómo terminó el matrimonio   ❑ Divorcio   ❑ Muerte   ❑ Otro

G. ¿Cuántas veces se ha casado su esposo(a) (incluyendo anulaciones /divorcios)? ____

  Si su esposo(a) se ha casado anteriormente, facilita la siguiente información sobre el matrimonio previo de **su esposo(a)**. Si su esposo(a) se ha casado más de una vez, utilice un papel aparte y responda a las preguntas 1-5.

   1. Apellido del ex cónyuge de su esposa(a) (Mayúscula)   Primer nombre   Segundo nombre

   2. Estatus inmigratorio del ex cónyuge de su esposo(a)

     ❑ Ciudadano americano   ❑ Residente permanente   ❑ Otro

   3. Fecha de matrimonio (mm/dd/aaaa)

   4. Fecha de terminación de matrimonio (mm/dd/aaaa)

   5. Cómo terminó el matrimonio   ❑ Divorcio   ❑ Muerte   ❑ Otro

Part 9. Information About Your Children.	Write your USCIS "A"- number here: A

A. How many sons and daughters have you had? For more information on which sons and daughters you should include and how to complete this section, see the Instructions.

B. Provide the following information about all of your sons and daughters. If you need more space, use a separate sheet(s) of paper.

Full Name of Son or Daughter	Date of Birth (mm/dd/yyyy)	USCIS "A"- number (if child has one)	Country of Birth	Current Address (Street, City, State and Country)
		A		
		A		
		A		
		A		
		A		
		A		
		A		
		A		

Add Children		Go to continuation page

Part 10. Additional Questions.

Please answer Questions 1 through 14. If you answer "Yes" to any of these questions, include a written explanation with this form. Your written explanation should (1) explain why your answer was "Yes" and (2) provide any additional information that helps to explain your answer.

A. General Questions.

1. Have you **ever** claimed to be a U.S. citizen *(in writing or any other way)*? ☐ Yes ☐ No

2. Have you **ever** registered to vote in any Federal, state or local election in the United States? ☐ Yes ☐ No

3. Have you **ever** voted in any Federal, state or local election in the United States? ☐ Yes ☐ No

4. Since becoming a Lawful Permanent Resident, have you **ever** failed to file a required Federal state or local tax return? ☐ Yes ☐ No

5. Do you owe any Federal, state or local taxes that are overdue? ☐ Yes ☐ No

6. Do you have any title of nobility in any foreign country? ☐ Yes ☐ No

7. Have you ever been declared legally incompetent or been confined to a mental institution within the last five years? ☐ Yes ☐ No

TRADUCCIÓN DEL FORMULARIO N-400

Parte 9. Información sobre sus hijos   Escriba su número "A" aquí: A

A. ¿Cuántos hijos e hijas ha tenido?

B. Provea la información por cada uno de sus hijos e hijas. Si necesita espacio adicional, use una hoja aparte.

Nombre completo de su hijo o hija	Fecha de nacimiento (mm/dd/aaaa)	Número de extranjero A#	País de nacimiento	Dirección actual (Calle, Ciudad, Estado, País)
		A A		

Parte 10. Preguntas adicionales

Responda Sí/No a las preguntas de la 1 a la 14. Si responde "Sí" a cualquiera de las preguntas, incluya una explicación escrita junto con esta forma. Su explicación escrita debe (1) explicar el "Sí" y (2) proporcionar información adicional que ayude a explicar el porqué de su respuesta.

A. Preguntas generales

1. ¿Alguna vez ha declarado de forma verbal o escrita, ser ciudadano americano?

2. ¿Alguna vez ha registrado para votar en las elecciones federales, estatales o locales de Estados Unidos?

3. ¿Alguna vez ha votado en las elecciones federales, estatales o locales de Estados Unidos?

4. Desde que es residente permanente, ¿ha dejado de pagar los impuestos federales o locales?

5. ¿Ha dejado de pagar los impuestos federales, estatales o locales?

6. ¿Posee algún título de nobleza en su país de origen?

7. ¿Se ha declarado legalmente incompetente o ha estado recluido en una institución mental en los últimos 5 años?

Part 10. Additional Questions. (Continued)	Write your USCIS "A"- number here: A

B. Affiliations.

8. a Have you **ever** been a member of or associated with any organization, association, fund foundation, party, club, society or similar group in the United States or in any other place?   ☐ Yes   ☐ No

   b. If you answered "Yes," list the name of each group below. If you need more space, attach the names of the other group(s) on a separate sheet(s) of paper.

Name of Group	Name of Group
1.	6.
2.	7.
3.	8.
4.	9.
5.	10.

9. Have you **ever** been a member of or in any way associated *(either directly or indirectly)* with:

   a. The Communist Party?   ☐ Yes   ☐ No

   b. Any other totalitarian party?   ☐ Yes   ☐ No

   c. A terrorist organization?   ☐ Yes   ☐ No

10. Have you **ever** advocated *(either directly or indirectly)* the overthrow of any government by force or violence?   ☐ Yes   ☐ No

11. Have you **ever** persecuted *(either directly or indirectly)* any person because of race, religion, national origin, membership in a particular social group or political opinion?   ☐ Yes   ☐ No

12. Between March 23, 1933 and May 8, 1945, did you work for or associate in any way *(either directly or indirectly)* with:

   a. The Nazi government of Germany?   ☐ Yes   ☐ No

   b. Any government in any area (1) occupied by, (2) allied with, or (3) established with the help of the Nazi government of Germany?   ☐ Yes   ☐ No

   c. Any German, Nazi, or S.S. military unit, paramilitary unit, self-defense unit, vigilante unit, citizen unit, police unit, government agency or office, extermination camp, concentration camp, prisoner of war camp, prison, labor camp or transit camp?   ☐ Yes   ☐ No

C. Continuous Residence.

Since becoming a Lawful Permanent Resident of the United States:

13. Have you **ever** called yourself a "nonresident" on a Federal, state or local tax return?   ☐ Yes   ☐ No

14. Have you **ever** failed to file a Federal, state or local tax return because you considered yourself to be a "nonresident"?   ☐ Yes   ☐ No

TRADUCCIÓN DEL FORMULARIO N-400

Parte 10. Preguntas adicionales (*continuación*)   **Escriba su número "A" aquí: A**

B. Afiliaciones (*responda Sí/No*)

8. a. ¿Alguna vez ha sido miembro de alguna organización, asociación, fundación, partido, club, sociedad o similar dentro o fuera de Estados Unidos?

    b. Si usted respondió "Sí", enumere cada grupo a continuación. Si necesita espacio adicional, use una hoja aparte.

	Nombre del Grupo		Nombre del Grupo
1		6	
2		7	
3		8	
4		9	
5		10	

9. ¿Alguna vez ha sido miembro de alguna forma (de manera directa o indirecta) de

    a. partido comunista?

    b. otro partido totalitario?

    c. organización terrorista?

10. ¿Alguna vez ha abogado usted por el derrocamiento de cualquier gobierno a la fuerza o por violencia?

11. ¿Alguna vez ha perseguido usted (de manera directa o indirecta) a una persona por su raza, religión, nacionalidad, membresía a un grupo social u opinión política?

12. Entre el período del 23 de marzo de 1933 y el 8 de mayo de 1945, ¿trabajó para o se asoció (de manera directa o indirecta) con:

    a. ¿el gobierno nazi de Alemania?

    b. ¿cualquier gobierno en cualquier área, ocupada o aliada o establecida para ayudar al gobierno nazi de Alemania?

    c. ¿cualquier unidad alemán, nazi, militar, paramilitar, de vigilancia, policíaca, agencia del gobierno, campo de concentración, o campo prisionero de guerra?

C. Residencia continua

Desde que se hizo residente permanente de EE.UU:

13. ¿Alguna vez se ha declarado "no-residente" en los impuestos federales, estatales o locales?

14. ¿Alguna vez ha dejado de pagar los impuestos federales, estatales o locales porque se consideraba "no-residente"?

Part 10. Additional Questions. (Continued)	Write your USCIS "A"- number here: A

D. Good Moral Character.

For the purposes of this application, you must answer "Yes" to the following questions, if applicable, even if your records were sealed or otherwise cleared or if anyone, including a judge, law enforcement officer or attorney, told you that you no longer have a record.

15. Have you **ever** committed a crime or offense for which you were **not** arrested? ☐ Yes ☐ No

16. Have you **ever** been arrested, cited or detained by any law enforcement officer (including USCIS or former INS and military officers) for any reason? ☐ Yes ☐ No

17. Have you **ever** been charged with committing any crime or offense? ☐ Yes ☐ No

18. Have you **ever** been convicted of a crime or offense? ☐ Yes ☐ No

19. Have you **ever** been placed in an alternative sentencing or a rehabilitative program (for example: diversion, deferred prosecution, withheld adjudication, deferred adjudication)? ☐ Yes ☐ No

20. Have you **ever** received a suspended sentence, been placed on probation or been paroled? ☐ Yes ☐ No

21. Have you **ever** been in jail or prison? ☐ Yes ☐ No

If you answered "Yes" to any of Questions 15 through 21, complete the following table. If you need more space, use a separate sheet (s) of paper to give the same information.

Why were you arrested, cited, detained or charged?	Date arrested, cited, detained or charged? *(mm/dd/yyyy)*	Where were you arrested, cited, detained or charged? *(City, State, Country)*	Outcome or disposition of the arrest, citation, detention or charge *(No charges filed, charges dismissed, jail, probation, etc.)*

Answer Questions 22 through 33. If you answer "Yes" to any of these questions, attach (1) your written explanation why your answer was "Yes" and (2) any additional information or documentation that helps explain your answer.

22. Have you **ever**:

  a. Been a habitual drunkard? ☐ Yes ☐ No

  b. Been a prostitute, or procured anyone for prostitution? ☐ Yes ☐ No

  c. Sold or smuggled controlled substances, illegal drugs or narcotics? ☐ Yes ☐ No

  d. Been married to more than one person at the same time? ☐ Yes ☐ No

  e. Helped anyone enter or try to enter the United States illegally? ☐ Yes ☐ No

  f. Gambled illegally or received income from illegal gambling? ☐ Yes ☐ No

  g. Failed to support your dependents or to pay alimony? ☐ Yes ☐ No

23. Have you **ever** given false or misleading information to any U.S. government official while applying for any immigration benefit or to prevent deportation, exclusion or removal? ☐ Yes ☐ No

24. Have you **ever** lied to any U.S. government official to gain entry or admission into the United States? ☐ Yes ☐ No

TRADUCCIÓN DEL FORMULARIO N-400

Parte 10. Preguntas adicionales (*continuación*)   **Escriba su número "A" aquí: A**

D. Solvencia moral

15. ¿Ha cometido usted un delito u ofensa por el cual no haya sido arrestado?   ❏ Sí   ❏ No

16. ¿Alguna vez ha sido usted arrestado, detenido por algún oficial de la ley (incluyendo USCIS)

por alguna razón?   ❏ Sí   ❏ No

17. ¿Ha sido acusado de cometer un delito u ofensa?   ❏ Sí   ❏ No

18. ¿Ha sido condenado por un delito u ofensa?   ❏ Sí   ❏ No

19. ¿Ha sido puesto en sentencia alternativa o algún programa de rehabilitación?   ❏ Sí   ❏ No

20. ¿Ha recibido alguna vez una condena condicional, puesto en período de prueba o

en libertad condicional?   ❏ Sí   ❏ No

21. ¿Ha estado alguna vez usted en la cárcel o prisión?   ❏ Sí   ❏ No

Si respondió "Sí" a cualquiera de las preguntas de la 15 a la 21, complete la siguiente tabla.

¿Por qué fue arrestado, detenido o acusado?	Fecha del arresto, detención o acusación (mm/dd/aaaa)	¿Dónde fue arrestado, detenido o acusado? (Ciudad, País)	Disposición del arresto, detención o acusación

22. ¿Alguna vez usted?

    a. ha sido bebedor de alcohol habitual?   ❏ Sí   ❏ No

    b. ha ejercido la prostitución o ha solicitado el servicio de prostitución?   ❏ Sí   ❏ No

    c. ha vendido sustancias, drogas ilegales o narcóticos?   ❏ Sí   ❏ No

    d. ha estado casado simultáneamente con varias personas?   ❏ Sí   ❏ No

    e. ha ayudado a entrar a alguien de manera ilegal a este país?   ❏ Sí   ❏ No

    f. ha jugado ilegalmente u obtenido ingresos de juegos de azar ilegales?   ❏ Sí   ❏ No

    g. ha fallado en apoyar a sus dependientes o pagar la pensión alimenticia?   ❏ Sí   ❏ No

23. ¿Alguna vez usted ha dado un falso testimonio a algún oficial del gobierno de Estados Unidos

para solicitar algún beneficio inmigratorio o para evitar la deportación, exclusión o remoción?   ❏ Sí   ❏ No

24. ¿Ha mentido a algún oficial del gobierno de Estados Unidos para obtener la entrada o admisión

a Estados Unidos?   ❏ Sí   ❏ No

Part 10. Additional Questions. (Continued)	Write your USCIS "A"- number here: A

E. Removal, Exclusion and Deportation Proceedings.

25. Are removal, exclusion, rescission or deportation proceedings pending against you? ☐ Yes ☐ No

26. Have you **ever** been removed, excluded or deported from the United States? ☐ Yes ☐ No

27. Have you **ever** been ordered to be removed, excluded or deported from the United States? ☐ Yes ☐ No

28. Have you **ever** applied for any kind of relief from removal, exclusion or deportation? ☐ Yes ☐ No

F. Military Service.

29. Have you **ever** served in the U.S. Armed Forces? ☐ Yes ☐ No

30. Have you **ever** left the United States to avoid being drafted into the U.S. Armed Forces? ☐ Yes ☐ No

31. Have you **ever** applied for any kind of exemption from military service in the U.S. Armed Forces? ☐ Yes ☐ No

32. Have you **ever** deserted from the U.S. Armed Forces? ☐ Yes ☐ No

G. Selective Service Registration.

33. Are you a male who lived in the United States at any time between your 18th and 26th birthdays in any status except as a lawful nonimmigrant? ☐ Yes ☐ No

If you answered "NO," go on to question 34.

If you answered "YES," provide the information below.

If you answered "YES," but you did not register with the Selective Service System and are still under 26 years of age, you must register before you apply for naturalization, so that you can complete the information below:

Date Registered (mm/dd/yyyy) [   ]   Selective Service Number [   ]

If you answered "YES," but you did not register with the Selective Service and you are now 26 years old or older, attach a statement explaining why you did not register.

H. Oath Requirements. *(See Part 14 for the Text of the Oath)*

Answer Questions 34 through 39. If you answer "No" to any of these questions, attach (1) your written explanation why the answer was "No" and (2) any additional information or documentation that helps to explain your answer.

34. Do you support the Constitution and form of government of the United States? ☐ Yes ☐ No

35. Do you understand the full Oath of Allegiance to the United States? ☐ Yes ☐ No

36. Are you willing to take the full Oath of Allegiance to the United States? ☐ Yes ☐ No

37. If the law requires it, are you willing to bear arms on behalf of the United States? ☐ Yes ☐ No

38. If the law requires it, are you willing to perform noncombatant services in the U.S. Armed Forces? ☐ Yes ☐ No

39. If the law requires it, are you willing to perform work of national importance under civilian direction? ☐ Yes ☐ No

TRADUCCIÓN DEL FORMULARIO N-400

Parte 10. Preguntas adicionales [*continuación*]   **Escriba su número "A" aquí: A**

E. Procesos de remoción, exclusión y deportación

25. ¿Tiene usted algún proceso de remoción o deportación pendiente?   ❏ Sí   ❏ No

26. ¿Ha sido usted removido, excluido o deportado de Estados Unidos?   ❏ Sí   ❏ No

27. ¿Ha tenido usted orden de remoción o deportación de Estados Unidos?   ❏ Sí   ❏ No

28. ¿Ha solicitado algún tipo de alivio para la remoción o deportación?   ❏ Sí   ❏ No

F. Servicio militar

29. ¿Alguna vez ha servido en las Fuerzas Armadas de EE.UU.?   ❏ Sí   ❏ No

30. ¿Alguna vez abandonó Estados Unidos para evitar entrar en las Fuerzas Armadas?   ❏ Sí   ❏ No

31. ¿Alguna vez solicitó algún tipo exención para el servicio militar de las Fuerzas Armadas
de Estados Unidos?   ❏ Sí   ❏ No

32. ¿Alguna vez usted desertó de las Fuerzas Armadas de Estados Unidos?   ❏ Sí   ❏ No

G. Registro del servicio selectivo

33. ¿Es usted una persona del género masculino que vivió en Estados Unidos entre
los 18 y 26 años de edad en cualquier estatus excepto como no-inmigrante legal?   ❏ Sí   ❏ No

Si respondió "No" pase a la pregunta 34.

Si respondió "Sí" provea la información a continuación:

Si respondió "Sí" pero no se registró y aún es menor de 26, usted se debe registrar antes de solicitar la ciudadanía y así
pueda completar la información.

Fecha de Registro [mm/dd/aaaa]   Número del servicio selectivo

H. Exigencias de juramento

34. ¿Apoya usted la Constitución y la forma de gobierno de Estados Unidos?   ❏ Sí   ❏ No

35. ¿Entiende usted el juramento de lealtad a Estados Unidos?   ❏ Sí   ❏ No

36. ¿Está dispuesto a prestar juramento de lealtad a Estados Unidos?   ❏ Sí   ❏ No

37. Si la ley lo requiere, ¿estaría dispuesto a llevar las armas por Estados Unidos?   ❏ Sí   ❏ No

38. Si la ley lo requiere, ¿estaría dispuesto a ejecutar una labor no combatiente
en las Fuerzas Armadas?   ❏ Sí   ❏ No

39. Si la ley lo requiere, ¿estaría dispuesto a ejecutar trabajo de importancia nacional
bajo supervisión civil?   ❏ Sí   ❏ No

*Nota: Si contestó "Sí" bajo la sección G pero no se registró y ahora es mayor de 25 años, o si contestó "No" bajo la sección H, adjunte una
explicación escrita de su contestación.*

Part 11. Your Signature.	Write your USCIS "A"- number here: A

I certify, under penalty of perjury under the laws of the United States of America, that this application, and the evidence submitted with it, are all true and correct. I authorize the release of any information that the USCIS needs to determine my eligibility for naturalization.

Your Signature

Date *(mm/dd/yyyy)*

Part 12. Signature of Person Who Prepared This Application for You. *(If Applicable)*

I declare under penalty of perjury that I prepared this application at the request of the above person. The answers provided are based on information of which I have personal knowledge and/or were provided to me by the above named person in response to the *exact questions* contained on this form.

Preparer's Printed Name

Preparer's Signature

Date *(mm/dd/yyyy)*

Preparer's Firm or Organization Name *(If applicable)*

Preparer's Daytime Phone Number

Preparer's Address - Street Number and Name

City

State

Zip Code

NOTE: Do not complete Parts 13 and 14 until a USCIS Officer instructs you to do so.

Part 13. Signature at Interview.

I swear (affirm) and certify under penalty of perjury under the laws of the United States of America that I know that the contents of this application for naturalization subscribed by me, including corrections numbered 1 through _____ and the evidence submitted by me numbered pages 1 through _____ , are true and correct to the best of my knowledge and belief.

Subscribed to and sworn to (affirmed) before me

Officer's Printed Name or Stamp

Date *(mm/dd/yyyy)*

Complete Signature of Applicant

Officer's Signature

Part 14. Oath of Allegiance.

If your application is approved, you will be scheduled for a public oath ceremony at which time you will be required to take the following oath of allegiance immediately prior to becoming a naturalized citizen. By signing, you acknowledge your willingness and ability to take this oath:

I hereby declare, on oath, that I absolutely and entirely renounce and abjure all allegiance and fidelity to any foreign prince, potentate, state, or sovereignty, of whom or which I have heretofore been a subject or citizen;

that I will support and defend the Constitution and laws of the United States of America against all enemies, foreign and domestic;

that I will bear true faith and allegiance to the same;

that I will bear arms on behalf of the United States when required by the law;

that I will perform noncombatant service in the Armed Forces of the United States when required by the law;

that I will perform work of national importance under civilian direction when required by the law; and

that I take this obligation freely, without any mental reservation or purpose of evasion; so help me God.

Printed Name of Applicant

Complete Signature of Applicant

TRADUCCIÓN DEL FORMULARIO N-400

Escriba su número "A" aquí: A

Parte 11. Su firma

Yo certifico, bajo pena de perjurio de las leyes de Estados Unidos de América, que esta solicitud y la evidencia suministrada, es verdadera y correcta. Yo autorizo entregar cualquier información que necesite el Servicio de Inmigración de Estados Unidos para determinar mi elegibilidad para ser ciudadano de Estados Unidos.

Firma [   ]   Fecha (mm/dd/aaaa) [   ]

Parte 12. Firma de la persona que preparó este formulario para usted [*si aplica*]

Declaro bajo pena de perjurio que yo preparé esta solicitud a petición de la persona mencionada. Las respuestas anteriores están basadas en información personal que conozco o me fueron dadas por la persona nombrada anteriormente como respuesta a las preguntas de este formulario.

Nombre del preparador   Firma del preparador

Fecha (mm/dd/aaaa)   Nombre de la compañía del preparador   Número de teléfono del preparador

Dirección del preparador   Ciudad   Estado   Código Postal

NOTA: No escriba en las Partes 13 y 14 hasta que un oficial del USCIS (en la entrevista) se lo pida.

Parte 13. Firma durante la entrevista

Juro (afirmo) y certifico bajo pena de perjurio que tengo conocimiento del contenido de esta solicitud suscrita por mí incluyendo las correcciones numeradas del número 1 hasta el número _____ y que la evidencia suministrada por mí en la página número 1 hasta la página número _____ es verdadera y correcta según mi leal entender y saber.

Suscrito y jurado o afirmado ante mí

Nombre del oficial y/o su sello   Fecha (*mm/dd/aaaa*)

Firma completa del solicitante   Firma del oficial

Parte 14. Juramento de Lealtad

Si su solicitud es aprobada se le enviará una cita para la ceremonia de juramentación y se le requerirá prestar el juramento de lealtad justo antes de convertirse en ciudadano naturalizado. El hecho de firmar esta declaración bajo juramento indica su voluntad y habilidad de ejecutar este juramento:

> *Por este medio, declaro bajo juramento,*
> *que renuncio absolutamente y por completo y abjuro toda lealtad y fidelidad a cualquier príncipe, potentado, estado o*
> *   soberanía extranjera, de quien o del cual haya sido sujeto o ciudadano antes de esto;*
> *que apoyaré y defenderé la Constitución y las leyes de Estados Unidos de América contra todo enemigo, extranjero y*
> *   nacional;*
> *que profesaré fe y lealtad reales hacia el mismo;*
> *que portaré armas bajo la bandera de Estados Unidos cuando lo exija la ley;*
> *que prestaré servicio como no combatiente en las Fuerzas Armadas de Estados Unidos cuando lo exija la ley;*
> *que haré trabajo de importancia nacional bajo dirección civil cuando lo exija la ley; y*
> *que asumo esta obligación libremente, sin ninguna reserva mental ni intención de evasión; lo juro ante Dios.*

Nombre del solicitante en mayúsculas   Firma completa del solicitante

Tercera Parte

⬭

INFORMACIÓN SOBRE LA CORTE DE INMIGRACIÓN Y LOS CONSULADOS

Capítulo 7

Usted y la Corte de Inmigración

Muchos hermanos indocumentados tienen que comparecer ante la Corte de Inmigración para resolver sus casos. Hay varias maneras de llegar hasta la Corte de Inmigración; algunas son voluntarias y otras —la mayoría— involuntarias. La función de la corte es oír y decidir las controversias que se le presentan.

El propósito de este capítulo es darle al lector una idea general de lo que sucede cuando alguien tiene que ir a la Corte de Inmigración. Lo mejor en estos casos es asistir a la Corte con un abogado, pues los riesgos de hacerlo solo son enormes. Si usted no tiene dinero para pagar un abogado, hay organizaciones autorizadas por la Junta de Apelaciones de Inmigración que le podrían brindar ayuda. Pregunte usted en su Corte de Inmigración local por una lista de estas organizaciones o véase el Apéndice A.

La Corte de Inmigración es el tribunal primario adonde se envían muchas denegaciones emitidas por funcionarios del DHS con referencia a peticiones familiares, asilos y otras solicitudes. El motivo más común por el cual una persona tiene que comparecer ante la Corte de Inmigración es cuando el DHS intercepta a la persona tratando de cruzar la frontera ilegalmente. Se acude a la corte para que la misma revise la decisión anterior o para que —en el caso de la solicitud defensiva de asilo— oiga por primera vez una solicitud inmigratoria. La persona se entera por medio de una cita (*Notice of Hearing*) o porque se lo dicen oralmente, si es que está detenida por el DHS.

Ante la Corte, la persona puede presentar defensas para evitar su remoción, para obtener su residencia, para pedir perdones, para luchar por su asilo o, por ejemplo, para demostrar que su matrimonio fue de buena fe. En la Corte de Inmigración habrá siempre un fiscal acusador, un intérprete pagado por la Corte, un secretario de la Corte y la persona citada. No hay derecho a tener abogado pagado por el gobierno. Si la persona citada quiere un abogado, debe pagarlo de su bolsillo. Lo mejor es ir representado por un abogado siempre que uno comparezca ante la Corte de Inmigración.

> *Algunos ejemplos de casos que toman lugar en la Corte de Inmigración son si usted:*
> - *Fue interceptado cruzando la frontera ilegalmente*
> - *Tiene una petición de asilo en forma defensiva*
> - *Necesita demostrar que su matrimonio no es un fraude*

Las posibilidades de ganar ante la Corte de Inmigración son mayores que ante la Junta de Apelaciones de Inmigración, que es el tribunal que se encarga de revisar las decisiones de negación emitidas por los jueces que componen las Cortes de Inmigración.

Características de la Corte de Inmigración

Los Jueces de Inmigración no son elegidos popularmente. Son nombrados por oficiales del DHS. La mayoría han sido empleados del antiguo Servicio de Inmigración en el cual han servido como fiscales o en otras funciones.

> *Lo mejor es ir representado por un abogado siempre que uno comparezca ante la Corte de Inmigración. Usted tiene derecho a un intérprete pagado por el gobierno para su caso, pero tendrá que pagar de su propio bolsillo por los servicios de un abogado.*

Es importante observar que el sistema judicial en EE.UU. es muy diferente al de Latinoamérica. Primero, porque aquí los jueces le dan gran importancia a las decisiones basadas en precedentes, que son aquellas decisiones judiciales emitidas por cortes superiores capaces de sentar las bases para guiar a los jueces en futuros casos. En Latinoamérica los jueces se guían en gran parte por códigos o regulaciones que asignan un tipo de sentencia a la conducta penalizada. Segundo, aquí todos los acusados de casos criminales son considerados inocentes hasta que se les comprueba la culpabilidad. En Latinoamérica todo depende de qué código es usado para acusar a la persona, pero generalmente los acusados son considerados culpables hasta que se pruebe lo contrario.

Los cargos de violaciones inmigratorias no son cargos criminales, sino civiles. Por ejemplo, para asuntos inmigratorios, el DHS utiliza el *Notice to Appear* para comunicarles a las personas afectadas por qué razón están siendo citadas ante un juez de inmigración. En cambio, en casos criminales que no tienen que ver con inmigración, se utiliza el llamado Documento de Presentación de Cargos o *indictment*. Además, a diferencia de los casos criminales, en los juicios de inmigración no hay jurados. La decisión o el veredicto es simplemente una decisión que el juez emite al final de la audiencia. El juez lee la decisión y después firma una orden sumaria que sirve como evidencia del remedio migratorio que se concedió o se negó en la audiencia. Es importante observar que las audiencias son grabadas por si el DHS o el extranjero apela sobre lo que se habló. Las grabaciones son transcritas para que el apelante pueda preparar su defensa.

El proceso

Aquí tiene un diagrama que resume los pasos del proceso:

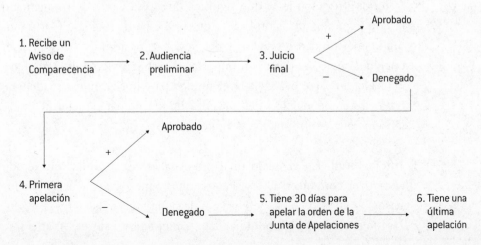

1. **Aviso de Comparecencia.** Usted recibirá por correo un documento llamado Aviso de Comparecencia (*Notice to Appear*). Este documento nombra los cargos que existen en contra suya, y contiene la cita para ir a la Corte de Inmigración. Los cargos mencionan el nombre de la persona, el hecho de que no es ciudadano de EE.UU., el país de origen y la acusación de las violaciones que de acuerdo con el DHS la persona cometió y que traen como consecuencia su comparecencia ante la Corte.

   A menos que usted esté detenido en una cárcel, siempre se enviará una notificación por escrito. Existe un número (1-800-898-7180) donde usted puede confirmar su cita.

2. **Audiencia Preliminar.** La primera comparecencia se llama la Audiencia Preliminar (*Master Calendar Hearing*) y el propósito es saber qué remedio va a utilizar la persona ante los cargos que contiene el Aviso de Comparecencia. La audiencia dura no más de quince minutos. El juez preguntará si la persona recibió el Aviso de Comparecencia, y qué posición toma ante los cargos (o sea, qué remedio inmigratorio, como asilo, etc.). En este momento es cuando se hace necesaria la presencia de un abogado para poder elaborar la estrategia a seguir en el juicio final que la Corte llevará a cabo cuatro o cinco meses después de la cita preliminar.

   Si, por ejemplo, la persona es enviada a la Corte de Inmigración "referida" (término legal que significa que es la Corte de Inmigración la que tomará la decisión final) por la Oficina de Asilo, la Corte tendrá la oportunidad de revisar y de escuchar los argumentos de persecución *de novo*, es decir, sin importar lo que la Oficina de Asilo haya pensado del caso. Esa es la oportunidad para buscar nueva evidencia, tratar de enmendar la solicitud de asilo y/o preparar mejor al solicitante para la confrontación del juicio final.

3. **Juicio Final.** En el juicio final (*Final Hearing*) se utiliza el método socrático, común en la ley anglosajona, para escuchar y decidir los casos. El abogado de la defensa empieza el proceso, haciendo preguntas directas a su defendido (*direct examination*); de esa manera se

LA CLAVE ES PRACTICAR SU CASO CON EL ABOGADO

Es vital que el abogado defensor practique con el cliente antes del juicio. De lo contrario el resultado será fatal, pues no es fácil estar sentado en el banquillo de los acusados sin la debida preparación. Los hechos importantes de la historia que será dicha ante el juez deben estar claros en la mente del defendido. Las fechas, circunstancias y situaciones deben salir naturales. Hay muchas preguntas de doble intención que son hechas por los fiscales para confundir a las personas, y por lo tanto hay que estar preparado para contestarlas.

obtiene la historia o la defensa ante los cargos presentados por el gobierno. Es vital reconocer que la función del abogado ante la Corte de Inmigración es convencer al juez de que su cliente se merece el remedio que se solicita. Después le toca el turno al gobierno quien, a través del fiscal, hará preguntas a la persona (*cross examination*) destinadas a demostrar que la historia, o la defensa, no es suficiente para que la Corte le otorgue el beneficio buscado. Los juicios finales generalmente duran entre una y tres horas. El juez de inmigración puede hacer preguntas durante todo el proceso. Todo el proceso es grabado por si acaso alguna de la partes decide apelar su caso.

Usted recibirá la decisión del juez ahí mismo. Podrá ganar o perder su caso o, en algunas ocasiones, el caso podrá ser extendido por falta de más pruebas o para investigar la evidencia presentada por el compareciente. Si la decisión es a su favor, usted saldrá victorioso de la Corte con su orden por escrito. Si usted pierde su caso podrá apelarlo, como explicaré en el próximo paso.

4. **Aviso de Apelación (primera apelación).** Si usted perdió su caso, tiene treinta días para apelar la decisión ante la Junta de Apelaciones. El formulario EOIR-26 se le entrega en la Corte de Inmigración o lo puede obtener vía el sitio web del DHS: www.uscis.gov. Lo primero que se hace cuando se apela es preparar el Aviso de Apelación (*Notice to Appeal*),

EJEMPLOS DE PERDONES Y OTROS RECURSOS JUDICIALES

Es posible introducir recursos judiciales ante la Corte de Inmigración. Estos pueden ser perdones bajo las secciones (212c), (212i), (212h), etc. Estos perdones tratan de excusar delitos cometidos por el individuo, pero son difíciles de obtener. Primero son utilizados para tratar de convencer al juez que usted merece ser perdonado y después, si no lo pudo convencer y tiene que apelar, son para intentar de nuevo convencer a la Junta de Apelaciones por qué razón el juez se equivocó al negarle el perdón.

Penuria extrema. Por ejemplo, si la persona es residente y es acusada de haber cometido una felonía, siempre tiene el derecho de solicitar perdón ante el juez en caso de que tenga familiares inmediatos (hijos, padres o cónyuges) que sean residentes o ciudadanos de este país. Si se puede probar que los familiares sufrirían "penuria extrema" a causa de que el detenido fuera expulsado de EE.UU., entonces el juez puede excusar su falta y dejarlo aquí. De lo contrario, la persona será obligada a salir del país, pero tendrá derecho a apelar en 30 días.

Temor de tortura. Este es otro ejemplo. Se trata de si la persona detenida tiene temor de ser torturada por ser devuelta a su país de origen en casos de asilo. En ese caso, la persona pudiera hacer una solicitud para que se detenga su remoción, basándose en la Convención en Contra de la Tortura. Si gana, se quedará en este país.

Más de diez años de presencia física. Otro ejemplo es aquel en que la persona es detenida por estar sin documentos legales, pero que ha acumulado más de diez años de presencia física en EE.UU. En ese caso, la persona puede solicitar la "cancelación de su remoción" o la ley de los diez años. La persona, para ganar, tiene que demostrar que la remoción de ella le causaría penuria excepcional a un familiar inmediato que sea residente o ciudadano de este país.

Hay varios otros remedios que se pueden interponer ante la Corte de Inmigración cuando se está detenido, pero para eso se debe contactar a un abogado con experiencia que pueda obtener el mejor resultado posible.

que es un formulario para confirmar el deseo del perdedor de formalmente apelar la decisión del juez de inmigración. La mayoría de las veces el que apela es el inmigrante indocumentado. El gobierno, cuando pierde, no suele hacerlo.

El Aviso de Apelación cuesta $110 y el formulario EOIR-26 se envía a la Junta de Apelaciones en Falls Church, Virginia. En el formulario hay que articular, claramente, las razones por las cuales la persona piensa que el juez de inmigración se equivocó. El no hacerlo puede significar que la apelación sea denegada sumariamente. Esta decisión tarda entre seis meses y un año.

Al cabo de cuatro o cinco meses, la Junta de Apelaciones envía los transcripts, que no son más que las transcripciones de todo lo que se habló durante el juicio. Armado de estas transcripciones, se prepara un memorial cuyo motivo es el de atacar, con mucho más detalle, la decisión del juez de inmigración. El gobierno tiene también la oportunidad de presentar su memorial. En general, el gobierno se limita a decir que el juez de inmigración estuvo correcto en denegar el caso.

> **Sus derechos mientras que la apelación esté pendiente.**
> - **Tener y renovar sus permisos de trabajo**
> - **Permanecer en EE.UU. sin temor a ser removido y**
> - **Transitar por toda la nación sin problemas**

Hoy en día las apelaciones tardan de seis a doce meses. Antes tardaban hasta tres años. No es un secreto que la Junta de Apelaciones está siendo presionada para procesar todos los casos rápidamente. Esto realmente es triste porque claramente se le está dando mayor énfasis a la "eficiencia" y no a la justicia. No se trata de que las remociones sean más rápidas, sino que ahora hay más eficiencia y rapidez en estos casos, la mayoría de los cuales son negados.

5. **Última apelación.** Si usted pierde su primera apelación, se puede pedir una moción de reconsideración para tratar de lograr que la Junta cambie su decisión. Hay sólo treinta días para eso. Lo normal es apelar la decisión de la Junta de Apelaciones a la Corte de Apelaciones Federal del circuito en el cual se encuentra la persona.

LAMENTABLEMENTE, LA MAYORÍA DE LAS APELACIONES SE PIERDEN

Son nuestros hermanos indocumentados los que tienen la obligación de convencer a la Junta de Apelaciones de la fortaleza de sus argumentos, pero la mayoría de las apelaciones (como el 80 por ciento) se pierden porque la Junta de Apelaciones pone mucha credibilidad en la decisión del juez, y sólo si se encuentran errores graves se podría revertir una decisión en contra.

Si se pierde ante uno de los circuitos, se puede apelar a la Corte Suprema de Estados Unidos, pero estas apelaciones no son de derecho, sino discrecionarias y por lo tanto muchas veces la Corte Suprema decide no oír los casos, de hecho destruyendo cualquier posibilidad de un cambio de decisión. Mientras el caso está siendo apelado a la corte del circuito, la persona sigue teniendo derecho a un permiso de trabajo, pero no a una terminación automática del paro de la remoción del país. Esto es muy importante de entender, porque muchas personas piensan que porque tienen una apelación ante la Corte de Circuito Federal están completamente seguras de no ser removidas y no es así. En ciertas ocasiones las personas son detenidas y esperan el fallo judicial en prisión.

Cuando la persona finalmente agota todas sus instancias, pueden ocurrir dos cosas. La primera es que el DHS simplemente ignore la decisión adversa, pues son miles, y le dé por archivar el caso. De esa forma la persona queda aquí completamente ilegal bajo la amenaza de ser removido en cualquier momento. La persona es considerada fugitiva y si es encontrada por el DHS, será removida inmediatamente. La segunda posibilidad es que, efectivamente, el DHS busque a la persona para que sea removida del país y de esa manera ejecute la orden de remoción confirmada por la corte que emitió la última decisión.

EJEMPLOS DE LAS CORTES DEL CIRCUITO FEDERAL

Estas cortes, conformadas por jueces confirmados por el Congreso y con puestos vitalicios, son capaces de crear precedentes y son las únicas entidades judiciales que pueden cambiar una decisión emitida por la Junta de Apelaciones.

California. Si usted vive en California, le corresponde el noveno circuito. Esta Corte de Apelaciones que se encuentra en San Francisco es la más liberal de todas las cortes federales de la nación. Uso la palabra "liberal" para enfatizar aquellas cortes federales que, como la del noveno circuito, no se dejan llevar sólo por lo que dice el Congreso, sino que a veces tratan de interpretar las leyes de manera un poco más favorable hacia los inmigrantes.

Florida. Si usted se encuentra en la Florida le corresponde la Corte de Apelaciones del undécimo circuito, una corte extremadamente conservadora que casi siempre falla a favor del gobierno y en contra del indocumentado. Uso la palabra "conservadora" para enfatizar que son cortes muy reacias a cambiar las leyes que el Congreso aprueba y desgraciadamente, en los últimos años el Congreso ha legislado muchas leyes en contra de los inmigrantes.

Derechos de los detenidos

Ahora hablemos de los derechos que tienen los hermanos indocumentados que están detenidos en las cárceles de inmigración. Cada día hay menos derechos para ellos. Uno de los derechos más importantes es el de poder salir con una fianza. Se puede salir con fianza siempre y cuando se demuestre que la persona no es un criminal con agravantes, y que tiene familiares en la comunidad que asegurarán que el detenido se presentará a las siguientes citas con las Cortes de Inmigración y no se esconderá de las autoridades. La decisión de dar o no la fianza es puramente discrecional; es decir, el juez puede hacer lo que quiera y si da la fianza, él o ella puede fijar "una fianza razonable". Las fianzas cada día son más restringidas. Cuando se dan las audiencias de fianza, es bueno llevar a los

UNA ALTERNATIVA A LA DETENCIÓN:
INTENSIVE SUPERVISION APPEARANCE PROGRAM (ISAP)

Este Programa de Comparecencia y Supervisión Intensiva fue creado por el DHS en 2004 para que el gobierno tuviera forma de asegurarse de que las personas que tuvieran citas de corte realmente acudieran a esas comparecencias. Varias ciudades tienen este programa. Ellas son: Baltimore, MD; Filadelfia, PA; Miami, FL; Saint Paul, MN; Denver, CO; Kansas City, MO; San Francisco, CA y Portland, OR.

Cualquier persona que tenga cita de corte puede ser escogida para este programa; sencillamente necesita ser un adulto y no ser una "amenaza a la seguridad nacional". El ISAP consiste en que agentes del DHS esperan a que salgan personas de las Cortes de Inmigración para detenerlas por dos o tres horas y colocarles un brazalete de plástico alrededor del tobillo izquierdo, con la función de monitorear sus movimientos por treinta días. La gente del ISAP también instalan en la casa de los escogidos un aparato que envía señales a la oficina principal del programa.

El DHS ve el ISAP como una alternativa a encarcelar a estas personas en centros de detención mientras esperan los resultados de sus juicios. Aunque el DHS declara que la participación en este programa es "voluntaria", en realidad no lo es. Si a usted lo escogen y rehúsa participar, lo llevan preso; por lo tanto, eso de voluntario es pura semántica.

El programa dura treinta días, durante los cuales la persona permanece "libre" con su grillete y acude semanalmente a una cita con su supervisor, quien deberá comprobar que el participante no cometa crímenes y continúe con la intención de presentarse a su última cita con el juez de inmigración.

En la práctica, el hecho de que los oficiales del DHS estén esperando a los comparecientes que acuden a sus citas ante las Cortes de Inmigración ha resultado en que muchas personas deciden no acudir a sus citas. A nadie le gusta que lo detengan enfrente de su familia, le pongan un grillete que no se pueden quitar ni para bañarse y lo visiten en su casa a cualquier hora durante treinta días. Es muy pronto para decir si este programa le trae beneficios al gobierno. Lo que sí se puede decir es que las cortes de inmigración, por lo menos en Miami, se ven más vacías desde que se inauguró el programa.

familiares de la persona detenida para que testifiquen ante el tribunal. De esa manera, se trata de demostrar a la corte que la persona, si es puesta en libertad, tiene suficientes raíces en la comunidad para evitar que se fugue o que no cumpla sus futuras audiencias.

Otro de los derechos que tiene el detenido es de ver a su abogado y a sus familiares durante su encarcelamiento. Las audiencias se celebran dentro de la cárcel o por videoconferencias. Los presos son clasificados bajo los motivos de sus detenciones y son asignados a un oficial de remoción. Pero siempre se puede ver si el gobierno le puede perdonar por sus actos, como explico en el recuadro en la página 328.

> *Los derechos de un detenido son:*
> - *Poder salir con una fianza, en la mayoría de los casos*
> - *Poder ver a su abogado y a sus familiares durante su encarcelamiento*

Capítulo 8

Los procesos consulares

Si una persona viviendo fuera de EE.UU. desea postular para una visa de inmigrante para hacerse residente permanente, tendrá que hacerlo a través de un proceso consular. Los procesos consulares ocurren cuando los beneficiarios de peticiones de trabajo, familiares, o de otra índole optan por regularizar sus documentos vía las embajadas de EE.UU. en el exterior. En muchos casos estos beneficiarios no tienen otra opción que ir a la embajada (más apropiadamente al consulado) de EE.UU., pues carecen de visas para entrar aquí y efectuar un ajuste de estatus. En este capítulo trataremos de desmitificar las distintas teorías que pululan en el ambiente con referencia a estos procesos. Sin embargo, le sugiero que use este capítulo como una guía acompañante a la petición que usted está solicitando.

Un resumen de las visas que se pueden obtener a través de un consulado

Si usted o el beneficiario de su visa vive fuera de EE.UU., se podrán hacer los siguientes trámites para traerlo a EE.UU. (repito que esto asume que la persona no puede entrar en el país a menos que haya una petición que lo pueda traer):

Visas de inmigrante: Estas visas son para las personas que desean vivir y permanecer en EE.UU. Estas visas no se pueden pedir sin que alguien en EE.UU. lo esté pidiendo por usted.

- **Petición familiar:** Esta petición se presenta igual que si la persona estuviese adentro de EE.UU. —empieza con el peticionario solicitándola dentro de EE.UU. Después el beneficiario debe ir al consulado para su entrevista, y el tiempo de demora para esta entrevista depende de la categoría de solicitud: si la petición es de preferencia familiar, se espera en la cola según la categoría; si la petición es una de familiar inmediato, tarda de seis a doce meses.
- **Certificación Laboral:** Ya que la Certificación Laboral puede tardar varios años debido a la cola de espera, si el beneficiario tiene que salir de EE.UU. porque de no hacerlo acumulará ilegalidad, tendrá que esperar para la Certificación Laboral en su país de origen y la entrevista se llevará a cabo en el consulado.

Visa de no-inmigrante: A diferencia de las visas de inmigrante, estas visas son para las personas que desean trabajar, invertir, visitar o estudiar en EE.UU. por un período temporáneo. Dependiendo de la visa, algunos casos se pueden presentar enteramente en el consulado y otros tendrán que originar en EE.UU., como lo es con las visas de inmigrante.

- **Las visas que se originan en EE.UU. con algún trámite en el consulado:** Hay varias clases de visas que requieren que una compañía dentro de EE.UU. solicite al beneficiario, como la visa H-1B de trabajadores profesionales y la visa O de personas con habilidades extraordinarias. En general, el beneficiario ya está en EE.UU. y solamente necesita ir al consulado para estampar o sellar la visa laboral si desea viajar fuera de EE.UU.
- **Las visas que se originan en el consulado:** Éstas se presentan enteramente en el consulado, como la visa B-1/B-2 de turista, la visa I de periodista, y la visa E de tratados bilaterales.

Refugiados y asilados: Es importante observar que aunque se puede solicitar por refugio político en algunas embajadas (Bosnia, Colombia), lo normal es que nuestros hermanos latinos salgan de sus países y pidan asilo dentro de EE.UU.

Algunos hechos acerca de los procesos consulares

En esta sección trataré de exponer algunos hechos acerca de los procesos consulares.

El proceso suele ser más fácil dentro de EE.UU. Es cierto que en teoría debería ser igual solicitar una visa fuera que dentro del país, pero no es así. La verdad es que hay más derechos dentro que fuera. Uno puede volver a solicitar cuando le niegan una visa en el consulado. Sin embargo, uno puede apelar si está dentro de EE.UU. y por lo menos tener una posibilidad de ganar. Afuera no hay apelaciones. A esto se le añade el hecho de que si usted ha estado ilegal por más de 180 días, será castigado por tres o diez años sin poder entrar en el país.

Es importante traer toda la documentación consigo. Es vital presentar la documentación requerida desde el principio. Los funcionarios que atienden las ventanillas de información en los consulados son terribles para rechazar solicitantes por la más mínima duda referente a los documentos. Hay que reconocer que los trabajadores de las embajadas que manejan las ventanas de información no son las personas más atentas del mundo y tampoco muy amables. Su trabajo, desgraciadamente, es el de desconfiar de todo el mundo. Es por eso que hay que tener toda la documentación en orden antes de presentarse en la ventanilla. También, por favor evite tramitadores que pululan en los alrededores de los consulados, pues son inescrupulosos y pueden hacerle perder la oportunidad de obtener la tan deseada visa americana. Para más información acerca de la documentación requerida para su petición, por favor consulte el capítulo que corresponde a su petición.

En general, no se puede apelar las decisiones de un consulado. Los cónsules norteamericanos en el exterior son plenipotenciarios en sus decisiones. Es decir, sus opiniones con referencia al caso particular enfrente de ellos no son revisables, pues el peticionario (ciudadano o residente) no tiene jurisdicción —por encontrarse en EE.UU.— para atacar la opinión consular. Duro, pero cierto. La decisión de un cónsul no es, entonces, apelable, a menos que sea una aberración en la interpretación de la ley consular, y sólo el Departamento de Estado en Washington, DC puede revertirla. Difícil tarea, pues ni siquiera el embajador del consulado en el país puede ir por encima de la decisión que tome un cónsul. Teniendo esto en cuenta, lo que se puede hacer —con abogados expertos en el tema— es persuadir al cónsul que reconozca su error, para que sea él mismo quien cambie de opinión. También se puede volver a solicitar, sobre todo si la negación no fue por sospecha de fraude. Para volver a solicitar, se recomienda que se espere por lo menos seis meses antes de intentarlo de nuevo.

El proceso

En general, para ir al consulado se necesita una cita. La cita se obtiene pagando un arancel ($100, a veces más) en un banco autorizado por la embajada para recaudar los aranceles. Una vez pagado dicho arancel, se le da al solicitante un número de identificación o *PIN*, que es el que se utiliza para llamar por teléfono al consulado. Al llamar al consulado, éste le pedirá el número de identificación y le dará la cita.

Cuando se acude a la cita, hay que llevar los documentos necesarios para probar que usted va a utilizar dicha visa para el propósito adecuado. Por ejemplo, si usted quiere solicitar una visa de turismo, debe llevar evidencia de que tiene vínculos con su país que lo harán regresar si la visa es otorgada. Esta evidencia puede ser una carta de empleo, cuentas de banco, escrituras de propiedades, etc. Los documentos de evidencia los explico detalladamente en el capítulo que corresponde a la visa que usted está solicitando. Para las visas de no-inmigrante, se llena un formulario muy sencillo que se llama OF-156, el cual le pide al solicitante datos biográficos, además de hacerle algunas preguntas acerca de su empleo, si alguna vez le han negado su visa, si ha sido arrestado, etc.

La mayoría de los consulados actúan igual pero hay algunos que están muy ocupados, en los cuales las colas de espera para poder hablar con un cónsul son muy largas. Ejemplos de estos consulados son los de Santo Domingo, San Salvador, Sao Paulo y Lima. El Departamento de Estado está trabajando para que los períodos de espera sean más cortos desde el momento que se solicita la visa hasta que se dé la entrevista. El tiempo de demora puede variar también según la visa. Por ejemplo, el proceso para las visas H-1B y las E es más rápido porque no los hacen esperar tanto para la cita.

Generalmente es más rápido el proceso de ajuste de estatus dentro de EE.UU. que el proceso consular porque el primero está sujeto a menos reglas y además, la persona puede supervisar su proceso y hasta hablar con oficiales del DHS mientras los trámites están pendientes. El proceso consular es más largo por la cantidad de personas esperando, y también porque las decisiones de los cónsules no están sujetas a ninguna revisión.

Como mencioné anteriormente, el proceso varía según su petición, pero también hay procesos que son los mismos para todos. He aquí un resumen de los procesos según la petición:

Visas de inmigrante

Ahora explicaré el proceso consular para las peticiones familiares y las Certificaciones Laborales. El proceso es bastante parecido en el sentido que ambas peticiones requieren que el peticionario empiece la solicitud dentro de EE.UU. y también porque en muchos casos hay una cola de espera (excepto si se trata de un familiar inmediato).

Para la petición familiar el formulario principal es el I-130 y para la Certificación Laboral es el I-140 (después de que se ha aprobado la certificación por el Departamento de Trabajo). En ambas solicitudes hay que llenar los formularios biográficos y para la petición familiar hay que llenar el formulario I-864, la Declaración de Apoyo Económico, para cada beneficiario de la solicitud.

LOS DOCUMENTOS QUE COMPRUEBAN LA RELACIÓN ENTRE EL PETICIONARIO Y EL BENEFICIARIO SON AÚN MÁS IMPORTANTES EN LOS PROCESOS CONSULARES.

Es muy importante incluir en la solicitud aquellos documentos que demuestren la relación entre el peticionario y el beneficiario o los beneficiarios. Muchos consulados no aceptan reposiciones (documentos que son usados cuando los originales no se encuentran). Es práctica de muchos consulados investigar en los libros actuales de registro de nacimientos y de matrimonios para comprobar si oficialmente no ha ocurrido una alteración de los datos presentados con las solicitudes. Honduras, por ejemplo, es uno de los países donde el consulado americano investiga muchísimo las adopciones para prevenir fraudes. Es común también en el Perú que agentes de la embajada americana viajen a los registros públicos para investigar documentos y/o direcciones de beneficiarios de peticiones familiares.

Existen además mecanismos de comprobación, como el examen de ADN, que es utilizado para probar paternidad en ciertos casos en los cuales todo está bien pero hay dudas acerca de ese aspecto crucial. Generalmente cada consulado tiene una lista de médicos y/o instituciones que practican estos exámenes, así como también otros como los de tuberculosis y VIH/SIDA. Es muy importante observar que si la persona tiene una enfermedad contagiosa o padece de SIDA, el cónsul tiene potestad absoluta de negar la visa. Sí es cierto que existen perdones o *waivers* pero son, de nuevo, a la discreción del cónsul.

Ambas peticiones requieren una entrevista en el consulado. Si todo sale bien en la entrevista, el consulado le dará un paquete sellado a cada beneficiario que contiene la visa de inmigrante para poder ir a EE.UU. No pueden abrir el sobre, puesto que sólo puede ser abierto por el oficial del DHS que los recibirá en el aeropuerto. Una vez abierto el sobre por el oficial del DHS, éste les sellará el pasaporte y les dirá que la tarjeta de residencia les llegará en unos dos meses. A veces el consulado les sella los pasaportes con unas visas de inmigrante válidas por doce meses hasta que viajen a este país donde el sobre se abre y se hace el proceso anterior.

Peticiones familiares. Las peticiones familiares se hacen a través de un proceso consular cuando los beneficiarios todavía viven fuera de EE.UU. y desean obtener residencia a través de un familiar que es residente permanente o ciudadano y vive en EE.UU. Las peticiones familiares ocurren a través del consulado si el beneficiario no puede tener estatus legal en EE.UU. —es mejor estar fuera del país si de otro modo estaría en EE.UU. ilegalmente. El proceso para el beneficiario fuera de EE.UU. es casi igual al del beneficiario dentro de EE.UU. salvo que no necesita llenar el formulario I-485 de ajuste de estatus porque no tiene estatus alguno en EE.UU. La otra diferencia es que el beneficiario tiene que llenar los formularios DS 230-1 y -2, los cuales explicaré más a fondo.

Cuando el peticionario ciudadano o residente viviendo en EE.UU. comienza la petición para, por ejemplo, pedir a su madre que está afuera, el peticionario primero envía el formulario I-130 con todos los otros formularios que mencioné en el capítulo 1 al centro de procesamientos del DHS más cercano del peticionario. Se pagan los aranceles que cuestan los formularios (los cheques personales o giros postales deben estar a nombre del DHS) y se acompaña la petición con la evidencia de relación que se discute en el capítulo de peticiones familiares. Al cabo de veinte días se entregará un recibo oficial de parte del DHS. Toda esta parte es igual para el beneficiario dentro de EE.UU. como para el de afuera.

Ahora es cuando el proceso cambia un poco para los beneficiarios viviendo fuera de EE.UU. Cuando la petición se aprueba, el DHS envía esa aprobación al Centro Nacional de Visas (CNV), que se encarga de empezar el proceso consular como tal. El CNV le manda al peticionario una notificación avisándole que son ellos los que ahora lidiarán con la petición. Esta comunicación viene en forma de una carta sencilla en la que le notifican que debe esperar su turno (si la petición es de cuota); de lo contrario, si es de familiar inmediato, le piden giros postales para el ajuste de estatus para continuar el proceso. Este arancel es para pagar la Declaración de Apoyo Económico y el derecho a la visa de inmigrante. El CNV después le envía al peticionario los formularios DS 230-1 y -2 que contienen preguntas acerca de datos biográficos del beneficiario, si alguna vez ha sido deportado o arrestado, si ha sido terrorista, etc. Hay algunos consulados que ya están exigiendo que se envíen los formularios DS 230-1 y -2 de manera electrónica, pero esto todavía no es la norma.

Cuando el CNV reciba toda la información antes mencionada y le toque el turno en la cola (en el caso de preferencia familiar), el consulado emitirá una cita por medio de correo al peticionario y al beneficiario. El beneficiario viviendo fuera de EE.UU. entonces acude a la cita y se produce la entrevista. Los abogados por lo general no son permitidos en estas citas. Los peticionarios pueden asistir a las entrevistas si así lo quieren, pero no es requerido. En la entrevista el cónsul revisará todos los documentos y decidirá si emite o no la visa de inmigrante. El mejor consejo es que se lleve a la entrevista copias y originales de todo lo que se envió en la petición original (dígale a su peticionario en EE.UU. que le mande fotocopias de los documentos que incluyó con la solicitud). También lleve cualquier otro documento que el consulado le pida, como por ejemplo informes policiales del país en cuestión, certificados de bautizo, documento de servicio militar, etc.

> *Para las peticiones familiares donde el beneficiario está fuera de EE.UU., el peticionario empieza el proceso en EE.UU. y el beneficiario va al consulado en su propio país cuando le den una cita para la entrevista.*

Si el beneficiario decide viajar a EE.UU. mientras la visa de inmigrante está vigente lo puede hacer, pero entonces en verdad no hay razón por la cual haya hecho la solicitud mediante el consulado, puesto que tranquilamente pudo haber hecho un ajuste de estatus dentro de EE.UU., sobre todo si se trata de un familiar inmediato no sujeto a una cola de espera.

Certificaciones Laborales. La Certificación Laboral se puede pedir dentro de EE.UU. si el beneficiario tiene otra manera de tener estatus legal (como una visa o por estar cubierto por la 245(i)), pero también se

puede pedir a través de un consulado si el beneficiario se encuentra ilegal en EE.UU. La compañía que le está pidiendo la certificación tiene
que peticionar al beneficiario.

Primero la compañía que está pidiendo la certificación tiene que
someter el formulario ETA 9089 y obtener la aprobación del Departamento del Trabajo, como explico en el capítulo 2. Con esa aprobación, el
empleador somete el formulario I-140 (valor $475) que es la solicitud de
inmigrante para trabajador extranjero (*Immigrant Petition for Alien
Worker*) que se presenta una vez que el formulario ETA 9089 es aprobado
por el Departamento de Trabajo. Con dicha aprobación en mano, el
Departamento de Estado canaliza la petición al consulado que la persona
indicó en el formulario I-140 de modo que la embajada conduzca la
entrevista.

Es vital presentar ante el consulado pruebas que la empresa continúa
interesada en el beneficiario, incluyendo lo siguiente:

- Una carta de la empresa, y un escrito en la cual la misma repite por qué
  necesita al beneficiario como parte de su personal
- Una copia de la licencia ocupacional de la empresa para demostrar su
  permiso de conducir el tipo de negocio en cuestión
- Las declaraciones de impuestos que la empresa presentó en el momento
  en que se envió la Certificación Laboral, para demostrar que cuando la
  empresa pidió al peticionario, tenía la capacidad económica para hacerlo
- Las partidas de nacimiento, matrimonio y demás del beneficiario

El CNV, si la persona está afuera, le notificará cuándo llenar los formularios DS 230-1 y -2 que contienen preguntas acerca de datos biográficos del beneficiario, si alguna vez ha sido deportado o arrestado, si ha
sido terrorista, etc. Cuando le toque su turno en la cola, el consulado
notificará al solicitante cuándo será la entrevista. Si todo fue aprobado,
la persona puede inmigrar a EE.UU.

Visas de no-inmigrante

Una visa de no-inmigrante es para aquellas personas que desean visitar EE.UU. y quedarse por un período temporal. Estas visas no dan,

por sí solas, la oportunidad al solicitante de obtener la residencia permanente. Las visas de no-inmigrante más comunes son las visas de trabajo y las visas de turismo —las que abordaremos aquí son las la H-1B, la L-1 y la B-1/B-2 y sólo en cuanto a lo que se refiere a la acción consular.

El proceso para una visa de no-inmigrante varía dependiendo de la visa. Por ejemplo, hay visas que se tienen que presentar enteramente en el consulado, como las visas de turista, las visas E (de inversionista) y la I (de periodista). Por otro lado, las visas H-1B (de profesional), la L-1 (para profesionales trasladados) y las visas O y P (para personas con habilidades extraordinarias o de reconocimiento internacional) se deben originar en EE.UU. O sea, nadie puede empezar el proceso para estas visas en el consulado ya que alguien en EE.UU. se las tiene que pedir. Además de los formularios requeridos por cada petición, para las visas de no-inmigrante, se llena el formulario OF 156, el cual le pide al solicitante datos biográficos.

Las visas que se originan en el consulado. La más común de ellas es la visa de turismo, la cual se compone de la B-1 para personas de negocios que vienen por poco tiempo y la B-2 que es la de turista. Pero como mencioné anteriormente, hay otras visas que se pueden presentar en su todo en el consulado.

La visa B-1/B-2 es dual; la B-1 es para la exploración de negocios y la B-2 es netamente para propósitos de turista. Cuando la persona evidencia el propósito de estar en este país por negocios siempre le darán treinta días de estadía. Si no se evidencia ese tipo de intención, siempre le darán seis meses pues el oficial de inmigración asumirá que viene de turismo.

Si usted entra en EE.UU. con una visa de turista, es importante preservar la forma I-94 que el oficial de inmigración en el aeropuerto le deja con su pasaporte, porque aunque su visa de turista hecha por el consulado puede ser de uno, cinco o diez años, el oficial de inmigración le puede limitar

> *Las siguientes visas se originan en el consulado:*
> - *B-1 y B-2 (negocios o de turista)*
> - *E (tratado bilateral)*
> - *I (periodista)*

ALGUNAS COSAS PARA RECORDAR CON RESPECTO A LA VISA DE TURISTA:

Tiempo de demora: El tiempo que tarda en obtener la visa de turista varía de país en país, de tres meses hasta doce meses. Por ejemplo, en Colombia se paga el arancel de $100 y se concreta la cita en menos de sesenta días, mientras que México y El Salvador tienen tiempos de demora más largos porque hay más solicitantes.

Probabilidad de ser aceptado: Las posibilidades de que le aprueben la visa de turista dependen de las raíces que el solicitante tenga con su país de origen. Yo recomiendo someter documentos como cartas de trabajo, documentos de propiedades, estados de cuenta del banco, informes de escuela, etc. No recomiendo presentar cartas de invitación porque casi siempre son negadas, pues no existen formas inmigratorias como tales para hacerlas y los cónsules en general no hacen caso de las mismas.

su estadía a tres o seis meses. Es importante no quedarse más allá del tiempo indicado por el oficial en su formulario I-94 porque de otro modo acumulará ilegalidad en EE.UU. y no regresará a EE.UU. por varios años.

En la mayoría de los casos, una vez que las visas son aprobadas en los consulados, los oficiales en los aeropuertos no las cuestionan. Pero a veces las mismas pueden ser cuestionadas y hasta rechazadas por el oficial del DHS cuando la persona llega al aeropuerto en EE.UU., pues al igual que los cónsules en el exterior, quienes pueden objetar las aprobaciones emitidas dentro de EE.UU., los inspectores de inmigración en el aeropuerto pueden hacer lo mismo. Todo está sujeto a cómo el inspector "lea" a la persona. Para eso, y aunque lo nieguen, el DHS utiliza "perfiles" estudiados para tratar de "descubrir" supuestas violaciones de las visas. Por ejemplo, si la persona anteriormente vino a este país y le dieron seis meses de entrada y se quedó cinco, es muy probable que si entra de nuevo al poco tiempo la cuestionen y la manden a un cuarto llamado "inspec-

EL FRAUDE Y LAS VISAS DE TURISMO

La acusación más común que utiliza el DHS para cancelar las visas de turismo en los aeropuertos es la de tener la intención de "residir" en EE.UU. sin la apropiada documentación. Es decir, el usar la visa de turismo para obtener continuos y frecuentes períodos de estadía en este país. Uno de los perfiles que el DHS persigue más son las empleadas domésticas que trabajan aquí con visas de turismo y salen cada cinco o seis meses para evitar violar los períodos otorgados por el DHS cuando ingresan al país. El DHS también pone mucha atención cuando menores de edad viajan junto a sus padres después de haber obtenido varias estadías de seis meses. El DHS presume que estos menores están estudiando aquí sin la debida autorización de la agencia y por lo tanto en violación de ley. A veces los inspectores del DHS les hablan en inglés a los menores para ver si éstos contestan en el mismo idioma y por lo tanto poder asumir que están en EE.UU. estudiando sin visa. Esto suele ocurrir mucho en tiempos de vacaciones escolares. La verdad es que la visa de turista debe de ser usada correctamente para evitar perderla. Sin embargo, también es cierto que el DHS abusa con su práctica de incluir "perfiles" en sus decisiones de aceptar o no las respuestas que dan los portadores de estas visas cuando ingresan al país.

Por ejemplo: Es cierto que hay personas que cometen fraude y pretenden que no se han quedado más allá de la fecha de vencimiento de su visa para no acumular ilegalidad en EE.UU. Ellos envían sus pasaportes a su país de origen una vez han hecho su ingreso a este país con el propósito de hacer sellar los mismos como si ellos hubiesen salido de EE.UU. antes del término inicial concedido por el DHS. La idea de este acto ilegal es que cuando la persona retorne al país de nuevo, no se note el tiempo real que ella estuvo dentro de territorio americano. Esta práctica tiene que terminarse, porque ha hecho que el DHS desconfíe de todo aquel que se ha quedado legalmente en varias ocasiones durante largos períodos.

ción diferida". En ese lugar, el inspector del DHS tratará de hacer que la persona "retire" voluntariamente su intención de ingresar a este país. El trato en la "inspección diferida" es sumamente tosco.

Los inspectores tratan de jugar al "malo" y el "bueno" en el cual uno trata de intimidar y el otro de suavizar la situación. Muchísimas personas retiran sus solicitudes de ingresar al país ante las presiones de estos funcionarios.

Las preguntas de los inspectores se basan muchas veces en "perfiles" y otras en datos que el DHS mantiene en sus centros de datos. Es muy común que los agentes del DHS detengan a las personas que son enviadas a las "inspecciones diferidas" hasta por seis horas o más. El Departamento de Inspecciones Diferidas ("el cuartito") es un lugar en los puertos de entrada adonde son enviados los casos que los inspectores del DHS consideran como sospechosos. A ese lugar son enviadas las personas que por ejemplo tienen visas de turista pero evidencian una intención de venir a residir aquí. La idea es que la persona se desespere y retire su solicitud de estadía en este país o que "confiese" las supuestas violaciones cometidas, como la de querer ocupar la visa para vivir aquí, o de haber trabajado. De todas maneras el castigo es el mismo: si el DHS determina que la persona violó las normas, la visa será cancelada y la persona no podrá ingresar a este país a menos que, entre otras cosas, diga que su retorno le causaría problemas políticos. De ser así, lo más probable es que refieran a esa persona a un centro de detención del DHS adonde tendrá que probar que su miedo de regresar a su país de origen es "creíble". El hecho de ser enviado a un centro de detención, sin embargo, no exime al portador de la visa de turismo de la cancelación de su preciada visa.

Las siguientes visas se originan en EE.UU. y parte del trámite ocurre en el consulado:

- H-1B (profesionales)
- L-1 (transferencia de trabajador profesional)
- O (habilidades extraordinarias)
- P (personas famosas)
- K (prometido)
- R (trabajadores religiosos)
- F-1 (estudiantes)

Las visas que se expiden en EE.UU. y hay un trámite en el consulado. Después hay las visas de no-inmigrante que se presentan primero en EE.UU. pero incluyen un paso que se toma fuera de EE.UU. en el consulado. Estas visas se originan en EE.UU. porque hay que tener un patrocinador que pide la visa por usted.

Por ejemplo, la visa H-1B para trabajadores profesionales y la L-1 para profesionales trasladados a EE.UU. se pide por el empleador en EE.UU. mientras el beneficiario esté en EE.UU. El proceso que se lleva a cabo es un cambio de estatus (el cambio es de la visa anterior a la visa H-1B o L-1) con el formulario I-129. Si el beneficiario de esa visa nunca tiene que viajar fuera de EE.UU. mientras que esa visa esté vigente, no hay ningún proceso consular. Pero, si el beneficiario tiene que viajar fuera de EE.UU., no importa a qué país, tiene que ir al consulado de su país de origen para sellar o estampar su visa para poder entrar a EE.UU. de nuevo. No se puede sellar la visa dentro de EE.UU. —se tiene que hacer vía el consulado de su país de origen.

Es gravísimo pensar que porque el cambio de estatus fue aprobado en EE.UU., el cónsul en el exterior tiene la obligación de simplemente estampar la visa. Nada es más falso que eso. El cónsul puede tranquilamente negar y/o cuestionar las peticiones, no obstante que el DHS las haya aprobado dentro de EE.UU. Con eso en mente, cuando uno se presenta ante el consulado debe ir muy bien preparado.

Por ejemplo, si hablamos de ir al consulado a estampar o sellar la visa H-1B, antes de viajar es vital que la persona lleve consigo los siguientes documentos:

- La última declaración de impuestos de la empresa
- La licencia ocupacional de la compañía
- Los últimos cuatro trimestres de pago del formulario federal 941
- Un organigrama de la empresa
- Partidas de nacimiento y de matrimonio
- Copia del paquete de formularios que se envió al DHS, especialmente el formulario I-129
- El título de la persona con su evaluación demostrando que el beneficiario posee la educación y/o experiencia necesaria para calificar como profesional a cargo de una ocupación especial

También es importante decir que el beneficiario debe saber al pie de la letra sus funciones dentro de la empresa.

Si hablamos de una visa L-1, los siguientes documentos deben de ser presentados ante el consulado cuando se intente estampar dicha visa en el pasaporte:

- Un documento oficial que confirme que la empresa madre (la que está en el exterior) continúa en funciones
- El pago de impuestos tanto de la empresa madre como de la empresa abierta en EE.UU.
- Una lista de empleados en los dos lugares
- Un organigrama de las dos empresas
- Un paquete de copias de formularios enviados al DHS
- Partidas de nacimiento y de matrimonio
- Facturas de los últimos seis meses de ambas empresas
- Fotos de ambos locales
- La licencia ocupacional de la empresa de EE.UU. más prueba de posesión del inmueble, como por ejemplo un contrato de arrendamiento

También el beneficiario debe saber muy bien su función y saber explicar MUY BIEN por qué él o ella son considerados ejecutivos o personas con conocimiento especial para manejar la empresa en el exterior (es vital explicar la delegación y supervisión de funciones).

Generalmente, tanto la visa H-1B como la L-1 tienen ventanillas especiales en los consulados, de modo que el solicitante no tiene que hacer una larga fila. Aunque hay necesidad de citas, se pueden obtener más rápidamente. El procedimiento varía pero es normal que se pague un arancel en un banco local y se programe la cita por teléfono. La entrevista dura entre treinta y sesenta minutos y a veces es muy fuerte en cuanto a las preguntas. Al final de la entrevista el cónsul estampa la visa, dice que enviará los pasaportes sellados por correo, decide estudiar el caso o lo deniega. Otras veces la visa es aprobada, pero el cónsul decide no estamparla hasta que no se completen los famosos chequeos de huellas por "seguridad nacional". Eso puede tardar hasta seis meses y son un calvario, pues nadie los puede acortar.

Con la visa F-1 de estudiante se puede hacer el cambio de estatus en EE.UU., pero eso es cada día más difícil. Lo mejor es que el futuro estudiante espere que la escuela le envíe el formulario correspondiente (I-20) para que el consulado le apruebe la visa F-1.

APÉNDICES

Apéndice A:

Lista de proveedores de servicios de inmigración gratuitos

Las siguientes organizaciones y abogados proporcionan servicios legales gratuitos y/o remisiones para personas que necesitan ayuda inmigratoria, de acuerdo con 8 CFR §1003.61. Algunas de estas organizaciones también pueden cobrar unos honorarios nominales de servicios legales a ciertos individuos de bajos ingresos. No recomiendo a nadie en particular ni soy tampoco responsable por cualquier acto ilegal que cometan estas agencias.

PHOENIX, ARIZONA

Catholic Social Services of Phoenix
1825 W. Northern Street
Phoenix, AZ 85021
(602) 997-6105

Chicanos Por la Causa
312 W. Main Street
P.O. Box 517
Somerton, AZ 85350
(928) 627-2042

Friendly House
802 S. 1st Avenue
P.O. Box 3695
Phoenix, AZ 85030
(602) 257-1870
Fax: (602) 257-8278

FLORENCE, ARIZONA

Florence Immigrant and Refugee Rights Project
2601 North Highway 79
P.O. Box 654
Florence, AZ 85232
(520) 868-0191
Fax: (520) 868-0192

IMPERIAL y EL CENTRO, CALIFORNIA

Cathoic Charities
250 West Orange Avenue
El Centro, CA 92243
(760) 353-6822

LOS ÁNGELES, CALIFORNIA

International Institute of Los Angeles
435 So. Boyle Ave.
Los Angeles, CA 90033
(323) 264-6217

y/o

14701 Friar Street
Van Nuys, CA 91411
(818) 988-1332/1333

Legal Aid Foundation of Los Angeles
5228 E. Whittier Blvd.
Los Angeles, CA 90022
(213) 640-3881
(800) 399-4529

Catholic Legal Immigration Network
1530 West 9th Street
Box 15095
Los Angeles, CA 90015
(213) 251-3505

Chabad Lubavich Russian Synagogue
7636 Santa Monica Blvd.
Los Angeles, CA 90045
(323) 848-8805 ó 848-8842

Public Counsel
601 S. Ardmore Ave.
Los Angeles, CA 90005
(213) 385-2977

**San Fernando Valley
Neighborhood Legal Services,
Inc.**
13327 Van Nuys Blvd.
Pacoima, CA 91331
(818) 896-5211

El Rescate Legal Services
1313 West 8th Street, Ste. 200
Los Angeles, CA 90017
(213) 387-3284

SAN DIEGO, CALIFORNIA

Legal Aid Society of San Diego
110 South Euclid Ave.
San Diego, CA 92114
1-877 Legal Aid (877-534-2524)

SAN FRANCISCO, CALIFORNIA

Asian Law Caucus
939 Market Street, Ste. 201
San Francisco, CA 94103
(415) 896-1701

**Immigration Law Clinic
U.C. Davis School of Law**
400 Mrak Hall
Davis, CA 95616-5201
(530) 752-6942

**Asian Pacific Island Legal
Outreach**
1188 Franklin Street, Ste. 202
San Francisco, CA 94109
(415) 567-6255

**International Institute of the
East Bay**
449 15th Street, Ste. 303
Oakland, CA 94612
(510) 451-2846
http://www.iieb.org/

**Asylum Program of the San
Francisco Lawyers' Committee
for Civil Rights**
131 Steuart Street, Ste. 400
San Francisco, CA 94105
(415) 543-9444

La Raza Centro Legal
474 Valencia Street, Ste. 295
San Francisco, CA 94103
(415) 575-3500

Catholic Charities Immigration Program
2625 Zanker Road, Ste. 201
San Jose, CA 95134
(408) 944-0691

National Center for Lesbian Rights (NCLR)
870 Market Street, Ste. 370
San Francisco, CA 94102
(415) 392-6257
Fax: (415) 392-8442

Central American Resource Center (CARECEN)
1245 Alabama Street
San Francisco, CA 94110
(415) 824-2330

Santa Clara University School of Law Civil Clinical Programs East San Jose Community Law Center
1030 The Alameda
San Jose, CA 95126
(408) 288-7030

DENVER, COLORADO

Catholic Charities
2500 1st Ave., Bldg. CB
Greeley, CO 80631
(970) 353-6433

Rocky Mountain Immigrant Advocacy Network (RMAIN)
3489 W. 72nd Ave., Suite 211
Westminster, CO 80030
(303) 866-9308

Catholic Charities
1004 Grand Ave.
Glenwood Springs, CO 81601
(970) 384-2060

Rocky Mountain Survivors Center
1547 Gaylord St.
Denver, CO 80206
(303) 321-3221

Catholic Immigration Services
2525 W. Alameda Ave.
P.O. Box 19020
Denver, CO 80219
(303) 742-4971

HARTFORD, CONNECTICUT

International Institute of Connecticut (Main Office)
670 Clinton Avenue
Bridgeport, CT 06605
(888) 342-2678

International Institute of Connecticut (Stamford Division)
22 Grove Street
Stamford, CT 06902
(860) 965-7190

International Institute of Connecticut (Hartford Division)
330 Main Street
Hartford, CT 06106
(888) 342-2678
Fax: (860) 692-3089

Jerome M. Frank Legal Services Organization
P.O. Box 209090
New Haven, CT 06520-9090
(Dirección física: 127 Wall Street,
New Haven, CT 06511)
(203) 432-4800
Fax: (203) 432-1426

MIAMI, FLORIDA

American Friends Service Committee
10700 Caribbean Blvd., Ste. 301
South Dade Tower
Miami, FL 33189
(305) 252-4183 ó 252-6441
(800) 765-8875

Catholic Charities Legal Services Archdiocese of Miami, Inc.
The Bank of America Building
3661 West Oakland Park Blvd.,
Ste. 305
Fort Lauderdale, FL 33311
(954) 486-2070
Fax: (954) 486-5090
http://www.cclsmiami.org

Florida Equal Justice Center Inc.
3210 Cleveland Avenue, Ste. 101-A
Ft. Meyers, FL 33901
(239) 277-7060
Fax: (239) 277-9050
(800) 518-1716

Catholic Charities Legal Services Archdiocese of Miami, Inc.
700 S. Royal Poinciana Blvd.,
Ste. 800
Miami Springs, FL 33166
(305) 887-8333
Fax: (305) 883-4498
http://www.cclsmiami.org

**Florida Immigrant Advocacy
Center Inc. (FIAC)**
3000 Biscayne Blvd., Ste. 400
Miami, FL 33137
(305) 573-1106

**Catholic Charities Legal Services
Archdiocese of Miami, Inc.**
150 SE 2nd Ave., Ste. 200
Miami, FL 33131
(305) 373-1073
Fax: (305) 373-1173
http://www.cclsmiami.org

Church World Service
Programa de ayuda para inmigrantes y
refugiados
1921 NW 84th Ave.
Miami, FL 33126
(305) 774-6770
(305) 754-9910 (en Little Haiti)

**Colombian American Service
Association (CASA)**
8500 SW 8th Street, #218
Miami, FL 33144
(305) 448-2272
http://www.casa-usa.org

ORLANDO, FLORIDA

Immigrants Rights Center
1468 S. Semoran Blvd.
Orlando, FL 32807
(407) 382-4944

ATLANTA, GEORGIA

Catholic Social Services, Inc.
680 West Peachtree Street, NW
Atlanta, GA 30308-1984
(404) 881-6571

Latin American Association
2750 Buford Highway
Atlanta, GA 30324
(404) 638-1800
Fax: (404) 638-1806

HONOLULU, HAWAII

Na Loio
Derechos de inmigrantes
810 North Vineyard Blvd., Ste. 3
Honolulu, HI 96817
(808) 847-8828
(877) 208-8828

Volunteer Legal Services, Hawaii
545 Queen Street, Ste. 100
Honolulu, HI 96813
(808) 528-7046 para Oahu
(808) 839-5200 para otras islas

CHICAGO, ILLINOIS

Latinos Progresando
1624 W. 18th St., 2nd Floor
Chicago, IL 60608
(312) 850-0572
Fax: (312) 850-0576

TIA/Chicago Connections
Centro de Inmigración y Derechos
Humanos
208 South LaSalle Street, Ste. 1818
Chicago, IL 60604
(312) 660-1370
(312) 263-0901
Fax: (312) 660-1505

**Legal Assistance Foundation of
Metropolitan Chicago**
111 West Jackson Blvd., 3rd Floor
Chicago, IL 60604
(312) 341-9617

World Relief-Chicago
3507 West Lawrence Ave., Ste. 208
Chicago, IL 60625
(773) 583-3010
Fax: (773) 583-9410
chicago@wr.org

NEW ORLEANS, LOUISIANA

Associated Catholic Charitites
1000 Howard Avenue-6th Floor
New Orleans, LA 70113
(504) 523-3755

Loyola University-Law Clinic
7214 St. Charles Avenue
New Orleans, LA 70118
(504) 861-5590

BALTIMORE, MARYLAND

**Alien Rights Law Project
Washington Lawyers' Committtee
for Civil Rights and Urban Affairs**
11 Dupont Circle, Ste. 400
Washington, DC 20036
(202) 319-1000

**Catholic Immigration
Services, Inc.**
1720 Eye Street, NW, Ste. 607
Washington, DC 20006
(202) 466-6611 ó 466-6612
Fax: (202) 466-6633

Ayuda
1707 Kalorama Road, NW
Washington, DC 20009
(202) 387-4848

**Georgetown University Law
Center**
111 F Street, NW, Ste. 3332
Washington, DC 20001-9565
(202) 662-9539

**Capital Area Immigrants' Rights
(CAIR) Coalition**
1612 K Street, NW, Ste. 204
Washington, DC 20006
(202) 331-3325

Human Rights First
100 Maryland Avenue, NE, Ste. 500
Washington, DC 20002
(202) 547-5692, ext. 3213
www.humanrightsfirst.org

**Catholic Charities Immigration
Legal Services**
Arquidiócesis de Baltimore
430 S. Broadway
Baltimore, MD 21231
(410) 534-8015

**Catholic Charities Immigration
Legal Services**
Arquidiócesis de Washington, DC
924 G Street, NW
Washington, DC 20001
y/o

11160 Veirs Mill Road, Ste. 700
Wheaton, MD 20902
(202) 772-4356 (el mismo teléfono
para ambas direcciones)

BOSTON, MASSACHUSETTS

**Catholic Charities Immigration
Services**
75 Kneeland Street, 8th Floor
Boston, MA 02111
(617) 451-7979
Fax: (617) 629-5768

International Institute of Boston
One Milk Street
Boston, MA 02109-5413
(617) 695-9990
Fax: (617) 695-9191

**Catholic Legal Immigrant
Network Boston College
Immigration & Asylum Project**
885 Centre Street
Newton, MA 02159
(617) 552-0593
Fax: (617) 552-2615

Greater Boston Legal Services
197 Friend Street
Boston, MA 02114
(617) 371-1234

**Southern New England School
of Law**
Clínica de la Ley Inmigratoria
333 Faunce Corner Road
North Dartmouth, MA 02747
(508) 998-9600

**Immigrant Legal Advocacy
Project (ILAP)**
309 Cumberland Ave., Ste 201
P.O. Box 171917
Portland, ME 04112
(207) 780-1593
(800) 497-8505, para residentes
afuera de Maine

DETROIT, MICHIGAN

**A.C.C.E.S.S. (Arab Community
Center for Economic and Social
Services)**
6451 Schaefer
Dearborn, MI 48126
(313) 945-8380

**International Institute of
Metropolitan Detroit**
111 East Kirby
Detroit, MI 48202
(313) 871-8600

**Archdiocese of Detroit
Immigration Legal Services**
1721 Junction St.
Detroit, MI 48209-2198
(313) 843-1878
Fax: (313) 843-1883

**Strategic Partnership of
Michigan**
2444 Franklin Road, Room B-100
Southfield, MI 48034
(313) 530-4202
Fax: (313) 963-4694

Freedom House
2630 W. Lafayette
Detroit, MI 48126
(313) 964-4320

**University of Detroit Mercy
School of Law**
David C. Koelsch, Director
Clínica de la Ley Inmigratoria
651 E. Jefferson
Detroit, MI 48226
(313) 596-0200

BLOOMINGTON, MINNESOTA

Centro Legal
2610 University Avenue West, Ste. 450
St. Paul, MN 55114
(651) 642-1890

Oficina Legal
Immigrant Law Center of
Minnesota
450 North Syndicate, Ste. 175
St. Paul, MN 55104
(651) 641-1011
Fax: (651) 641-1131
http://www.ilcm.org

Minnesota Advocates for Human
Rights
Refugee & Asylum Project
650 3rd Avenue South, Ste. 550
Minneapolis, MN 55402
(612) 341-9845

KANSAS CITY y ST. LOUIS, MISSOURI

Angie O. Gorman
Proyecto de la Ley Inmigratoria
Legal Service of Eastern Missouri, Inc.
4242 Forest Park Blvd.
St. Louis, MO 63108
(314) 534-4200, ext. 1302

DEER LEDGE y HELENA, MONTANA

Montana Farmworkers Law Unit,
Montana Legal Services
P.O. Box 3093
2442 First Avenue North
Billings, Montana 59101
(406) 248-4870 6 7113
(800) 999-4941

OMAHA, NEBRASKA

University of Nebraska
College of Law
172 Welpton Courtroom
Lincoln, NE 68583
Attn: Kevin Ruser, Director of Civil Clinical Law Program
(402) 472-3271

LAS VEGAS, NEVADA

Catholic Charities of Southern Nevada
Departamento de Inmigración
1511 N. Las Vegas Blvd.
Las Vegas, NV 89101
(702) 383-8387
Fax: (702) 385-7748

Nevada Hispanic Services
3905 Neil Road
Reno, NV 89502
(775) 826-1818
Fax: (775) 826-1819

ELIZABETH y NEWARK, NEW JERSEY

American Friends Service Committee
Programa para Derechos de Inmigrantes
Directora: Amy Gottlieb
89 Market Street, 6th Floor
Newark, NJ 07102
(973) 643-1924
Fax: (973) 643-8924

Camden Center for Law and Social Justice, Inc.
Oficina para servicios inmigratorios
1845 Haddon Avenue
Camden, NJ 08103
(856) 342-4160
Fax: (856) 342-4180

y/o

15 North California Avenue
Atlantic City, NJ 08401
(609) 348-2111

Catholic Community Services
976 Broad Street
Newark, NJ 07102
(973) 733-3516
Fax: (973) 733-9631

International Institute
880 Bergen Avenue, 5th Floor
Jersey City, NJ 07306
(201) 653-3888, ext. 20
Fax: (201) 963-0252

Catholic Family & Community Services
24 DeGrasse Street
Paterson, NJ 07505
(973) 279-7100

La Casa de Don Pedro
39 Broadway
Newark, NJ 07104
ATTN: Sodette Plunkett
(973) 481-4713

El Centro Hispano Americano
(Anteriormente The Center for Central American Refugees)
525 East Front Street
Plainfield, NJ 07060
(908) 753-8730
Fax: (201) 753-8463

Legal Services of New Jersey
100 Metroplex Drive
Plainfield Avenue
Edison, NJ 08818
(732) 572-9100, ext. 231
(888) 576-5529

Lutheran Social Ministries of New Jersey
Dirección postal: P.O. Box 30,
Trenton, NJ 08601
189 South Broad Street
Trenton, NJ 08601
(609) 393-4900

BUFFALO, NEW YORK

International Institute of Buffalo
864 Delaware Avenue
Buffalo, NY 14209
(716) 883-1900

Legal Aid Society of Rochester, Inc.
One West Main Street, Rm. 800
Rochester, NY 14614
(585) 295-5745 (dentro de Monroe County)
(800) 963-5604 (fuera de Monroe County)

Erie County Bar Association
Proyecto de Abogados Voluntarios
700 Statler Towers
Buffalo, NY 14202
(716) 847-0752, ext. 37

NEW YORK, NEW YORK

**Catholic Charities of New York
Department of Immigrant and
Refugee Services**
1011 First Ave., 12th Floor
New York, NY 10022-4134
(212) 419-3700

**Central American Legal
Assistance**
240 Hooper Street
Brooklyn, NY 11211
(718) 486-6800

**The Legal and Society-
Immigration Law Unit**
199 Water Street
New York, NY 10038
(212) 577-3300
(212) 577-3456

City Bar Fund
42 West 44th Street
New York, NY 10036
(212) 382-6710

**Nassau County Hispanic
Foundation, Inc. Immigration
Law Service**
233 Seventh Street, 3rd Floor
Garden City, NY 11530
(516) 742-0067

**Comité Nuestra Señora de
Loreto Sobre Asuntos de
Inmigración**
856 Pacific Street
Brooklyn, NY 11238-3142
(718) 783-4500

**New York Association for New
Americans**
17 Battery Place, 9th Floor North
New York, NY 10004-1102
(212) 898-4180

Gay Men's Health Crisis, Inc.
119 West 24th Street
New York, NY 10011
(212) 367-1040

**Northern Manhattan Coalition
for Immigrants Rights**
665 W. 182nd Street
New York, NY 10033
(212) 781-0648
Fax: (212) 781-0943

**Hebrew Immigrant Aid Society
(HIAS)**
333 Seventh Avenue
New York, NY 10001
(212) 613-1419
(212) 613-1420 (este número es sólo
para detenidos en Wackenhut)

**Safe Horizon (servicios para
víctimas) Immigration Legal
Services**
74-09 37th Avenue, Room 308
Jackson Heights, NY 11372
(718) 899-1233 ext. 129 (Abogados)

**Human Rights First
(anteriormente Lawyers
Committee for Human Rights)**
333 Seventh Avenue, 13th Floor
New York, NY 10001
(212) 845-5200 (Línea de Detención)
Fax: (212) 845-5299

**Caribbean Women's Health
Association Immigrant Service**
123 Linden Blvd
Brooklyn, NY 11226
(718) 826-2942

RALEIGH, NORTH CAROLINA

North Carolina Justice and Community Development Center
Proyecto de Asistencia Legal para Inmigrantes
224 S. Dawson Street
Raleigh, NC 27611
(888) 251-2776

CINCINNATI, CLEVELAND y ORIENT, OHIO

**Community Refugee &
Immigration Services**
3624 Bexvie Avenue
Columbus, OH 43227
(614) 235-5747

International Institute of Akron
207 East Tallmadge Avenue
Akron, OH 44310
(330) 376-5106

International Services Center
1859 Prospect Avenue
Cleveland, OH 44115
(216) 781-4560

OKLAHOMA CITY, OKLAHOMA

Hispanic American Mission, Inc.
1836 Northwest Third
Oklahoma City, OK 73106
(405) 272-0890

Associated Catholic Charities
1501 North Classen Blvd.
P.O. Box 1516
Oklahoma City, OK 73106
(405) 523-3001

**Legal Aid Services of Western
Oklahoma, Inc.**
2901 Classen Boulevard, Ste. 112
Oklahoma City, OK 73106
(405) 488-6756

PORTLAND, OREGON

**Catholic Charities Immigration
Services**
901 S.E. Oak Street, Ste. 105
Portland, OR 97214-9813
(503) 542-2855
http://www.catholiccharities.org/

Lane County Legal Services
376 East 11th Avenue
Eugene, OR 97401-3246
(541) 485-1017
(800) 422-5247
Fax: (541) 342-5091
http://www.lanecountylegalservices.org/

Immigration Counseling Service
519 S.W. Park Ave, Ste. 610
Portland, OR 97205
(503) 221-1689
http://www.immigrationcounseling.org/

**Lutheran Community Services
Northwest**
605 SE 39th Avenue
Portland, OR 97214
(503) 731-9580 ó 731-7480
http://www.lcsnw.org/

PHILADELPHIA, PENNSYLVANIA

Jewish Family and Children's Service of Pittsburgh
5743 Bartlett Street
Pittsburgh, PA 15217
(412) 422-7200

Catholic Social Services
Arquidiócesis de Philadelphia
227 N. 18th Street
Philadelphia, PA 19103
(215) 854-7019

Lutheran Children and Family Service
5901 North 5th Street
Philadelphia, PA 19120-1824
(215) 276-7850

Hias and Counsel Immigration Services
2100 Arch Street, 3rd floor
Philadelphia, PA 19103
(215) 832-0900
(800) 267-4600

Nationalities Service Center Immigration Services
1216 Arch St., 4th Floor
Philadelphia, PA 19107
(215) 893-8400
Fax: (215) 735-4064

YORK, PENNSYLVANIA

Pennsylvania Immigration Resource Center (PIRC)
50 Mt. Zion Road
York, PA 17402
(717) 600-8099
Fax: (717) 600-8044

PROVIDENCE, RHODE ISLAND

International Institute of Rhode Island
645 Elmwood Avenue
Providence, RI 02907
(401) 461-5940
Fax: (401) 467-6530

MEMPHIS, TENNESSEE

Community Legal Center
910 Vance Avenue
Memphis, TN 38126
(901) 543-3395
Fax: (901) 543-0907

DALLAS, TEXAS

Catholic Charities
5415 Maple Ave, Ste. 400
Dallas, TX 75235
(214) 634-7182

EL PASO, TEXAS

Catholic Charities
123 Avenue N
Lubbock, TX 79401
(806) 765-8475

**Las Americas Refugee Asylum
Project**
106 E. Yandell Street
El Paso, TX 79902
(915) 544-5126

**Diocesan Migrant and Refugee
Services**
2400 E. Yandell, Ste. A
El Paso, TX 79903-3617
(915) 532-3975

**United Neighborhood
Organization (UNO)**
8660 Montana, Ste. I
El Paso, TX 79925
(915) 755-1161

HARLINGEN, TEXAS

Probar—South Texas Pro Bono Asylum Representation
301 East Madison
Harlingen, TX 78550
(956) 425-9231

South Texas Immigration Council, Inc.
Casa Mexico Bldg.
4793 West Expressway 83
Harlingen, TX 78552
(956) 425-6987

Casa de Proyecto Libertad
113 N. 1st Street
Harlingen, TX 78550
(956) 425-9552

South Texas Immigration Council, Inc.
1201 Galveston St.
McAllen, TX 78501
(956) 682-5397
Fax: (956) 682-8133

South Texas Immigration Council
845 East 13th Street
Brownsville, TX 78520
(956) 542-1991

Texas Rural Legal Aid, Inc.
316 South Closner Street
Edinburg, TX 78539
(956) 383-5673

HOUSTON, TEXAS

Carecen Central American Refugee Center
6006 Bellaire Boulevard, Ste. 100
Houston, TX 77081
(713) 665-1284

International Services of the YMCA Greater Houston Area
Programa Pro Bono de Asilo
6300 West Park, Ste. 600
Houston, TX 77057
(713) 339-9015

Catholic Charities Texas Center for Immigrant Legal Assistance
2900 Louisiana Avenue
Houston, TX 77006
(713) 874-6570

SAN ANTONIO, TEXAS

Catholic Charities Archdiocese of San Antonio, Inc.
2903 West Salinas
San Antonio, TX 78207
(210) 433-3256

Political Asylum Project of Austin, Inc.
One Highland Center
314 Highland Mall Blvd., Ste. 501
Austin, TX 78752
(512) 478-0546

Immigration Clinic of the University of Texas School of Law
727 East Dean Keeton Street
Austin, TX 78705-3299
(512) 232-1292

Refugee and Immigrant Center for Education and Legal Services
1305 N. Flores
San Antonio, TX 78212
(210) 226-7722

Immigration & Human Rights Clinic, Center for Legal & Social Justice
2507 NW 36th Street
San Antonio, TX 78228
(210) 431-2596

ARLINGTON, VIRGINIA

Ayuda
1707 Kalorama Road, NW
Washington, DC 20009
(202) 387-4848

**George Washington University
Immigration Clinic**
2000 G Street, NW, Ste. B-04
Washington, DC 20052
(202) 994-7463

**Capital Area Immigrants' Rights
(CAIR) Coalition**
1612 K Street, NW, Ste. 204
Washington, DC 20006
(202) 331-3325
Fax: (202) 331-3341

**Georgetown University Law
Center**
Center for Applied Legal Studies
111 F Street, NW, Ste. 3332
Washington, DC 20001-9565
(202) 662-9539

**Catholic Charities Immigration
Legal Services**
Arquidiócesis de Washington
924 G Street, NW
Washington, DC 20001
(202) 772-4300

y/o

11160 Veirs Mill Road, Ste. 700
Wheaton, MD 20902
(202) 772-4356

Human Rights First
100 Maryland Avenue, NE, Ste. 500
Washington, DC 20002
(202) 547-5692, ext. 3213
http://www.humanrightsfirst.org

Catholic Immigration Services
1720 Eye Street, NW, Ste. 607
Washington, DC 20006
(202) 466-6611 ó 466-6612
Fax: (202) 466-6633

**Central American Resource
Center (CARECEN)**
1459 Columbia Road, NW
Washington, DC 20009
(202) 328-9799

SEATTLE, WASHINGTON

Northwest Immigrant Rights Project
(le prestan servicio a todas las nacionalidades)
909 8th Avenue
Seattle, WA 98104
(206) 587-4009
(800) 445-5771
Fax: (206) 587-4025

Northwest Immigrants Rights Project—Granger Office
121 Sunnyside Avenue
P.O. Box 270
Granger, WA 98932
(509) 854-2100

Apéndice B:

El peligro de fraude de parte de un "notario"

La ABA, Asociación Americana de Abogados (American Bar Association), ha publicado la siguiente advertencia acerca de los notarios y sus servicios fraudulentos. También explica cómo protegerse contra el fraude y qué preguntas debe hacer cuando se reúne con cualquier persona (ya sea un abogado u otro tipo de asesor de inmigración) que supuestamente le puede ayudar con su caso inmigratorio.

Los "notarios" o "consultores de inmigración" operan por todo EE.UU. y utilizan anuncios falsos y contratos fraudulentos para servicios que no pueden proporcionar. Ellos explotan la confianza de los inmigrantes que acaban de llegar a este país, y que todavía no entienden inglés ni conocen nuestro sistema legal, y asumen que un "notario" es un abogado con el deber de proteger sus intereses. Los notarios se presentan como si fueran autorizados a ayudar a los inmigrantes a obtener estatus legal y a veces cobran mucho dinero para servicios que nunca proporcionan. Muchas veces, los inmigrantes pierden para siempre la oportunidad de pedir alivio migratorio porque un notario ha perjudicado su caso. La información en este sitio está pensada para:

- **Ayudar a los inmigrantes** a determinar si han sido defraudados por un notario
- **Informar a los inmigrantes** acerca de sus derechos y adónde ir para recibir ayuda
- **Educar a los inmigrantes** para evitar que sean víctimas del fraude en el futuro
- **Apoyar a los defensores** que representan a los inmigrantes defraudados

Usted puede ser víctima de un notario si:

- Usted pidió asistencia con su caso de inmigración a un individuo que se llamaba:
    - Notario*
    - Notario* público
    - Consultor de visado
    - Consultor de inmigración

*En EE.UU., un "notario" o un "notario público" NO es un abogado autorizado. Es una persona nombrada por el gobierno estatal para presenciar la firma de documentos importantes y para administrar juramentos.

- El individuo le dijo que usted puede conseguir una tarjeta de residencia u otra ventaja para la cual usted nunca era elegible
- El individuo le dijo que él/ella podía conseguirle tratamiento especial de una agencia gubernamental como El Servicio de Ciudadanía e Inmigración de los Estados Unidos (*United States Citizenship and Immigration Services* o USCIS) o el Servicio de Inmigración y Control de Aduanas de Estados Unidos (*U.S. Immigration and Customs Enforcement* o USICE)
- El individuo se quedó con sus documentos originales y/o sus notificaciones legales y le cobró a usted por la devolución de estos
- El individuo le pidió que firmara formularios en blanco
- El individuo aceptó su dinero pero no le proporcionó ningún servicio
- El individuo falsamente le dijo que era un abogado autorizado

Cómo protegerse:
Pregunte las preguntas oportunas

Antes de reunirse con alguien para asistencia con su caso de inmigración:

- Pregunte a qué facultad de derecho asistió la persona, y en qué estado el individuo está autorizado a ejercer derecho. Llame a la Asociación de Abogados (*State Bar Association*) del estado pertinente para confirmar esta información, y pregunte si han presentado quejas contra esta persona en el pasado. Consulte el siguiente sitio para la información de contacto para las Asociaciones de Abogados: http://www.abanet.org/legaled/baradmissions/barcont.html.

- Si la persona no es un abogado, pero dice que es un "representante oficial", usted puede confirmar esta información en el siguiente sitio: http://www.usdoj.gov/eoir/statspub/accreditedreproster.pdf. Los representantes oficiales están autorizados para representar a sus clientes en asuntos migratorios.
- Pregunte si usted tiene que pagar por la consulta inicial, y si hay que pagar, pregunte cuánto costaría.
- Pregunte cuánto cobra la persona si usted decide contratar a él/ella o la empresa para representarle a usted; pregunte si la persona cobra por horas o si usted tiene que pagar una tarifa fija por adelantado.
- Pida la información de contacto de unos individuos (clientes antiguos) que puedan proporcionar referencias de la persona.

Durante la consulta:

- Pida que la persona le muestre sus credenciales.
- Pregunte si usted puede dejarle copias de sus documentos, en vez de dejar los documentos originales.
- Pregunte si usted tendrá que pagar para recibir notificaciones legales u otros documentos.

Un abogado o un "representante oficial" debe:

- Explicar sus opciones legales, incluyendo el hecho de que existe la posibilidad de que usted no sea elegible para conseguir alivio migratorio.
- Proporcionarle a usted un contrato escrito que explique lo que él/ella va a hacer para usted, y cuánto le costarán los servicios a usted.
- Permitirle suficiente tiempo para leer y entender el contrato antes de que usted lo firme. Si es necesario, la persona debe conseguir que el contrato sea traducido. Un abogado nunca debe pedir que usted firme un formulario en blanco, ni cualquier documento que usted no haya leído antes. Un abogado no debe exigir que usted firme el contrato en el acto si usted quiere más tiempo para leerlo y luego devolverlo durante la próxima consulta.

Si usted piensa que ha sido víctima de un notario:

- Comuníquese con una organización de servicios legales para pedir ayuda:
  - Para una lista de servicios legales de inmigración baratos o gratuitos en su estado, consulte con el sitio del **American Bar Association (ABA) Comisión de Inmigración:** http://www.abanet.org/publicserv/immigration/probono.shtml y haga clic en su estado en el mapa.
  - La **Red Católica de Inmigración Legal, Inc.** (Catholic Legal Immigration Network, Inc o CLINIC) tiene oficinas por todo el país, y su sitio es www.cliniclegal.org; también, visite http://www.cliniclegal.org/Legalization/beware.html para información sobre cómo protegerse contra los fraudes de notario.
  - Si usted no puede permitirse pagar a un abogado, la **Asociación Americana de Abogados de Inmigración** (American Immigration Lawyers Association o AILA) tiene un servicio a través del cual pueden remitirle a un abogado de inmigración. Para información, visite http://www.aila.org/content/default.aspx?docid=10180.
- Para informarse sobre el estado de su caso migratorio si usted está en proceso de corte, usted puede llamar al Tribunal de Inmigración gratis a 1-800-898-7180; asegúrese de que tenga su número "A" (número de registro de extranjeros).

Apéndice C:

Cien preguntas para el examen de ciudadanía

Entre los requisitos exigidos en los trámites de naturalización está la presentación de una prueba que demuestre el conocimiento básico de civismo, historia y gobierno de EE.UU. Es importante tener en cuenta que el examen se realiza en inglés. Con excepción de las personas que llevan quince o más años de ser residentes y tengan 55 años de edad cumplidos (o 50 de edad y 20 de residencia) en cuyo caso pueden solicitar que el examen se les haga en el idioma de su preferencia. En cualquier caso, el solicitante aprobará el examen con tan sólo contestar de forma correcta seis preguntas de un cuestionario de diez, formuladas al azar (60 por ciento), que seleccionará el examinador. Sin embargo, se recomienda estudiar todas las preguntas. Para orientar a nuestros lectores he querido ofrecerle el siguiente cuestionario como muestra de las cien preguntas que podrían ser parte de este examen. Las preguntas acompañadas por un asterisco "*" cuestionan sobre oficiales electos, los cuales varían por año. Por lo tanto, consulte Internet u otra fuente de información para asegurar que usted tiene la información más actualizada.

1. ¿Cuáles son los colores de la bandera? (**What are the colors of the flag?**)
   R: Rojo, blanco y azul (**Red, white and blue**).
2. ¿Cuántas estrellas hay en nuestra bandera? (**How many stars are there in our flag?**)
   R: Cincuenta (**Fifty**).

3. ¿De qué color son las estrellas en nuestra bandera? (**What color are the stars on our flag?**)

   R. Blanco (**White**).

4. ¿Cuál es el significado de las estrellas en la bandera? (**What do the stars on the flag mean?**)

   R: Una por cada estado del país (**One for each state in the union**).

5. ¿Cuántas franjas tiene la bandera? (**How many stripes are there in the flag?**)

   R: Trece (**Thirteen**).

6. ¿De qué color son las franjas? (**What color are the stripes?**)

   R: Rojo y blanco (**Red and white**).

7. ¿Qué significan las franjas de la bandera? (**What do the stripes on the flag mean?**)

   R: Representan los trece estados originales (**They represent the thirteen original states**).

8. ¿Cuántos estados hay en EE.UU.? (**How many states are in the United States?**)

   R: Cincuenta (**Fifty**).

9. ¿Qué se celebra el 4 de julio? (**What is the 4th of July?**)

   R: El Día de la Independencia (**Independence Day**).

10. ¿En qué fecha se celebra el Día de la Independencia? (**What is the date of Independence Day?**)

    R: El 4 de julio (**July 4th**).

11. ¿De quién se logró la independencia? (**Independence from whom?**)

    R: Inglaterra (**England**).

12. ¿Contra qué país fue la Guerra de la Independencia? (**What country did we fight during the Revolutionary War?**)

    R: Inglaterra (**England**).

13. ¿Quién fue el primer presidente de EE.UU.? (**Who was the first president of the United States?**)

    R: George Washington.

14. ¿Quién es el actual presidente de EE.UU.? (**Who is the President of the United States?**)

    R: George W. Bush.

15. ¿Quién es el actual vicepresidente de EE.UU.? (**Who is the vice president of the United States?**)

    R: Richard B. Cheney.

16. ¿Quién elige al presidente de EE.UU.? (**Who elects the President of the United States?**)

    R: El colegio electoral (**The electoral college**).

17. ¿Quién asume la presidencia de EE.UU. en caso de muerte del presidente? (**Who becomes President of the United Slates if the president should die?**)

    R: El vicepresidente (**The Vice President**).

18. ¿Por cuántos años se elige al presidente? (**For how long do we elect the president?**)

    R: Cuatro años (**Four years**).

19. ¿Qué es la Constitución? (**What is the Constitution?**)

    R: La ley suprema del país (**The supreme law of the land**).

20. ¿Se le pueden hacer cambios a la Constitución? (**Can the Constitution be changed?**)

    R: Sí (**Yes**).

21. ¿Cómo llamamos a estos cambios a la Constitución? (**What do we call a change to the Constitution?**)

    R: Las enmiendas (**Amendments**).

22. ¿Cuántos cambios o enmiendas tiene la Constitución hoy en día? (**How many changes or amendments are there to the Constitution?**)

    R: Veintisiete (**Twenty seven**).

23. ¿Cuántas ramas hay en nuestro sistema de gobierno? (**How many branches are there in our government?**)

    R: Hay tres (**There are three**).

24. ¿Cuáles son las tres ramas de nuestro gobierno? (**What are the three branches of our government?**)

    R: Legislativa, ejecutiva y judicial (**Legislative, Executive and Judiciary**).

25. ¿Cuál es la rama legislativa del gobierno? (**What is the legislative branch of our government?**)

    R: El Congreso (**Congress**).

26. ¿Quién establece las leyes de EE.UU.? (**Who makes the laws in the United States?**)

    R: El Congreso (**Congress**).

27. ¿Qué es el Congreso? (**What is Congress?**)

    R: El Senado y la Cámara de Representantes (**The Senate and the House of Representatives**).

28. ¿Cuáles son las obligaciones del Congreso? (**What are the duties of Congress?**)

    R: Crear las leyes (**To make laws**).

29. ¿Quién elige al Congreso? (**Who elects Congress?**)

    R: El pueblo (**The people**).

30. ¿Cuántos senadores hay en el Congreso? (**How many Senators are there in Congress?**)

    R: Cien (**One hundred**).

31. ¿Puede nombrar a los dos senadores de su estado? (**Can you name the two Senators from your state?**)

    R: (Incluya la información actual de los senadores de su estado).

32. ¿Por cuánto tiempo elegimos a cada senador? (**For how long do we elect each Senator?**)

    R: Seis años (**Six years**).

33. ¿Cuántos representantes hay en el Congreso? (**How many representatives are there in Congress?**)

    R: Cuatrocientos treinta y cinco (**Four hundred thirty five**).

34. ¿Por cuánto tiempo se eligen los representantes del Congreso? (**For how long do we elect the representatives?**)

    R: Dos años (**Two years**).

35. ¿Quiénes conforman la rama ejecutiva de nuestro gobierno? (**What is the executive branch of our government?**)

    R: El Presidente, el Gabinete y los Departamentos dirigidos por los miembros del Gabinete (**The President, Cabinet and Departments under the Cabinet members**).

36. ¿Quiénes conforman la rama judicial del gobierno? (**What is the judiciary branch of our government?**)

    R: La Corte Suprema (**The Supreme Court**).

37. ¿Cuáles son las obligaciones de la Corte Suprema de Justicia? (**What are the duties of the Supreme Court?**)

    R: Interpretar las leyes (**To interpret laws**).

38. ¿Cuál es la ley suprema de los EE.UU.? (**What is the supreme law of the United States?**)

    R: La Constitución (**The Constitution**).

39. ¿Qué es la Declaración de Derechos? (**What is the Bill of Rights?**)

    R: Las diez primeras enmiendas de la Constitución (**The first ten amendments to the Constitution**).

40. ¿Cuál es la capital de su estado? (**What is the capital of your state?**)

    R: (Incluir la información local).

41. ¿Quién es el gobernador actual de su estado? (**Who is the current governor of your state?**)

    R: Incluya la información local).

42. ¿Quién asume la presidencia de EE.UU. si el presidente y el vicepresidente mueren? (**Who becomes President of the United States of America if the President and the Vice President should die?**)

    R: El portavoz de la Cámara de Representantes (**The Speaker of the House**).

43. ¿Quién es el actual juez principal de la Corte Suprema? (**Who is the Chief Justice of the Supreme Court?**)

    R: John Roberts.

44. ¿Puede enumerar los trece estados originales? (**Can you name the thirteen original states?**)

    R: Connecticut, New Hampshire, New York, New Jersey, Massachussets, Pennsylvania, Delaware, Virginia, North Carolina, Georgia, Rhode Island, Maryland, South Carolina.

45. ¿Quién dijo: "Demen la libertad o demen la muerte"? (**Who said "Give Me Liberty or Give Me Death?"**)

    R: Patrick Henry.

46. ¿Qué países eran nuestros enemigos durante la Segunda Guerra Mundial? (**Which countries were our principal enemies during World War II?**)

    R: Alemania, Italia y Japón (Germany, Italy and Japan).

47. ¿Cuáles son los estados número 49 y 50 de los EE.UU.? (**What are the 49th and 50th states of the Union?**)

    R: Hawai y Alaska (**Hawaii and Alaska**).

48. ¿Por cuántos términos puede servir un presidente? (**How many terms can a President serve?**)

    R: Dos (**Two**).

49. ¿Quién fue Martin Luther King, Jr.? (**Who was Martin Luther King, Jr.?**)

    R: Un líder de los derechos civiles (**A civil rights leader**).

50. ¿Quién es la persona más importante en su gobierno local? (**Who is the head of your local government?**)

    R: (Incluya la información local).

51. De acuerdo a la Constitución, una persona debe llenar ciertos requisitos para ser elegible a la presidencia. Nombre uno de estos requisitos. **(According to the Constitution a person must meet certain requirements in order to be eligible to become President. Name one of the requirements)**

    R: Debe haber nacido en EE.UU.; debe tener por lo menos 35 años de edad; debe haber vivido en EE.UU. por lo menos catorce años (**Must be natural born citizen of the United States; must be at least 35 years old by the time he/she will serve; must have lived in the United States for at least fourteen years**).

52. ¿Cuántos senadores se eligen por cada estado? **(How many Senators are elected from each state?)**

    R: Dos (2) de cada estado (**Two from each state**).

53. ¿Quién selecciona a los jueces de la Corte Suprema? **(Who selects the Supreme Court Justices?)**

    R: Son nombrados por el presidente (**They are appointed by the President**).

54. ¿Cuántos jueces hay en la Corte Suprema? **(How many Supreme Court Justices are there?)**

    R: Nueve (**Nine**).

55. ¿Por qué vinieron a América los peregrinos? **(Why did the Pilgrims come to America?)**

    R: Para obtener libertad de culto (**For religious freedom**).

56. ¿Quién representa al poder ejecutivo del gobierno estatal? **(What is the head executive of state government called?)**

    R: El gobernador (**Governor**).

57. ¿Quién representa al poder ejecutivo del gobierno local? **(What is the head executive of city government called?)**

    R: El alcalde (**The mayor**).

58. ¿Qué día festivo fue celebrado por primera vez por los colonizadores? **(What holiday was celebrated for the first time by the American colonists?)**

    R: El día de Acción de Gracias (**Thanksgiving**).

59. ¿Quién fue el escritor principal de la Declaración de Independencia? **(Who was the main writer of the Declaration of Independence?)**

    R: Thomas Jefferson.

60 ¿Cuándo fue aceptada la Declaración de Independencia? (**When was the Declaration of Independence adopted?**)

R: El 4 de julio de 1776 (**July 4, 1776**).

61. ¿Cuál es el principio básico de la Declaración de Independencia? (**What is the basic belief of the Declaration of Independence?**)

R: Que todos los hombres tienen los mismos derechos (**That all men are created equal**).

62. ¿Cómo se llama el himno nacional de EE.UU.? (**What is the national anthem of the United States?**)

R: El "Star Spangled Banner" (**The Star-Spangled Banner**).

63. ¿Quién escribió el himno nacional? (**Who wrote The Star-Spangled Banner?**)

R: Francis Scott Key

64. ¿Qué documento establece la libertad de expresión? (**Where does freedom of speech come from?**)

R: La Declaración de Derechos (**The Bill of Rights**).

65. ¿Cuál es la edad mínima requerida para votar en EE.UU.? (**What is the minimum voting age in United States?**)

R: 18 años (**Eighteen**).

66. ¿Quién firma los decretos para convertirlos en ley? (**Who signs bills into law?**)

R: El presidente (**The President**).

67. ¿Cuál es la corte más alta en EE.UU.? (**What is the highest court in United States?**)

R: La Corte Suprema (**The Supreme Court**).

68. ¿Quién era el presidente durante la guerra civil? (**Who was the President during the Civil War?**)

R: Abraham Lincoln.

69. ¿Qué se logró por medio de la Declaración de Emancipación? (**What did the Emancipation Proclamation do?**)

R: Liberó a muchos esclavos (**Freed many slaves**).

70. ¿Qué grupo especial aconseja al presidente? (**What special group advises the President?**)

R: El Gabinete (**The Cabinet**).

71. ¿Qué presidente es conocido como el "Padre de Nuestra Patria"? (**Which President is called the "Father of Our Country"?**)

R: George Washington.

72. ¿Qué formulario del servicio de Inmigración se usa para hacerse ciudadano? (**What Immigration and Naturalization Service form is used to apply to become a naturalized citizen?**)

    R: El formulario N-400, Solicitud para Petición de Naturalización (**Form N-400, Application to File Petition for Naturalization**).

73. ¿Quién ayudó a los peregrinos? (**Who helped the Pilgrims in America?**)

    R: Los indios americanos (**The American Indians/Native Americans**).

74. ¿Cuál es el nombre del barco que trajo los peregrinos a América? (**What is the name of the ship that brought the Pilgrims to America?**)

    R: El "Mayflower" (**The Mayflower**).

75. ¿Cómo se llamó a los trece estados originales? (**What were the 13 original states of the United States?**)

    R: Las colonias (**The colonies**).

76. Nombre tres de los derechos que garantiza La Declaración de Derechos (**Name three rights of freedom guaranteed by the Bill of Rights**)

    R: (a) El derecho de la libertad de expresión, prensa, religión, asamblea pacífica y pedir cambio de gobierno; (b) El gobierno no puede requisar o apropiarse de la propiedad de un individuo sin permiso previo; y (c) Una persona no podrá ser juzgada dos veces por el mismo crimen y no tendrá que atestiguar contra sí misma (a) **The right to freedom of speech, press, religión, peaceble assembly and requesting change of government; (b) The government may not search or take a person's property without a warrant; and (c) A person may not be tried twice for the same crime and does not have to testify against him/herself**).

77. ¿Quién tiene el poder de declarar la guerra? (**Who has the power to declare the war?**)

    R: El Congreso (**Congress**).

78. ¿Cómo se llama el tipo de gobierno de EE.UU.? (**What kind of governments does the United States have?**)

    R: Republicano (**Republican**).

79. ¿Qué presidente liberó a los esclavos? (**Which President freed the slaves?**)

    R: Abraham Lincoln.

80. ¿En qué año se escribió la Constitución? (**In what year was the Constitution written?**)

    R: 1787.

81. ¿Cómo se llaman las diez primeras enmiendas a la Constitución? **(What are the first ten amendments to the Constitution?)**
    R: La Declaración de Derechos **(Bill of Rights).**

82. Nombre una de las funciones de las Naciones Unidas **(Name one pur-puse of the United Nations)**
    R: Permitir que los países discutan y traten de resolver los problemas mundiales; proveer asistencia económica a muchos países **(For countries to discuss and try to resolve world problems; to provide economic aid to many countries).**

83. ¿Dónde se reúne el Congreso? **(Where does Congress meet?)**
    R: En el Capitolio, en Washington, D.C. **(In the Capitol in Washington, D.C.)**

84. ¿A quién garantizan los derechos la Constitución y la Declaración de Derechos? **(Whose right are guaranteed by the Constitution and the Bill of Rights?)**
    R: Todos —ciudadanos y no ciudadanos que residen en EE.UU. **(Everyone —citizens and non-citizens living in the U.S).**

85. ¿Cómo se llama la introducción de la Constitución? **(What is the introduction to the Constitution called?)**
    R: El Preámbulo **(The Preamble).**

86. Nombre un beneficio de ser ciudadano estadounidense **(Name one benefit of being a citizen of the United States)**
    R: Obtener trabajos federales; viajar con pasaporte estadounidense; solicitar traer a sus familiares más cercanos a vivir a EE.UU. **(Obtain federal goverment jobs; travel with a U.S. passport; petition for close relatives to come to the U.S. to live).**

87. ¿Cuál es el derecho más importante que se le otorga a un ciudadano estadounidense? **(What is the most important right granted to U.S. citizens?)**
    R: El derecho a votar **(The right to vote).**

88. ¿Cuál es la capital de EE.UU.? **(¿What is the capital of the United States?)**
    R: Washington, D.C.

89. ¿Qué es la Casa Blanca? **(What is the White House?)**
    R: El hogar oficial del presidente —la casa presidencial **(The President's official house).**

90. ¿Dónde está localizada la Casa Blanca? **(Where is the White House located?)**
    R: 1600 Pennsylvania Avenue, N.W., Washington, D.C.

91. ¿Cuál es el nombre del domicilio oficial del presidente? **(What is the name of the President's official home?)**

    R: La Casa Blanca **(The White House).**

92. Nombre uno de los derechos garantizados por la primera enmienda **(Name one right guaranteed by the first amendment)**

    R: La libertad de expresión, prensa, religión, a la asamblea pacífica, y de pedir cambio de gobierno **(Freedom of speech, press, religion, peaceable assembly, and requesting change of the government).**

93. ¿Quién es el comandante en jefe de las Fuerzas Armadas de EE.UU.? **(Who is the Commander in Chief of the U.S. military?)**

    R: El presidente **(The President).**

94. ¿Qué presidente fue el primer comandante en jefe de las fuerzas armadas de EE.UU.? **(Which President was the first Commander in Chief of the U.S. military?)**

    R: George Washington.

95. ¿En qué mes se elige al presidente? **(In what month do we vote for the President?)**

    R: Noviembre **(November).**

96. ¿En qué mes se posesiona el nuevo presidente? **(In what month is the new President inaugurated?)**

    R: Enero **(January).**

97. ¿Cuántas veces puede ser reelegido un senador? **(How many times may a Senator be reelected?)**

    R: No hay límite **(There is no limit).**

98. ¿Cuántas veces puede ser reelegido un congresista? **(How many times may a Congressman be re-elected?)**

    R: No hay límite **(There is not limit).**

99. ¿Cuáles son los dos partidos políticos principales de EE.UU.? **(What are the two major political parties in the United States?)**

    R: Democrático y Republicano **(Democratic and Republican).**

100. ¿Cuántos estados hay en EE.UU.? **(How many states are there in the United States?)**

    R: Cincuenta **(Fifty).**

¡Buena suerte!

Apéndice D:

Oraciones de muestra para el examen escrito en inglés

Si quiere que su solicitud para la naturalización sea aceptada, necesita poder leer, escribir y hablar inglés básico. Las oraciones en esta página son **ejemplos** del tipo de oración que el USCIS le puede pedir que lea en voz alta o que escriba durante su entrevista. Esta lista no es exhaustiva. **Puede que el oficial del USCIS le pida que lea o escriba otras oraciones.**

EDUCACIÓN CÍVICA/HISTORIA

A Senator is elected for 6 years.

_____ is the Vice President of the United States.

All people want to be free.

America is the land of freedom.

All United States citizens have the right to vote.

America is the home of the brave.

America is the land of the free.

_____ is the President of the United States.

Citizens have the right to vote.

Congress is part of the American government.

Congress meets in Washington, D.C.

LA VIDA COTIDIANA

He came to live with his brother.

He has a very big dog.

He knows how to ride a bike.

He wanted to find a job.

He wanted to talk to his boss.

He went to the post office.

His wife is at work right now.

His wife worked in the house.

I am too busy to talk today.

I bought a blue car today.

I came to _____ (city) today for my interview.

I count the cars as they pass by the office.

I drive a blue car to work.

EDUCACIÓN CÍVICA/HISTORIA	LA VIDA COTIDIANA
Congress passes laws in the United States.	I go to work everyday.
George Washington was the first president.	I have three children.
I want to be a citizen of the United States.	I know how to speak English.
I want to be an American citizen.	I live in the State of _____.
I want to become an American so I can vote.	I want to be a United States citizen.
It is important for all citizens to vote.	It is a good job to start with.
Many people come to America for freedom.	My car does not work.
Many people have died for freedom.	She can speak English very well.
Martha Washington was the first first lady.	She cooks for her friends.
Only Congress can declare war.	She is my daughter, and he is my son.
Our Government is divided into three branches.	She needs to buy some new clothes.
People in America have the right to freedom.	She wanted to live near her brother.
People vote for the President in November.	She was happy with her house.
The American flag has stars and stripes.	The boy threw a ball.
The American flag has 13 stripes.	The children bought a newspaper.
The capital of the United States is Washington, D.C.	The children play at school.
The colors of the flag are red, white, and blue.	The children wanted a television.
The Constitution is the supreme law of our land.	The man wanted to get a job.
The flag of the United States has 50 stars.	The teacher was proud of her class.
The House and Senate are parts of Congress.	The white house has a big tree.
The people have a voice in Government.	They are a very happy family.

Congress passes laws in the United
States.
George Washington was the first
president.
I want to be a citizen of the United
States.
I want to be an American citizen.
I want to become an American so I
can vote.
It is important for all citizens to vote.
Many people come to America for
freedom.
Many people have died for freedom.
Martha Washington was the first
first lady.
Only Congress can declare war.
Our Government is divided into
three branches.
People in America have the right to
freedom.
People vote for the President in
November.
The American flag has stars and stri-
pes.
The American flag has 13 stripes.
The capital of the United States is
Washington, D.C.
The colors of the flag are red, white,
and blue.
The Constitution is the supreme law
of our land.
The flag of the United States has 50
stars.
The House and Senate are parts of
Congress.
The people have a voice in Govern-
ment.

I go to work everyday.
I have three children.
I know how to speak English.
I live in the State of _____.
I want to be a United States citizen.
It is a good job to start with.
My car does not work.
She can speak English very well.
She cooks for her friends.
She is my daughter, and he is my son.
She needs to buy some new clothes.
She wanted to live near her brother.
She was happy with her house.
The boy threw a ball.
The children bought a newspaper.
The children play at school.
The children wanted a television.
The man wanted to get a job.
The teacher was proud of her class.
The white house has a big tree.
They are a very happy family.
They are very happy with their car.
They buy many things at the store.
They came to live in the United States.
They go to the grocery store.
They have horses on their farm.
They live together in a big house.
They work well together.
Today I am going to the store.
Today is a sunny day.
Warm clothing was on sale in the store.
We are very smart to learn this.
We have a very clean house.
You cook very well.
You drink too much coffee.
You work very hard at your job.

EDUCACIÓN CÍVICA/HISTORIA

The people in the class took a citizenship test.

The President enforces the laws.

The President has the power of veto.

The President is elected every 4 years.

The President lives in the White House.

The President lives in Washington, D.C.

The President must be an American citizen.

The President must be born in the United States.

The President signs bills into law.

The stars of the American flag are white.

The Statue of Liberty was a gift from France.

The stripes of the American flag are red and white.

The White House is in Washington, D.C.

The United States flag is red, white, and blue.

The United States of America has 50 states.

There are 50 states in the Union.

Apéndice E:

Algunas causas de inadmisibilidad

El DHS puede, a su discreción, denegarle su petición si a su caso se aplica alguna causal de inadmisibilidad. Si cree que usted puede ser denegado por algunas de estas razones, sugiero que consulte con un abogado.

1. Enfermedades contagiosas: Sección 212(a)(1)(A)(i). Una persona que —de acuerdo con el Departamento de Salud de EE.UU.— tiene una enfermedad contagiosa de gran significado público. Estas son las personas que tienen VIH y tuberculosis, por ejemplo. Para esto hay un perdón siempre y cuando la persona sea el cónyuge, hijo soltero de un residente y/o ciudadano, o si la persona tiene un hijo que es residente o ciudadano. El gobierno tiene absoluta discreción de otorgar o negar este perdón. Si la persona está fuera del país, se presenta vía el formulario I-601 (valor $545). El trámite puede tardar hasta doce meses.

2. Problemas físicos y enfermedades mentales: Sección 212(a)(1)(A)(iii). Una persona que tenga un desorden físico o una enfermedad mental que produzca un comportamiento que podría poner en peligro la seguridad de otros no puede entrar o recibir su residencia, a menos que se tramite un perdón de parte del DHS. Es importante observar que el ser homosexual ya no es un impedimento para recibir su residencia o recibir una visa.

3. Persona que de acuerdo a los parámetros del Departamento de Salud se determine ser un adicto o abusador de drogas no es admisible y no puede recibir su residencia a menos que obtenga un perdón de parte

del DHS. Si se puede comprobar que usted abusa del alcohol, deberá esperar dos años y después solicitar para recibir su residencia. Sección 212(a)(1)(A)(iv).

4.   Una persona convicta de un crimen de turbidez moral no es admisible. Sección 212(a)(1)(A)(i)(I). El crimen de turbidez moral es aquel que se refiere a conducta "baja, depravada o contraria a la moralidad" de la comunidad. Sin embargo, hay una excepción: si la pena mayor de un crimen no va más allá de un año de cárcel y la persona no fue sentenciada a más de seis meses, entonces ese crimen se puede perdonar. La excepcion es sólo por una vez. Ejemplos de crímenes que se refieren a turbidez moral son: Asalto con intento de matar o para cometer una violación sexual; el portar un arma escondida y con intención de usarla; secuestro; violencia doméstica cuando el crimen es agravado por la inflicción de castigo corporal; asesinato; robo; amenazas terroristas; y otros. Por favor sepa que las definiciones de estos crímenes varían de acuerdo al estado en el que se encuentren las personas. Crímenes que no envuelven turbidez moral son: Simple cargo por conducir ebrio; un pleito simple; el meter indocumentados en el país; reentrar al país después de haber sido deportado y otros. Hay que consultar con un abogado si usted ha cometido cualquier crimen. Con esto no se puede jugar.

5.   Crímenes de drogas: Sección 212(a)(2)(A)(i)(II). Las personas que hayan cometido o que admiten haber cometido un crimen que tenga que ver con sustancias controladas tal y como se definen en el capítulo 21 USC sección 802 es inadmisible. El crimen puede haber sido cometido aquí o en el exterior. Si la persona cometió el crimen antes de cumplir 18 años, eso se toma muy en cuenta a la hora de una decisión. Una causal relacionada y muy usada por el DHS y el Departamento de Estado para denegar casos de residencia es cuando se tiene "razon para creer" (*reason to believe*) que la persona haya cometido el crimen sin tener necesariamente una prueba. Esto es algo muy difícil de refutar. Hay un perdón pero sólo para crímenes que se refieren a simple posesión de menos de 30 gramos de marihuana para uso personal.

6.   Prostitución: Sección 212(a)(2)(D)(i)-(ii). Las personas que hayan cometido prostitución en los últimos diez años antes de solicitar residencia son inadmisibles. Las cortes de inmigración tienen mucho en cuenta si era un acto simple de prostitución o si la persona estaba participando en una red de prostitución por negocio o trata de blancas.

7. Traficantes de personas: Cualquier extranjero que el Presidente de EE.UU. nombre en una lista enviada al Congreso y que se indique como traficante de personas es inadmisible.

8. Las personas que hayan sido ordenadas removidas después de un juicio y que quieran entrar en el país antes de que pasen diez años son inadmisibles. Hay un perdón que se tramita vía el formulario I-212 (valor $265). Este formulario se presenta afuera si usted se fue o lo sacaron, y adentro si usted se quedó en EE.UU. después de haber sido ordenado removido por un juez de inmigración. Es bien difícil que aprueben este perdón.

9. Fraude de documentos: Una persona que use documentación falsa o que mienta de manera intencionada para obtener beneficios inmigratorios es inadmisible. El fraude debe ser "material" en el sentido que debe ir al corazón del beneficio que se quiere obtener. La sección 212(i) se usa para pedir un perdón bajo estas circunstancias. El perdón es sólo para el esposo(a), hija o hijo de un residente o ciudadano que demuestre que la denegación del perdón le causará penuria extrema al esposo o padre ciudadano o residente.

10. Espionaje y terrorismo: Si el DHS o el Departamento de Estado piensa que una persona que viene a hacer funciones de espionaje, no es admisible. Lo mismo si se piensa, sospecha o se sabe que la persona es terrorista porque ha incitado terrorismo, es miembro de una organización terrorista (aunque el grupo en cuestión sea compuesto de tan sólo dos personas), ayuda o apoya a un grupo terrorista, o ha recibido entrenamiento militar por terroristas.

Agradecimientos

Este libro lo escribí en retazos con el tiempo robado al poco que me queda desde que amanece hasta el anochecer. Se escribió en aviones, en medio de entrevistas con clientes, en domingos, en Ocotal, y en cuartos de hoteles donde me alojo cuando voy a Sudamérica.

Tengo que agradecer primero a mi hermano menor José Bernardo Lovo, abogado, por ayudarme a llevar mi oficina y ayudarme a crecer como empresa. Los últimos años he tenido la bendición de su ayuda y esto ha hecho mi vida más fácil. Igual gracias a mis asistentes: Conny, María Claudia, Daisy, Claudia y Fátima por su empuje. A Sixto Zamora por su leal apoyo. Agradezco también a Milena Alberti, mi editora, porque sabe lo que hace. Gracias a todo el elenco de *Despierta América* empezando por Neyda, Fernando, Raúl, Ana María y Karla por auparme todos los lunes cuando le damos esperanzas a nuestro pueblo. A Mari García y Luz María Valdés, de Univision, por haberme dado la oportunidad de llegar a millones de personas. Finalmente, gracias a todos aquellos que han confiado en mí, dándome la oportunidad de servirlos. Sus lágrimas y sus gozos han sido y serán los míos.

Índice de términos